LA TRAVERSÉE
ou
LA VÉRITABLE HISTOIRE DE KARLA FAYE TUCKER

BEVERLY LOWRY

LA TRAVERSÉE

ou

LA VÉRITABLE HISTOIRE DE KARLA FAYE TUCKER

récit

Traduit de l'américain par Paule Guivarch

nrf

GALLIMARD

Titre original :

CROSSED OVER

Pour Karla

Je sais que j'ai fait ça,
mais je ne sais pas ce que j'ai fait.

KARLA FAYE TUCKER,
1984

Avant-propos

Vers la fin des années 1980, à une époque particulièrement sombre et morne de ma vie, je devins amie avec Karla Faye Tucker, une meurtrière passée aux aveux qui vivait dans le couloir de la mort, au centre Mountain View de l'administration pénitentiaire du Texas (le Texas Department of Corrections). Pendant plusieurs années, je rendis de fréquentes visites à Karla, empruntant depuis chez moi, à San Macos, Texas, l'autoroute 35 nord vers Temple et Gatesville, où elle se trouvait. *Crossed Over*, le livre que j'ai écrit depuis ces visites, fut publié en 1992. Je voyageais alors beaucoup et avais déménagé plusieurs fois. Mais, étant amies, Karla et moi restions en contact. Sa vie était réglementée par le TDC et la mienne lui permettait d'imaginer ce qui était possible à l'extérieur. Je lui écrivais donc, lui envoyais des cartes postales colorées de Glacier Park, Seattle, Londres, enfin de partout où j'allais. Et elle, de son côté, rêvait probablement du jour où elle se rendrait dans ces endroits-là, peut-être avec moi. Karla était optimiste, assoiffée de connaissance, avide de rattraper le temps perdu, les années gâchées et ses terribles erreurs.

Après avoir quitté le Texas, je vis Karla moins souvent, mais, lorsqu'elle avait d'importantes audiences à Houston, je retournais là-bas pour la voir, parler à ses avocats, et surtout pour être là, simplement. Dans l'ensemble, ma présence fut toujours mon seul et plus beau cadeau, même si, une fois, je réussis à lui acheter une paire de chaussures. Puisque le TDC n'ordonnait pas spécifiquement aux prisonniers de garder les mêmes d'une audience à l'autre, nombre d'entre eux s'arrangeaient pour s'en faire acheter des neuves. Karla m'avait envoyé une réclame représentant un modèle de Nike qui lui plaisait, blanches, avec un logo rose. Je les lui achetai et Karla rentra à Mountain View chaussée de neuf. Par la suite, elle me dit qu'elles étaient parfaites pour les exercices qu'elle faisait.

Dans les années qui suivirent, il se passa beaucoup de choses. Je m'établis à Los Angeles, puis à Missoula, Montana, et enfin à Washington, D.C. Karla tomba amoureuse et, au mois de juin, le mois des épousailles, elle se maria. Elle ne put assister à la cérémonie, bien sûr, qui s'effectua par mariée interposée. Plus tard, le jeune marié traversa le parc de stationnement de Mountain View en klaxonnant. Il avait peint « Just Married » partout sur sa voiture et attaché des boîtes de conserve au pare-chocs. Karla et les autres détenues du couloir de la mort organisèrent une fête pour célébrer l'événement et, le samedi suivant, le mari de Karla, Dana Brown, vint lui rendre une « visite de noces ». Ils burent du Coca-Cola et prièrent ensemble mais ils ne purent — pas plus ce jour-là qu'aucun autre — se toucher. À l'une de mes visites, Dana était là. C'était la première fois que je rencontrais cet aumônier des prisons. Lui et moi prîmes nos places du côté libre de la plaque de Plexiglas sale séparant les détenues des visiteurs, Karla s'assit de l'autre côté. Je ne fis guère que regarder les deux jeunes gens pousser des *oh !* et des *ah !* comme des gosses énamourés. « Badinages en cage », ils appelaient cela. Dana me plut. Il faisait le bonheur de Karla. J'en étais venue à considérer la vie en prison — même dans le couloir de la mort où l'État vous entrepose jusqu'au jour où il décide de vous ôter la vie — comme certainement répressive, mais en fin de compte pas tellement différente de celle que mènent bien d'autres individus. J'étais contente que

Karla eût quelqu'un, un homme convenable qui l'adorait. Elle se traitait d'heureuse élue et signa ses lettres, à compter de ce mariage, « Karla Faye Tucker Brown (Ouah !) ».

« Les autres me prennent pour un fou, me dit Dana en haussant les épaules. Mais ça m'est égal. Karla et moi, nous nous touchons d'une façon que la plupart des gens ne pourront jamais comprendre. » Il acheta une copropriété pour y habiter avec Karla, le jour où elle sortirait de prison.

Le processus des appels s'éternisait. Elle était enfermée depuis dix ans maintenant. Nous étions tous tombés dans une espèce de calme plat, persuadés que plus rien n'arriverait et que cet état durerait jusqu'à la fin des temps. Il y a des choses que l'on ne peut se résoudre à affronter avant d'y être vraiment obligé. Mais à l'automne de 1997, le calme disparut. Je me préparais à partir enseigner à Tuscaloosa, Alabama, pour une durée d'un semestre, quand je reçus un coup de téléphone de Mac Secrest, l'avocat d'appel de Karla. La situation se dégradait. Une nouvelle date allait bientôt être fixée, très importante cette fois. Les détenus du couloir de la mort s'habituent à ce qu'on leur impose des dates d'assignation, elles arrivent, ils y vont. Un appel est interjeté, la date est reportée. Mais Mac Secrest n'avait plus ni temps ni alternative, l'affaire de Karla était mûre, comme disent les magistrats. Si l'exécution avait lieu, elle serait la première femme au Texas à être mise à mort depuis que Chipita Rodriguez avait été pendue à un micocoulier pour avoir assassiné un maquignon de San Patricio, en 1863.

Pour toutes ces raisons, Karla fut interviewée au début de décembre de cette année-là par Lesley Stahl dans l'émission *60 Minutes*.

La célébrité survient parfois très vite. Un visage apparaît, la caméra s'en éprend en même temps que les spectateurs et, du jour au lendemain, c'est la gloire. Ce soir-là, la beauté de Karla et sa franchise concernant l'horrible crime qu'elle avait commis et les détails sensationnels de sa vie, l'empressement et l'intelligence avec lesquels elle les aborda tous lui gagnèrent rapidement l'attention des médias. Une fois braqués sur elle, les projecteurs ne la quittèrent plus, jusqu'au lendemain du jour où elle fut ligotée et mise à mort.

Le 20 décembre de cette année-là, je reçus une lettre d'elle à l'occasion de Noël. Karla l'avait écrite presque une semaine auparavant, mais son courrier devant passer à la censure, celui-ci mettait souvent plusieurs jours à me parvenir. « Dites donc, Bev, disait-elle, les choses ici vont vite, vite, vite. J'ignore si vous le savez déjà, mais on m'a donné la date éventuelle du 30 janvier. Elle devrait être confirmée sous peu. Il y a des tas de médias, ici. C'est plutôt envahissant, pour le moins qu'on puisse dire. Mais cela me permet de partager Jésus avec plus de gens que jamais auparavant ! Dieu soit loué ! » Elle disait aussi qu'elle avait été transférée du couloir de la mort dans le bloc psy où elle vivait seule dans une cellule adaptée à ses besoins. Elle disait qu'elle y était heureuse. « C'est te-e-ellement calme ici. Je peux y créer ma propre atmosphère — de louanges et de prières positives. » Sans conflits autour d'elle, il lui était possible, disait-elle, de « s'approcher très près de Dieu » et de livrer le bon combat de la foi.

Je savais ce qu'elle voulait dire par conflits. Il y avait sept femmes dans le couloir de la mort à ce moment-là, qui partageaient chaque heure de vie, de promenade et de sommeil. À chaque fois que l'une d'elles recevait une date d'assignation, toutes les autres devenaient nerveuses, l'atmosphère se chargeait de tension et d'électricité et elles commençaient toutes à se chamailler. Les intestins de Karla se mettaient alors à lui jouer des tours et elle devait rester toute la journée dans sa cellule.

Elle terminait sa lettre en disant combien elle était heureuse et reconnaissante que « tout ça » arrive juste maintenant, sur quoi elle me souhaitait un joyeux Noël et une bonne année, en me remerciant d'être son amie.

J'avais dit à Karla, au départ, que si le pire se produisait et que l'État ordonnait son exécution, je serais là. J'assisterais à sa mise à mort si ma présence devait l'aider le moins du monde. Je détestais cette éventualité et savais depuis le début que je répugnais à écrire un livre qui se terminerait par ce que je considérais comme un meurtre bureaucratique. Mais je tenais à l'accompagner dans toutes ses épreuves, quelles qu'elles fussent, je lui fis donc cette proposition, elle opina d'un signe de tête et nous n'en reparlâmes plus.

À la mi-janvier 1998, j'avais prévu de rendre visite à Karla dont l'exécution était toujours fixée au 30. Les journalistes affluaient sans arrêt des quatre coins du monde. Elle apparut dans les émissions *Larry King Live* et *The Charles Grodin Show*. Bianca Jagger était passée la voir. Le Parlement européen avait demandé l'autorisation d'envoyer un délégué. Pat Robertson[1] avait parlé en sa faveur. Au seuil de ce qui était probablement ses deux dernières semaines sur terre, Karla Faye était devenue une célébrité internationale.

L'actuel président des États-Unis, George Bush, alors gouverneur du Texas, était et est encore un farouche partisan de la peine de mort. Les membres du Conseil des Grâces, qui votaient par fax, n'avaient jamais commué la condamnation d'un seul prisonnier du couloir de la mort depuis le rétablissement de la peine capitale, en 1976. Je parlai à des amis pénalistes, je parlai à Mac Secrest. Tous me dirent la même chose. Même si le rachat et le désir d'expier étaient sans aucun doute souhaitables, ils ne constituaient pas pour autant des motifs légaux de clémence. Personne n'avait rien à gagner en donnant sa chance à Karla. Elle serait donc mise à mort.

L'exécution fut reportée par deux fois, mais le 3 février semblait plus ou moins la date ultime. Je la vis le 20 janvier. Notre entrevue fut brève, sur ordre de ce qui avait été rebaptisé le

1. Télévangéliste.

Texas Department of Criminal Justice. Karla était radieuse, superbe, sereine. Moi, j'étais tout sauf sereine. Incapable de m'asseoir, je restai debout, dansant d'un pied sur l'autre, pendant toute la durée de la visite. Elle jeûnait, mais me dit qu'elle se trouvait grosse, et nous éclatâmes de rire toutes les deux. Elle voulut savoir où je vivais à présent et ce que je pouvais bien fabriquer en Alabama. Elle me dit aussi que, quelle que fût la volonté de Dieu et bien qu'elle eût vraiment envie de vivre et de se construire une existence avec son mari, si l'État du Texas décidait de lui ôter la vie, très bien. Elle avait des messages pour le Ciel. Elle y rencontrerait mon fils Peter. Elle le reconnaîtrait aussitôt et elle emporterait avec elle mon amour pour le lui transmettre. Et elle reverrait aussi sa mère.

Le TDCJ la transporta enchaînée à Huntsville, une semaine plus tard, au centre de Walls, où avaient lieu les exécutions. Je m'y rendis, comme elle me l'avait demandé, afin d'être en ville, tout près d'elle. Les rues entourant Walls bourdonnaient du bruit d'innombrables camions de télévision par satellite, l'enceinte de la prison était encombrée de journalistes, de manifestants et de citadins curieux. Les exécutions étaient monnaie courante à Huntsville, mais celle-ci était unique en son genre.

Il faisait un froid humide, désagréable. Les interviews se poursuivirent jusqu'à minuit passé, puis reprirent dans les petites heures noires du matin. Parmi les brochures touristiques empilées à côté de la machine à café de mon Econo Lodge, il y avait un guide détaillé de la prison édité par la chambre de commerce locale. Le tour comprenait une visite au musée texan de la prison dont l'attraction principale était Old Sparky, la chaise électrique d'origine dans laquelle trois cent soixante et un hommes — et aucune femme — avaient été électrocutés entre 1924 et 1964. Le siège de chêne blond fait à la main, d'une beauté sobre, était exposé dans une vitrine, en parfait état, bien que ses courroies et son repose-tête de cuir noir fussent sérieusement élimés à force d'avoir servi. Il était interdit de monter sur Old Sparky. À Huntsville, la mort était une attraction touristique, et la prison la principale source de revenus et d'emplois.

Tard dans la soirée, des jeunes du coin passèrent dans des camionnettes découvertes devant Walls, sur une route traversant l'enceinte de la prison. Ils avaient mis leurs radios à plein volume et, penchés par les vitres, hurlaient : « Foutez-lui le jus ! » Le lendemain matin, la route fut fermée à la circulation. Les gens continuaient d'affluer. Le Dairy Queen n'arrivait plus à fournir les gens en tacos, en hamburgers et en milk-shakes. Karla se trouvait à l'intérieur de Walls sous surveillance constante, dans une cellule de détention provisoire spéciale située en bout de couloir, où elle était occupée, disait-on, à prier et à écrire des lettres.

Je n'avais aucun moyen de l'aider ni de la sauver. Tout ce que je pouvais faire, c'était parler pour elle, corriger des idées fausses — par exemple que sa conversion religieuse avait eu lieu *après* que sa date d'exécution eut été fixée, alors qu'elle s'était produite onze ans auparavant, dans sa première prison, quelques semaines seulement après sa désintoxication —, dire qui elle était vraiment et quelle erreur on commettrait en la tuant, maintenant qu'elle était devenue ce qu'elle était. J'admettais, avec les partisans de son exécution, que son sexe ou sa beauté ne devaient, ni dans un sens ni dans l'autre, influencer ceux qui avaient à décider de son sort.

Je parlai, parlai, parlai. En vain. Une fois que la machine de mort se met en route au Texas, seule la politique ou un changement d'opinion est capable de la freiner. Il n'y aurait pas de bonne nouvelle pour Karla. Le gouverneur Bush n'avait rien à gagner en demandant au Conseil des Grâces de lui accorder un sursis, aussi s'en abstint-il. Quant à son opinion, elle était guidée par un désir instinctif de vengeance (qu'il confirmerait par la suite en prenant à la légère, *après* la mort de Karla, les appels de cette dernière à la clémence). Elle allait mourir.

Il y avait une grosse horloge tout en haut du mur de Walls. Nous la guettions tandis que dix-huit heures, l'heure fixée pour l'exécution, approchait puis était dépassée. Le soleil disparut et l'air humide et glacé nous contraignit à saisir nos vestes. Des Texas Rangers, tout droits dans leurs uniformes et leurs chapeaux de cow-boys blancs, amidonnés et raides comme des planches, patrouillaient dans l'enceinte de la prison en échangeant de menus propos avec les employés. Les rumeurs allaient bon train. Le gouverneur Bush devait faire une déclaration à vingt heures… non, vingt heures trente. Que dirait-il ?

À dix-huit heures vingt environ, le porte-parole de la prison, Larry Fitzgerald, sortit et, d'une voix aigrie par l'ennui et l'énervement, annonça que la Cour suprême avait rejeté l'ultime appel de Karla Faye. « L'exécution, dit-il comme un homme trop souvent harcelé à propos d'un problème, va maintenant avoir lieu et si vous ne dégagez pas le trottoir (il agita violemment la main dans notre direction)… je vous fais éjecter. »

Quand il tourna le dos pour partir, des hommes en uniforme nous chassèrent. En quelques minutes, les cinq personnes que Karla avait choisies pour assister à son exécution sortirent par les portes de verre du bâtiment du TDCJ. Je connaissais la plupart d'entre elles : Mac Secrest, Jackie Oncken, l'épouse de l'un de ses avocats, Dana Brown et Ron Carlson, le parent d'une de ses victimes. Je reconnus la sœur de Karla, Kari, que je n'avais jamais rencontrée mais que j'avais vue en photo. Elles traversèrent la rue de la prison à la file indienne et montèrent l'escalier qui menait au bâtiment de brique où était située la chambre d'exécution.

Il faisait maintenant complètement nuit. Une pâle lumière jaune était apparue derrière le cadran de l'horloge, lui donnant l'apparence d'une grosse lune pleine. Au-dessus de nos têtes, la vraie lune, à son déclin, flottait languissamment dans le ciel. Un chat noir efflanqué passa comme un éclair devant les portes de Walls et, sans doute effrayé par les lumières, le vrombissement des camions de télévision, le vacarme des cris et de la musique, fila dans les taillis.

Vingt minutes plus tard, les témoins de l'exécution ressortirent un à un. Une journaliste de presse me dit par la suite qu'elle était retournée derrière le bâtiment où elle avait vu le corbillard en attente, le cercueil que l'on chargeait pour faire disparaître le corps de Karla Faye Tucker. Pendant ce temps, devant la prison, des groupes rigolaient bruyamment. Les partisans de la peine de mort se réjouissaient, ainsi que certains chrétiens qui disaient qu'elle s'en était allée vers des lieux plus cléments et qu'ils regrettaient de ne pas y être avec elle.

Je restai là un moment puis rentrai à l'Econo Lodge et fis ma valise. Je partis ce soir-là pour Houston où je passai deux nuits chez une amie avant de me rendre à Tuscaloosa pour assurer mes cours. Devant faire une lecture, le soir même de mon retour, je choisis le chapitre sur les détenues du couloir de la mort s'organisant mutuellement des surprises-parties et confectionnant des plats spéciaux à base de fromage blanc.

Karla Faye Tucker était mon amie et je l'aimais. En un temps de ténèbres, elle éclaira ma vie. Comme elle le fit pour un grand nombre de gens. Elle me manque et je pense souvent à elle. Parfois, sa mort me soufflette au visage comme une bourrasque glacée et je me refuse à croire qu'ils ont fait ça, qu'ils lui ont enfoncé des aiguilles et l'ont tuée. Je pleure sa mort à la fois comme une injustice sociale et comme la simple perte d'un être aimé mort trop jeune, pour rien.

Elle me citait souvent les Écritures. Sur la question de l'espoir, quand je me demandais où il résidait, elle citait l'Épître aux Romains 4 :18 dans laquelle saint Paul parle d'Abraham comme d'un homme « espérant contre toute espérance ».

C'était une belle âme, mon amie Karla.

Beverly Lowry
Juin 2001

Instantanés

J'ai toujours travaillé face à un mur blanc et nu, sans rien à regarder, ni paysage verdoyant, ni œuvre d'art séduisante — source de distraction. L'esprit voyage alors en lui-même, dans l'imaginaire, ce monde qui est, me semble-t-il, le sien lorsqu'il s'agit d'écrire de la fiction, d'inventer des histoires.

Maintenant, quand je lève les yeux, tout ce que je vois, c'est Karla Faye : instantanés, photos Polaroid, portraits d'art, épreuves en noir et blanc un peu floues tirées à partir de clichés, photos de Karla avec Kari, de Kari avec leur père, de Karla et Danny, de Karla et Douglas, de Karla avec ses chiens, de Karla avec Kari et un micheton au regard concupiscent, tous les trois coiffés de chapeaux rigolos, à un réveillon de la Saint-Sylvestre. Photos de bébé, photos de plage. Karla dans les airs, en train de faire le grand écart russe. Photos de Karla avec sa *tribu* du moment, depuis sa petite enfance jusqu'à aujourd'hui, dans le couloir de la mort, vêtue de la tenue blanche réglementaire, en compagnie de son nouveau clan.

Au centre des photos se trouve l'article du *Houston Chronicle* qui, le premier, capta mon attention et captiva mon cœur, avec la photo en couleurs de Karla Faye, tête inclinée sur le côté, main sous le menton et ce regard… Les gens qui entrent dans mon bureau et voient les instantanés veulent savoir qui est cette fille. Après avoir lu le titre de l'article ils me demandent ce que je peux bien faire — Seigneur ! — avec, au mur, les photos d'une meurtrière reconnue coupable.

S'ils sont de Houston, ils se rappellent parfois le procès. « Le truc de la pioche et de l'orgasme, me dit une de mes amies avec un frisson d'horreur. On n'oublie pas ce genre de chose. »

C'est Karla Faye, bien sûr, qui m'a envoyé les photos. Il est clair qu'elle aime se faire photographier — pur cabotinage, reconnaît-elle volontiers avec un grand rire en rejetant en arrière son adorable tête brune. En outre, elle a un don enviable : la faculté, au moment où l'appareil est sur elle, d'attirer l'objectif, puis de s'immobiliser brusquement et de se mettre à sourire. Du coup, les instantanés sont vraiment *elle* et non des fac-similés raides et sans vie.

Assise à mon bureau, je lève de temps en temps les yeux et me mets à divaguer. Tout en étudiant une coiffure, une boucle d'oreille, une expression du visage, je ne tarde pas à laisser mon esprit vagabonder et à… m'en aller. Autres lieux, temps oubliés. J'ai disposé les instantanés selon la chronologie et les personnages, comme s'ils étaient les matériaux d'un nouveau roman : Mama Carolyn à dix-sept ans, à dix-huit ans, puis à vingt-huit ; Karla heureuse à six mois, débordante d'énergie à cinq ans, boudeuse à quatorze… Aussi exaltée que si j'étais le créateur et non une espèce d'employée attelée à un travail de tâcheron — qui écoute, étudie, remue des papiers, puis les classe —, je visualise le contexte, j'élabore le récit, essayant d'imaginer ce qui se passait, une seconde avant le déclic de l'obturateur, ce qui s'est passé après, qui a composé la photo, qui a insisté pour donner à Karla un rapide coup de peigne avant de commencer, qui a dit : « Bon, alors, maintenant, tout le monde, un petit sourire ! »

J'essaie d'établir des rapports, de relier l'histoire que racontent les photos à celles que je lis et que j'entends, de façon que les images recueillies apportent une certaine lumière ou, du moins, fournissent la matière d'un récit crédible. J'essaie d'obtenir une image nette de l'ensemble, avec l'espoir de voir certains éléments concorder et même, qui sait, prendre un jour un véritable sens.

Ce n'est pas seulement de la vie de Karla qu'il s'agit et de la raison pour laquelle elle a fait ce qu'elle a fait, mais de ma vie aussi. De la raison pour laquelle je me suis autant emballée, pour laquelle j'expédie toutes ces lettres au couloir de la mort, je poste tous ces livres et ces photos, j'envoie tous ces abonnements à des revues, je me rends régulièrement au pénitencier ; de la raison pour laquelle, enfin, j'ai donné mon cœur à une jeune femme qui non seulement a avoué avoir assassiné deux personnes mais qui, une fois rentrée chez elle, s'en est vantée auprès de sa bande de voyous.

Dans le temps, quand on achetait une pastèque, le marchand y découpait un petit morceau pour montrer au client combien la chair, à l'intérieur, était rouge. « Sonder », on appelait ça. Pendant plusieurs années de ma vie, je n'ai fait, me semble-t-il, que choisir des cercueils et organiser des obsèques. Ma mère venait de mourir ; mon fils avait été tué ; mon père, amputé des deux jambes, n'avait survécu que deux ans. La mort de ses parents est toujours difficile, mais celle d'un enfant vous met K.-O. purement et simplement. Parfois, sans doute, pour toujours.

Quand Peter est mort, j'ai eu l'impression que l'on m'avait « sondée » comme une pastèque, en plein milieu du corps, là où la chair est la plus rouge et la plus tendre. « Tiens, semblait me dire la vie, goûte-moi ça et dis-moi si tu aimes. » Je savais que la sonde était permanente. Bien sûr, je guérirais suffisamment pour pouvoir remettre le morceau en place, mais les marques, l'entaille, le morceau excisé seraient, eux, toujours là.

Cela fait maintenant sept ans. J'espère avoir mérité une place de choix dans ce drame, avoir pris assez de champ pour commencer à comprendre où j'en suis, la nature du vide que Karla Faye Tucker, cette tendre femme enfant, cette meurtrière reconnue coupable, est venue remplir à ce moment précis de ma vie et ce qu'elle est devenue pour moi, là-bas, dans le couloir de la mort, penchée sur ses livres d'école, occupée à fabriquer ses poupées, à faire ses marches athlétiques et ses séances d'aérobic.

Les raisons sont insaisissables. Un bon romancier utilise les raisons mais ne s'y attarde pas, encore moins les exprime-t-il par écrit. Les raisons n'ont aucun intérêt ; et pourtant, en modernes décodeurs de notre propre expérience, nous ne cessons de les pourchasser. De traquer le pourquoi.

Voilà, en tout cas, un lien dont je suis sûre : *Si Peter n'avait pas été tué, je n'aurais jamais rendu visite à Karla Faye*.

Mais à ce moment-là, je ne le savais pas, je n'avais pas creusé le problème ni essayé de donner un sens au fait de me rendre au couloir de la mort.

En y allant, la première fois, je n'imaginais absolument pas dans quoi je m'embarquais. J'y suis allée, c'est tout.

Il y a trois ans de cela. Et maintenant ?

C'est la vie de Karla qui est en jeu. Je suis l'autre, son amie, sa biographe, qui l'écoute, attentive, essayant de comprendre — pour elle, pour moi, pour ce que l'histoire et le temps en garderont — ce que Karla a *réellement* fait.

Quant à l'avenir, *continuer*, je ne vois rien d'autre. L'accompagner jusqu'au bout. Vivre ce dans quoi j'ai choisi de m'embarquer, jusqu'au jour où, je ne sais pas… ce qui doit arriver arrivera.

Février 1992

I. LES PRÉMICES

On était complètement défoncés et on cherchait un truc à faire... On est allés là-bas juste pour repérer l'endroit et quelque chose nous a dit, allez-y.

KARLA FAYE TUCKER, 1983

On... était... speedés un max. J'en étais arrivé au point que c'était O.K. à tout.

JIMMY LEIBRANT, 1984

Rien, dans mon éducation, ne me préparait à être un tueur.

DANIEL GARRETT, 1989

Mountain View

De la voiture, Mountain View n'a pas l'air bien redoutable. Rien à voir avec l'idée de prison, genre Sing Sing ou Alcatraz — ce *rocher* gris, froid et solitaire — que nous transportons tous dans nos imaginations saturées de cinéma. Sur un fond de collines moutonnantes, la section Mountain View du Texas Department of Corrections (TDC)[1] est un ensemble de bâtiments bas d'un étage en brique rouge, avec trottoirs, arbres et massifs de fleurs. Les pelouses sont entretenues. Les drapeaux américain et texan flottent côte à côte.

Ce n'est pas pour autant qu'on a envie d'y entrer. Des doubles clôtures de grillage et de barbelés montrent bien qu'il s'agit d'un quartier de haute sécurité. Les miradors occupés par des gardiens armés vous nouent la gorge et — alors même qu'on s'attend à les voir — vous glacent le sang. Ce jour-là, sur la Highway 36[2], ce que je me disais surtout c'était combien j'étais heureuse de ne pas être enfermée là-dedans. Les quelques arbres qu'on aperçoit sont petits : chênes rabougris, mesquite, peupliers étiques. On ne construit pas les prisons dans des paysages verdoyants. Comme m'a dit un jour un gardien du pénitencier : « Je ne sais pas si le TDC choisit les pires endroits au monde pour y construire ses centres ou bien s'ils deviennent simplement comme ça. »

1. Centre pénitentiaire du Texas. *(Toutes les notes sont de la traductrice.)*
2. Les Highways équivalent à nos routes nationales.

À l'est, de l'autre côté de la Highway 36 par rapport à Mountain View — d'où l'on voit des collines rocailleuses et escarpées mais pas de montagnes —, se dresse le centre moins répressif de Gatesville. Là-bas, une seule clôture de grillage et de barbelés.

Des gardiens à cheval, fusils prêts à faire feu, descendaient à travers les collines, sur ma droite, surveillant l'équipe de travail qui rentrait au pas, en file indienne — tous des hommes. Les prisonniers portaient des tenues entièrement blanches. Les gardiens, eux, étaient en gris. C'était l'heure du déjeuner ; dans le jargon de la prison, le rata.

Entre chez moi et Gatesville, pendant les deux heures et demie de route, j'avais écouté alternativement des cassettes de Maria Callas et d'Aaron Neville. Dans l'ombre du pénitencier, j'éteignis l'autoradio.

Après une matinée fraîche, la chaleur s'élevait rapidement au fil des heures, comme cela arrive souvent au Texas, début mars. Dans cette partie de l'État, le soleil, une fois au zénith, devient impitoyable. J'avais remonté mes vitres et branché la climatisation. Pendant le trajet de chez moi à Gatesville, j'avais enlevé ma veste, puis mon pull-over et n'avais plus sur moi qu'un pantalon large et un chemisier de coton.

Qu'est-ce que je fais ici ? ne cessais-je de me demander. *J'ai cinquante ans, je suis romancière, je pourrais être douillettement installée dans mon bureau, en train d'inventer des histoires. Qu'est-ce que je fais ici ?*

Des réponses voltigeaient dans ma tête, faciles, spécieuses, et je m'en défiais. La plus sensée était : *Ne te pose pas de questions. N'essaie pas de comprendre. Vas-y, c'est tout*. Dans mon rétroviseur, l'équipe de travail traversait la nationale, tandis que les gardiens à cheval surveillaient la circulation. Au téléphone, la directrice s'était montrée cordiale et ses indications, très claires, m'avaient permis de trouver aisément Mountain View. J'avais une heure d'avance. À l'intersection de la nouvelle Highway 36 et de l'ancienne, je tournai à droite. C'est là que se trouvait l'entrée de la prison. Devant, des hommes réparaient la route, ils me saluèrent de la main. Je leur répondis et, faisant demi-tour, pris l'ancienne nationale 36 qui mène au centre de Gatesville.

Lorsque j'avais confié à des amis mon intention de faire ce voyage, ils m'avaient tous désapprouvée. J'avais essayé de leur expliquer que mon but n'était pas de faire libérer Karla Faye Tucker ni de lui sauver la vie. L'emprisonnement de Karla n'était pas le résultat d'un procès bâclé. À la barre des témoins, elle avait reconnu avoir participé à deux meurtres absolument odieux. Elle avait fait ce qu'on disait qu'elle avait fait.

« Mais regardez-la », insistais-je alors auprès de mes amis sceptiques en leur montrant la photo du journal.

Ils y jetaient un coup d'œil rapide et je savais ce qu'ils pensaient : si j'avais besoin d'une bonne cause, il y avait, là-bas, une foule de gens bien plus dignes de ma pitié. Sans vraiment le dire, mes amis tentèrent de me détourner de cette nouvelle idée. Cela partait d'un bon sentiment. M'ayant soutenue dans des jours difficiles, ils ne voulaient pas, maintenant que je semblais à peu près rétablie, me voir retomber dans la dépression. Je finis par résoudre mon problème en ne montrant plus la photo à quiconque. Mais mes sentiments n'avaient pas changé : j'étais fascinée par Karla, un point, c'est tout. Par sa beauté, son histoire et les extrémités auxquelles la passion, les circonstances et la drogue l'avaient conduite.

Trois ans, presque, s'étaient écoulés entre le jour où j'avais lu l'article de journal et le 9 mars 1989 où, après avoir mis les cassettes de la Callas et de Neville dans ma voiture, je pris la route.

Des agglomérations comme Gatesville, on en trouve dans tout le Texas — chefs-lieux de comté bâtis sur une place, avec le palais de justice au milieu et, autour de la place, des boutiques, une salle de billard, une caisse d'épargne et une cafétéria avec buffet chaud à volonté. Le palais de justice du comté de

Coryell est une vraie pièce montée, mais les boutiques et les bureaux qui l'entourent ont des façades plates et nues à l'air contraint, vierges du moindre grain de poussière, comme brossées jusqu'à l'os par le vent, le soleil et la moralité protestante — en majeure partie baptiste. Un bâtiment de pierre, autrefois scierie, abrite un musée folklorique toujours fermé, sauf pendant le week-end. Le musée est dirigé par une société d'historiens amateurs composée en grande partie de dames ayant du temps, de l'énergie et de l'intelligence à perdre.

Je déjeunai dans un snack-bar — d'un Coca light et de Fritos — puis repris la nationale 36 en direction de la prison. Trois kilomètres plus loin, des pancartes disant « Interdiction de faire de l'auto-stop », « Interdiction de prendre des autostoppeurs » marquent les limites de la zone carcérale. Le pénitencier de Gatesville était à ma droite. Plus loin, devant moi, se dressait Mountain View.

Je ralentis.

Tous ceux qui se rendent dans une prison disent la même chose : « Je savais comment ce serait. J'avais vu des films. Je m'y étais préparé mentalement. Et pourtant… »

Cela doit tenir au souvenir que nous avons des rêves, à la réalité cauchemardesque de l'enfermement, à l'idée terrifiante de la facilité avec laquelle on pourrait franchir les limites de la loi, et aussi à cet endroit, au-delà des barbelés. Ou bien au fait de ne pas vouloir voir — ni les prisons, ni les prisonniers — et de ne pas vouloir, une fois qu'ils sont enfermés, avoir à penser à ces gens-là.

Le long de la route, sur ma droite, une clôture en grillage surmontée de six rangs de barbelés s'étirait jusqu'au carrefour. Des miradors interrompaient la clôture tous les cinquante mètres environ. Dans l'un d'eux, un gardien était assis, les pieds posés sur un bureau, un téléphone portable à la main. Dans le suivant, le gardien, debout, regardait tantôt la cour de la prison, tantôt de l'autre côté de la route.

Je me demandai si les gardiens n'étaient pas en train de s'appeler d'un mirador à l'autre afin de signaler la position de ma voiture. Mais pourquoi cette idée ? Je conduisais lentement, sans changer de file, en respectant tous les règlements. Seulement, ils avaient l'air si seuls, là-haut. Pointage à l'arrivée, pointage au départ, rien d'autre. Pas de radio, pas de journaux, pas de copain avec qui discuter le coup. Uniquement le vent, le soleil, le défilé incessant des prisonniers, le téléphone et le fusil, bien sûr. Un jour, faute de raison valable, un gardien n'inventerait-il pas un prétexte pour s'en servir — histoire de faire quelque chose ?

La photo de Karla Faye, en première page du *Houston Chronicle*, était un portrait en gros plan et en couleurs, remarquablement net pour une photo de presse. Karla Faye à vingt-six ans. Ce que l'on voyait surtout, d'abord, c'était ses yeux noirs et sa lourde et magnifique crinière. Une fois le journal déplié, on découvrait une jolie jeune femme en uniforme blanc de prisonnière, la tête légèrement penchée sur le côté, le menton reposant dans la main gauche. À l'époque, naturellement, je ne savais pas qui elle était, tout ce que je me rappelais vaguement, c'était le procès, l'un de ces horribles faits divers quotidiens qu'on déteste lire et dont on n'est jamais rassasié. Ce que je me rappelais surtout, comme tout le monde, c'était l'arme utilisée et certains commentaires scandaleux qu'elle avait faits concernant le sexe.

Un long visage, des pommettes hautes, des cheveux noirs (une mèche folle dessinait une parenthèse autour de son œil gauche), un sourire doux, une dent cassée. Au centre de chacun de ses yeux brun foncé, le flash de l'appareil photo avait laissé sa marque, un point blanc, gros comme une tête d'épingle. Telle une porte ouverte sur ses pensées, le point lui donnait un air vulnérable.

À côté de la photographie, le gros titre disait : DANS LE COULOIR DE LA MORT LA MEURTRIÈRE À LA PIOCHE DÉCOUVRE UNE « NOUVELLE VIE ».

Au printemps de 1986, j'avais lu l'article du *Chronicle*, puis l'encadré et, revenant à la photo, l'avis examinée soigneusement, après quoi, j'avais relu l'article : une jeune femme dans le couloir de la mort, la vie folle qui l'avait amenée là ; le crime abominable, avec son instrument de cauchemar digne d'un film d'horreur de série B ; ses commentaires scandaleux sur le sexe et, pour finir, sa réhabilitation en prison.

Si Karla Faye Tucker défrayait encore la chronique, deux ans après sa condamnation à mort, c'était pour plusieurs raisons, la première étant que, malgré les changements de mentalité intervenus dans notre société, lorsqu'une femme tue, elle continue à faire parler d'elle.

Aujourd'hui, les femmes sont beaucoup plus nombreuses à commettre des crimes. Beaucoup plus nombreuses à vendre de la drogue, à voler, à cambrioler, à vendre leurs enfants et à faire de la prison. Mais ce sont les hommes qui, dans presque quatre-vingt-dix pour cent des cas, commettent les crimes violents ; ce sont donc les hommes qui sont condamnés à mort, les hommes qui passent le reste de leur vie, parqués dans divers couloirs de la mort, à attendre de mourir — ou non. Au printemps de 1990, il y avait, au Texas, quatre femmes condamnées à mort à Gatesville et deux cent quatre-vingt-sept hommes au centre Ellis I de Huntsville. Dans tout le pays, on comptait un total de deux mille cent quatre-vingt-cinq condamnés à mort, dont seulement vingt-cinq femmes. Entre 1976 et 1992, cent soixante-six hommes avaient été exécutés contre une seule femme, Velma Barfield, en Caroline du Nord.

Karla Faye fait aussi la une des journaux parce qu'elle est en elle-même un paradoxe. Elle est séduisante, elle est photogénique, elle sait poser ; son crime est inimaginable et pourtant elle l'a avoué, et maintenant elle a cette expression de douceur, cette spontanéité, cet air d'être totalement *présente* pour la photo, sans rien à cacher. En lisant l'histoire de sa vie, en regardant sa photo, l'on pense que si les choses avaient été différentes… Et l'on a envie de croire que les gens changent, que la confession aide, que l'espoir existe, malgré tout.

Elle paraît si sereine. Dans l'état où j'étais, à l'époque, je l'enviais. Je me demandais s'il fallait entrer en prison afin de retrouver le calme.

Pour la photo du *Chronicle*, Karla avait posé son menton dans sa main et incliné la tête — en fait, pas *dans* sa main, mais un peu à côté. Son menton repose sur la chair de sa paume, son annulaire et son petit doigt recouvrent en partie le bas de son visage et ses doigts fins vont de sa mâchoire à son lobe d'oreille. Ses ongles sont longs et très soignés, elle porte une montre en or et une bague et elle regarde l'appareil sans — apparemment — la moindre contrainte ni gêne. Selon la légende de l'illustration, elle se dit heureuse. Elle en a l'air. Elle a l'air « bonne » (nous ne parlons plus comme ça, mais c'est le mot qui m'est venu à l'esprit en voyant sa photo pour la première fois). Et pourtant c'est cette même personne qui a avoué avoir commis des actes que l'on pourrait appeler — si nous parlions encore ainsi — démoniaques.

L'encadré était intitulé « L'incarnation du mal ? » Dans le corps de l'article, on cite les paroles de l'un des magistrats qui instruisirent son procès et qui aurait dit qu'en voyant Karla pour la première fois, en 1983, juste après son arrestation, il n'avait pas voulu lui tourner le dos. « Son attitude, son apparence, tout en elle était l'incarnation du mal. »

Essayant de voir, dans cette jeune femme séduisante, le mal incarné, je lus et relus l'article. Me vint alors l'envie d'écrire l'histoire d'une jeune fille dont la vie avait connu de telles fluctuations, des ténèbres à l'espoir. Mais plus encore qu'écrire sur elle, je voulais la rencontrer. Juste la regarder.

Cela se passait en 1986. Mes amis me dirent : « Ne fais pas cela », alors je me suis abstenue. Je leur ai fait confiance. Et j'ai eu raison. Mieux valait attendre.

Après avoir lu l'article une dernière fois — les meurtres, bien sûr, étaient inimaginables ; les femmes ne sont condamnées à mort que pour des crimes insondables —, je déposai le journal par terre, près de ma chaise de bureau, là où je garde les affaires en souffrance. Quelques jours plus tard, je lus une nouvelle fois l'article. Ce même procureur qui, en 1983, pensait que Karla Faye Tucker était l'incarnation du mal, disait à présent qu'elle était devenue une tout autre personne, bienveillante, intelligente, serviable, qui préparait son diplôme de fin d'études secondaires, prenait des cours de niveau universitaire par correspondance, lisait tout ce qui lui tombait sous la main et se montrait presque exubérante — « un vrai chiot ». Procureurs, fonctionnaires des services pénitentiaires, policiers — tous ces gens qui refusent systématiquement d'être en reste quand un jury réclame la peine de mort — préconisaient à présent la levée de la sentence. « La Karla Tucker d'aujourd'hui, dit l'un d'eux, est quelqu'un d'autre que la Karla Tucker d'alors. »

Le croyais-je ? Non. On ne devient jamais quelqu'un d'autre.

« Je l'aime bien, me dit un second magistrat, et j'espère qu'elle ne mourra pas. »

J.C. Mosier, un inspecteur de la brigade criminelle qui avait travaillé sur l'affaire, ne savait qu'en penser. « Je ne voudrais pas qu'elle meure », dit-il. Puis, se reprenant : « Je crois en la peine de mort, explique-t-il, et elle n'est pas la première personne que j'expédie dans le couloir de la mort. Mais dans la plupart des cas, ce sont des salauds, point final. Elle, dès le début, n'a jamais eu la moindre chance. Elle n'avait pas d'autre choix que de mal tourner... S'il fallait la voir mourir, je crois que je n'aimerais pas beaucoup ça. »

Bon, me suis-je dit, *laisse tomber. Tu n'as aucun intérêt à te lier avec un autre jeune être qui va mourir.*

Peter était mort en septembre 1984, victime d'un délit de fuite non résolu. Il y avait eu toute une période, pas tellement antérieure à l'apparition de la photo de Karla en première page des journaux, où j'étais restée allongée sur le canapé des jours entiers, sans changer de vêtements, sans quasiment lever la tête, prostrée, avec l'impression d'avoir perdu tous mes contours, l'impression de tenir plutôt d'un œuf écrabouillé que d'un être humain, l'impression, enfin, d'avoir quitté le monde tel que je le connaissais. Détachée du temps lui-même, je considérais la folie comme une option raisonnable : un autre fil rompu et j'y serais.

Au printemps 1986, je me rendis compte que j'allais mieux. Avec l'aide du temps, des amis, de la famille, d'un psychiatre, d'une association de soutien aux parents en deuil, de livres, de poèmes, de Mozart, d'une cartomancienne et d'un médium, j'avais réussi à atteindre un état de légère dépression et de désillusion chronique. Aussi étais-je bien décidée à écouter la voix de la raison et à faire attention à ce que me disaient mes amis. J'étais bien décidée à être prudente, à ne pas prendre de risques.

Je mis de côté l'article sur Karla Tucker, sans toutefois le jeter au panier ; je me contentai de le plier et de le poser sur un bureau qui me sert à entreposer des documents. J'empilai d'autres papiers par-dessus. De temps à autre, je faisais le ménage. Quand j'arrivais au bas de la pile, je retrouvais Karla Faye, dent cassée, menton dans la main, et ce regard... Alors je restais là, toute seule, debout, à la regarder.

Deux ans et demi plus tard, en décembre 1988, un autre article sur Karla Faye parut en première page de la section B du journal, là où figurent les affaires criminelles et judiciaires de moindre importance. Au niveau de l'État, la demande d'appel de la sentence de Karla Faye avait été rejetée et la condamnation à mort confirmée à huit contre un par la cour d'appel du Texas. (CONDAMNATION À MORT MAINTENUE POUR LA MEURTRIÈRE À LA PIOCHE, disait le gros titre.) Le juge dissident n'avait pas souhaité y exprimer son opinion, minoritaire. Je vivais alors une période de calme plat, sans projet de travail particulier ni grande envie d'en avoir. J'étais fatiguée d'inventer des histoires — en plus de quoi, je faisais ma crise de folie saisonnière et me sentais fort peu encline à la sagesse. Je ressortis donc l'article de journal de 1986, relevai quelques noms et recherchai quelques numéros de téléphone.

Je finis par trouver Jackie Oncken, l'épouse de Henry Oncken, l'un des deux avocats désignés d'office pour représenter Karla, lors de son procès. En 1988, Henry Oncken ne travaillait plus comme avocat de la défense. En sa qualité de procureur fédéral — il n'y en a que quatre dans tout l'État — il était à présent le plus haut magistrat de la circonscription du sud Texas.

Jackie Oncken se montra naturellement méfiante. Qui étais-je et pourquoi m'intéressais-je à Karla Faye ? Je lui dis que je ne savais pas pourquoi j'appelais, que je n'étais même pas sûre d'avoir raison de le faire, mais que voilà, c'était comme ça.

Nous parlâmes pendant presque une heure. Jackie Oncken est terriblement impliquée dans la vie de Karla Faye Tucker, tout comme son mari, Henry Oncken, un républicain, tenant rigoureux de l'ordre public et ferme partisan de la peine de mort. Ils rendent visite à Karla plusieurs fois par an. Karla leur tricote des pull-overs et des couvertures multicolores à l'occasion de Noël et de leurs anniversaires.

Jackie me prévint : Karla ne donnait pas d'interviews. L'une des personnes qu'elle avait aidé à assassiner avait un fils. La position de Karla était qu'elle avait déjà fait assez de mal à l'enfant sans l'obliger à revivre la mort de sa mère à chaque nouveau reportage. Je lui dis que cela m'allait parce que je n'avais pas l'intention de l'interviewer. Le lendemain, j'écrivais à Karla Faye. Le jour où elle me répondit — deux longs mois après — je téléphonai à la prison pour convenir d'un jour et d'une heure.

« Venez quand vous voudrez, avait écrit Karla, mon emploi du temps est très souple (Ha, Ha !). »

À l'entrée de Mountain View, je passai de nouveau devant les terrassiers, puis devant des locaux d'habitation de deux étages en brique, à la façade nue. Une pancarte disait : « Ralentir — Enfants », une autre prévenait les visiteurs en anglais et en espagnol que pénétrer sur le territoire de la prison signifiait se soumettre à la fouille. Dans le champ, sur ma gauche, un groupe de femmes, armées de binettes, attaquaient mollement l'herbe, *plic... ploc*, sous l'œil d'un gardien à cheval. Il tenait les guides d'une main ; l'autre reposait nonchalamment sur le pommeau de la selle. Il avait un fusil. Son cheval paissait.

Rien ne signalait ce que je devais faire ni où je devais aller. Avisant une petite pancarte portant, écrit à la main, le mot « Visiteurs », je suivis la direction indiquée par la flèche, le long d'une étroite route asphaltée, jusqu'à une aire de stationnement faisant face à une maison de brique style ranch au toit pointu en forme de clocher d'église. Personne en vue, pas une seule voiture au parking. Au moment où je sortais — pour aller je ne savais où —, un gardien émergea du mirador en brique, de l'autre côté de la route. Les miradors, carrés, sont surmontés d'une pièce vitrée entourée d'un déambulatoire, à une dizaine de mètres de hauteur. Le gardien sortit sur le déambulatoire, son téléphone portable à la main.

« Madame ? » Je mis ma main en visière au-dessus de mes yeux pour me protéger du soleil. « Puis-je vous aider ? » Je lui donnai mon nom et lui dis qui je venais voir. « Attendez dans votre véhicule, s'il vous plaît », fit-il, puis il disparut rapidement dans le mirador. Je regagnai ma voiture et attendis, comme j'en avais reçu l'ordre, en regardant droit devant moi.

Au-delà du bâtiment de brique au toit en forme de clocher d'église, s'étendaient des champs, puis plus rien, rien de rien, la chaleur à perte de vue et des arbres rabougris dont aucun n'était assez grand pour fournir de l'ombre ou une cachette en cas d'évasion.

J'attendis dix minutes, un quart d'heure, ouvris ma portière pour avoir de l'air et entendis enfin la voix du gardien : « Madame ? » Je descendis de voiture. Le gardien me dit de retourner au parc de stationnement devant lequel j'étais déjà passée en arrivant et de me présenter à la loge d'entrée. Là-bas, me dit-il, on s'occuperait de moi. Je le remerciai — j'avais décidé, ce jour-là, de remercier tout le monde avec effusion — et refis le chemin en sens inverse. Le parc était complet — c'est chaque fois la même chose. Je me garai en dehors des emplacements indiqués et me dirigeai vers un petit bâtiment carré en brique entouré d'une clôture si élaborée qu'on aurait dit un paquet cadeau. Pas le moindre panneau. Au moment où je m'approchais de la clôture — l'habituel grillage surmonté de fil barbelé —, deux gardiennes sortaient. Le verrou de sûreté vrombissait. Les femmes me tinrent la porte et j'entrai.

Ayant vu le même article et la même photo que moi, reproduits dans un tabloïd, Melissa Malkovitch, animatrice du magazine d'actualités de la chaîne CBS, « West 57th », était venue à Mountain View pour tenter de convaincre Karla de participer à son émission. David Frost[1] lui avait écrit pour lui demander une interview. Karla avait été heureuse de voir Melissa Malkovitch et de communiquer, par l'intermédiaire de son avocat, avec David Frost mais, avait-elle répété, pas d'interviews.

Dans une lettre à Henry Oncken, Melissa Malkovitch avait écrit : « Je n'arrive pas à le croire, Oral Roberts a accepté et Karla, elle, refuse. »

La loge constitue le cœur de Mountain View et tous ceux qui entrent, y compris les employés, doivent la traverser. Dans une pièce grise et nue, derrière une épaisse cloison grillagée, un gardien s'occupe des visiteurs et actionne une sonnerie pour faire entrer ou sortir les gens. Sur les murs, des panneaux d'affichage avec des annonces d'offres d'emploi, de voitures à vendre, de maisons à louer. Des documents officiels désignent l'employé du mois et les nouveaux statuts du centre pénitentiaire du Texas (TDC). Il y a un distributeur de boissons fraîches et un autre offrant des crackers, des cookies et des chips. Pendant un moment, une note écrite à la main est restée collée au mur, au-dessus d'un distributeur d'eau. Elle disait : « Ne pas cracher de tabac ni de tabac à priser dans la fontaine. À cause que ça la bouche. »

Le gardien de la loge me demanda une pièce d'identité avec

1. Célèbre animateur de télévision.

photo. Je pris mon permis de conduire dans mon portefeuille et le lui tendis.

À l'origine, le centre de Mountain View abritait de jeunes délinquants. Dans ce temps-là, on l'appelait simplement Gatesville. Une amie à moi, qui a grandi là-bas, affirme : « Gatesville était bien plus efficace qu'une raclée pour maintenir les jeunes dans le droit chemin. "Continue comme ça, disaient les parents à leurs fils, et tu finiras chez les délinquants." » La mère de mon amie traîne sa trop longue vie dans une maison de retraite. Parfois, de son bavardage incohérent, émerge un souvenir distinct : « Les délinquants sont dans le jardin », dit-elle, tremblante de peur.

Au pied des fenêtres s'ouvrant sur la cour de la prison, des bouquets de fleurs artificielles confectionnés par les détenues sont à vendre. Les compositions portent des étiquettes avec un nom et un prix : « Bleu Hawaii », « Folie printanière », « Composition en rose ». (« Détenue », je l'apprends rapidement, est la terminologie officielle. Au cours de mes nombreuses visites à Gatesville, je n'ai jamais entendu un employé du TDC prononcer le mot « condamnée » ou « prisonnière ». On dit également « surveillant » ou, encore plus formel, « officier de surveillance » à la place de « gardien ».)

À côté du distributeur de boissons, il y a un dessin d'architecte représentant Mountain View en 1960. Sous le dessin on lit : « Foyer de garçons ». Quelqu'un a rayé « Foyer » et l'a remplacé par « École ».

Quand Peter était vivant, je pensais souvent à Gatesville, redoutant qu'il ne finisse chez les délinquants. Et puis il est devenu trop vieux pour cela et mes craintes ont gravi un échelon.

Je ne rêve plus aussi souvent de Peter, mais quand ça m'arrive, ce n'est pas du tout comme si je regardais une photo de lui et, remontant le cours du temps, me laissais porter un moment par les eaux du souvenir ; non, ça ne ressemble pas du tout au souvenir. Dans mes rêves, il est vraiment là, *en visite*.

Parfois, il est encore bébé mais le plus souvent il a l'âge qu'il avait, l'année précédant sa mort, dix-sept, dix-huit ans.

Deux rêves se répètent régulièrement. Dans l'un, je reviens six ou sept ans en arrière. Peter est vivant et il a des ennuis — tantôt avec la loi, tantôt avec l'école. Quels que soient le domaine ou l'autorité concernée et ses règles, c'est le genre d'ennui qui se coagule, s'étoffe, se complique et ne se laisse jamais résoudre, encore moins comprendre.

Dans le rêve, je me dirige vers Peter. Il est entouré de problèmes, d'un véritable halo de détresse et plongé dans une sombre et silencieuse attente. C'est un sentiment que je connais bien, étant, à chaque seconde, au bord du « comment-savoir ? », me demandant ce qui va arriver, cette fois-ci, jusqu'où le mèneront ses ennuis, comment je peux y mettre un terme et de quelle façon, Dieu du ciel, tout cela finira.

Ce n'est pas un mauvais garçon, me répétais-je sans cesse, à l'époque. Puis, faisant volte-face : *Peut-être que si, après tout. Peut-être*, me disais-je, *naît-on mauvais*.

Revenons maintenant à l'histoire, à la réalité ; il ne s'agit plus de rêve. À cette époque-là, lorsque je considérais l'évidence du « ce-qui-est » et en déroulais le fil dans l'avenir, je me voyais parfois en train de rendre visite à Peter en prison, lui d'un côté d'une cloison de verre, moi de l'autre ; je contemplais, durcie, la beauté bouclée de mon enfant et, dans ses yeux, l'étrange éclat topaze à jamais terni. Quant à sa faute, je ne pouvais supporter d'imaginer ce qu'elle pouvait être, ce que Peter avait pu faire — ou à qui — pour être ainsi enfermé, encore moins pour combien de temps il en avait.

Dans le rêve, j'y suis jusqu'au cou. La police a tout pouvoir de décision dans ma vie, je suis au cœur d'une nuit interminable, Peter n'est pas encore rentré et mon mari et moi nous disputons comme des chiens — complètement hystériques. Quand un enfant a des problèmes, tous les parents commencent par faire la même chose : perdre la tête. Aveugles comme des poulets décapités, ils font tout ce que les manuels disent de ne pas faire, à savoir : diviser le front parental, s'attaquer sauvagement l'un à l'autre, crier, hurler, battre des ailes sans se soucier un instant de leurs têtes posées sur le billot qui leur crient : *Attention, ne faites pas cela, c'est une erreur !*

Parfois, pour nous occuper — à deux ou trois heures du matin —, nous nous mettions à plier du linge. D'autres fois, mon mari, Glenn, partait en voiture dans la nuit pour tenter de retrouver notre fils, tandis qu'à la maison je faisais le guet en regardant par la fenêtre du salon, dans l'espoir de voir sa voiture tourner dans l'allée ou d'entendre sonner le téléphone. Je ne voulais pas que Glenn sorte dans la nuit ; de son côté, il en avait assez d'écouter mes théories farfelues, et ça continuait, interminablement.

Dans le rêve, Peter vient vers moi, et c'est comme s'il quittait le monde des songes pour entrer dans la nuit de chair et de sang. Il sourit, il est superbe — ni morne ni boudeur —, je suis folle d'anxiété et il essaie de me rassurer. *Ça va, m'man, je vais bien.* Tout cela est déjà arrivé. Je le croyais, je faisais confiance à ma tendance innée à l'optimisme, mais ça n'allait pas, il n'allait pas bien.

Le rêve atteint son paroxysme. Peter part avec des copains en riant, l'esprit déjà occupé de quelque sottise.

Je me réveille alors et reste un moment au bord du « comment-savoir ? ». Encore sonnée par le rêve, j'attends, dans la nuit réelle, un signe de lui : les phares de la voiture que nous n'aurions jamais dû lui acheter zébrant le plafond, le bruit de son autoradio à plein volume : Van Halen, Rush, Bad Company, ou son préféré, Foreigner, exécutant « Feels Like the First Time » ou « Cold as Ice », puis une fois entré, l'odeur de ses turbulences hormonales et des cigarettes défendues. Je m'éveille comme si je sortais de la vie réelle et me demande : *Où est-il maintenant et qu'a-t-il fait, cette fois-ci ?*

La chute est longue, du rêve jusqu'au sombre et douloureux « ce-qui-est » mais, Dieu merci, je me récupère rapidement. Dans le noir, je procède aux accommodations habituelles : je n'ai pas à craindre de voir Peter finir chez les délinquants, je n'ai pas à me demander comment être une bonne mère ; Peter est mort.

On s'habitue à la désescalade : bon, d'accord, il n'ira peut-être pas à l'université ; bon, d'accord, il n'obtiendra peut-être pas son diplôme de fin d'études secondaires cette année, peut-être même jamais ; d'accord, il a déjà un casier judiciaire, il fume de la dope, *d'accord*, mais, me disais-je toujours, pourquoi faudrait-il descendre jusqu'à la prison ?

« Ms. Lowry ? »

Je me retournai. Par une ouverture dans la clôture grillagée, le gardien de la loge me tendait mon permis de conduire. « Il faudra le montrer encore une fois là-bas, me dit-il. Il n'y en a plus que pour quelques minutes. »

Je glissai le permis dans une poche de mon pantalon. Deux jours plus tard, le cherchant dans mon portefeuille et ne l'y trouvant pas, je pensai l'avoir perdu. Depuis, j'ai appris ma leçon. Avant de descendre de voiture, dans le parc de stationnement en face de la loge d'entrée, j'agrafe le permis à un bloc-notes. Si je le vois, je ne l'oublierai pas.

Dans ma deuxième lettre, j'avais demandé à Karla Faye si je pouvais lui apporter quelque chose — de la nourriture, par exemple, peut-être une miche de pain de ma fabrication. Des articles de toilette, pourquoi pas des boucles d'oreille amusantes ?

Non, me répondit simplement Karla, elle avait tout ce qu'il lui fallait. « Je suis déjà super-super gâtée, ici, écrivait-elle, par contre vous pourriez peut-être apporter des pièces de vingt-cinq cents, comme ça, on pourrait boire toutes les deux un soda en bavardant. »

Ce que ne m'avait pas dit Karla, c'est que je n'avais pas le droit de lui apporter quoi que ce soit : ni nourriture, ni cadeaux, ni provisions. En plus de ma lettre, histoire de me présenter, je lui avais adressé une pochette rembourrée contenant mes livres et certains de mes articles. La pochette me fut retournée avec la mention manuscrite : « Les détenues ne sont pas autorisées à recevoir de colis des particuliers. » On pouvait, en fait, expédier des livres, mais seulement à partir d'une librairie. Je pouvais aussi envoyer des photos, mais les Polaroid seraient ouverts par le bas, dans la chasse sans fin à la contrebande. Mes lettres seraient lues avant de lui être distribuées, comme le seraient celles qu'elle m'écrirait. Je pourrais l'abonner à des revues. Je pourrais lui faire parvenir du papier à lettres — pas des timbres — mais le papier ne devait pas être personnalisé.

À ces règles du TDC, Karla en avait, pour cette première visite, ajouté quelques autres de son cru. Lorsque j'avais téléphoné pour organiser l'entrevue, la directrice m'avait prévenue des conditions imposées par Karla : ni papier, ni crayon, ni magnétophone, ni appareil photo.

« Ça me va, avais-je dit à l'appareil après avoir raccroché, je n'ai aucune intention de l'interviewer. »

Consciente d'attirer les regards et de gêner le passage, j'attendis. Bientôt, une jeune femme enceinte, aux cheveux blonds, arriva, armée d'un bloc-notes et me demanda d'apposer ma signature. J'inscrivis mon nom et celui de la détenue que je venais voir. Il y avait une colonne intitulée « Raison de la visite ». Je m'étais déclarée journaliste, comme Karla me l'avait conseillé. Je n'avais aucune idée de ce que signifiait cette distinction en termes de règlement. Et parce que tout le monde, avant moi, avait écrit « interview », j'écrivis la même chose. J'avais l'intention de laisser en blanc la case « Employeur », mais comme toutes les autres étaient remplies, j'écrivis « Freelance ».

Derrière moi, un gardien aux cheveux raides et ondoyants, d'un blond roux, me dit de le suivre en voiture, puis se dirigea vers la porte en faisant claquer ses talons de bottes et cliqueter bruyamment un épais trousseau de clefs. Je remerciai le gardien de la loge, suivis le nouveau venu, montai dans ma voiture et me rendis là où il m'attendait, au volant d'un break blanc du TDC. À sa suite, je retournai à la première aire de stationnement, en face de la maison de brique au toit en forme de clocher d'église.

Le break s'arrêta juste au pied du mirador. D'un grand geste impatient, le gardien aux cheveux blond-roux me fit signe de descendre de voiture. Comme je levais la main pour fermer la portière, il me cria, de l'autre côté de la route : « Ne prenez pas votre sac à main ! »

Ça intimide terriblement. On a beau savoir qu'on n'a rien fait de mal... enfin, est-ce si sûr ? Peut-être qu'à un niveau plus profond gardiens et clôtures représentent l'autorité morale, les policiers de nos cauchemars, les règles que l'on a enfreintes, les secrets que l'on garde en soi. Je jetai mon sac dans la voiture, fermai la portière et, les mains enfoncées dans mes grandes poches — où j'aurais pu mettre n'importe quoi —, je traversai la route. Dans une salle de garde en rez-de-chaussée, j'attendis que mon guide en finisse avec la paperasserie. Il me demanda mon permis de conduire, y jeta un coup d'œil, inscrivit mon nom, me rendit mon permis, passa devant moi pour sortir et me conduisit sans un mot jusqu'au premier portail.

Pendant qu'il manipulait le verrou — qui vrombissait sourdement —, je levai la tête. Les clôtures, Seigneur, les clôtures ! Trois mètres de grillage surmontés de quatre rangs de barbelés — inclinés vers *l'intérieur* de la prison afin de rendre l'escalade plus difficile — avec, au sommet, des barbelés en accordéon, plus exactement, enroulés en forme de O reliés entre eux sur toute la longueur. Au total, quatre mètres, quatre mètres cinquante de hauteur.

Le gardien déverrouilla le premier portail et me le tint ouvert. J'entrai et il le referma derrière moi. Un trottoir puis, quatre mètres plus loin, nouvelle clôture, nouveau portail avec verrou vrombissant, même dispositif de grillage sur trois mètres de hauteur surmonté d'un mètre vingt ou un mètre cinquante de fil barbelé incliné vers l'intérieur et de barbelés en accordéon. Mêmes verrous. Le second portail se referma. Je suivis le gardien aux longues jambes — mon cow-boy revêche —

jusqu'à un bâtiment bas en brique rouge aux fenêtres grillagées munies de barreaux.

Le gardien actionna la poignée de la porte. « Elle est censée être ouverte », bougonna-t-il. Il sortit des clefs de sa poche, en essaya une ; après un premier essai infructueux, la porte s'ouvrit.

À l'intérieur du bureau de réception, les bottes du cow-boy cliquetaient comme des griffes de chien sur du ciment. Il regarda autour de lui d'un air désapprobateur comme s'il s'attendait à découvrir un désordre quelconque. Le cow-boy fut mon baptême du feu. Depuis, lors de mes visites à Mountain View, j'ai toujours été traitée avec une ferme et fruste courtoisie.

La pièce était austère. Du lino rouge au sol, des chaises en plastique moulé, un bureau en métal gris, plusieurs piles de cendriers en aluminium noircis par d'innombrables cigarettes écrasées par d'innombrables mains. Près de la porte, deux distributeurs identiques de boissons fraîches offrant du R.C. Cola[1], de l'Orange Crush, du Tahitian Treat et du Dr Pepper. Pas de Coca ni de Coca light en vue.

C'est à cet instant que je me souvins des pièces de monnaie. En payant mon Coca light et mes Fritos, j'avais demandé cinq dollars en pièces de vingt-cinq cents pour être sûre d'en avoir suffisamment. Les pièces étaient dans mon portefeuille, mon portefeuille, dans mon sac et le tout dans ma voiture. Voilà. Pas question de prier le cow-boy de me faire sortir et rentrer encore une fois. Il tourna un moment dans la pièce d'un air furibard, puis me dit de m'asseoir. Telle une écolière sollicitant la permission de la maîtresse, je lui demandai si les toilettes étaient ouvertes au public. Il répondit que oui. J'entrai dans l'une d'elles et lorsque j'en sortis, il avait disparu.

Je m'approchai d'une fenêtre donnant sur la cour de la prison. Des détenues y déambulaient, par deux, en pantalon de coton blanc empesé et tunique à manches courtes, au col ouvert peu

1. Royal Crown, marque de boisson à base de cola.

seyant. Les chaussures variaient du lourd brodequin de travail en cuir au training. Certaines portaient des lunettes de soleil, pour la plupart réfléchissantes, style aviateur. Les cheveux, dans l'ensemble, étaient courts, lissés en arrière, genre gouine. Pour beaucoup d'entre elles, le seul moyen que j'avais de savoir qu'elles étaient des femmes, c'était qu'il ne pouvait en être autrement. Le soleil était haut. Le ciel sans nuages. Apparemment, il ne se passait pas grand-chose. À la porte d'un dortoir, deux Noires en uniforme blanc réglementaire bavardaient avec animation, l'une d'elles gesticulant frénétiquement, l'autre riant à belles dents. Vêtues d'affreux uniformes de coupe masculine, des gardiennes allaient et venaient d'un pas rapide et décidé. Les détenues, elles, se promenaient avec nonchalance.

Je me répétai, encore une fois, que ce n'était pas pour rien que Karla Faye Tucker avait été envoyée ici : elle avait aidé à assassiner deux personnes sans la moindre pitié, elle avait raconté les meurtres dans le plus grand détail à la barre des témoins — les avait racontés *deux* fois, en fait, la première à son propre procès et la deuxième, comme témoin à charge, à celui de son petit ami et complice, Danny Garrett.

Entendant des voix derrière la porte par laquelle j'étais entrée, je m'avançai dans cette direction.

Dehors, Karla Faye, en uniforme blanc de la prison, portait sur le bras une veste matelassée kaki. Je me demandai pourquoi. Il faisait chaud. Elle était accompagnée d'un gardien et d'une gardienne. Tandis que le gardien cherchait la bonne clef, Karla lui enleva quelque chose de collé sur sa chemise puis, penchant la tête de côté, agita un doigt grondeur devant le nez du gardien. L'homme baissa la tête d'un air de honte feinte. La gardienne pouffa et Karla éclata de rire, la tête renversée en arrière.

Mon cœur défaillit. Je ne voulais absolument pas m'attendrir sur cette fille, je ne voulais pas m'*attacher*, je voulais tenir Karla Faye Tucker à bonne distance.

Le gardien tourna plusieurs fois sa clef dans la serrure. Sans succès. Exaspéré, il jeta les bras au ciel puis, toujours riant, le trio rebroussa chemin et disparut.

Jusqu'à la mort de Peter, je crois que je n'avais jamais voulu d'une vie trop protégée. Non pas que je fusse casse-cou, mais j'aimais l'aléatoire, l'effervescence, une certaine dose de risque. Quand, tout à coup, le sol se déroba sous mes pieds, je perdis ma belle assurance. *S'il vous plaît*, demandai-je à quiconque, là-haut, tirait les ficelles, *faites que je m'ennuie, désormais. Plus de surprises. Je veux une vie morne*. À Mountain View, tout en attendant Karla, je me rendis soudain compte que j'avais dépassé ce stade. Sinon, pourquoi étais-je ici ?

Derrière moi, une clef tourna dans une porte métallique peinte en gris. Dessus, un panneau disait en anglais et en espagnol : « Réservé au personnel. » Mon cow-boy entra, referma la porte et me fit signe de le suivre. Une fois que j'eus franchi une autre porte, il s'en alla.

La pièce dans laquelle il me laissa était de toute évidence le parloir. Il y avait deux longues rangées de guichets avec des chaises alignées de chaque côté d'un écran de Plexiglas. Certaines chaises étaient empilées les unes sur les autres.

Du fond d'un couloir, je les entendis approcher, Karla et ses gardiens, toujours riant et bavardant. Absorbée par la conversation, Karla se dirigea tout droit vers mon côté du guichet, puis, m'apercevant, plaqua sa main sur sa bouche et, rebroussant chemin au petit trot, sauta avec légèreté par-dessus un muret.

« Je ne suis pas censée être là où vous êtes », me dit-elle en indiquant le Plexiglas d'un mouvement de tête. Le gardien lui dit au revoir, Karla Faye lui fit un signe de la main et, l'appelant par son prénom, lui dit : « Attention, sage, maintenant, hein ? » L'homme répondit qu'il essaierait et disparut.

Face à face avec Karla, j'attendis de savoir ce que je devais faire.

La photo du journal ne l'avait pas avantagée. Ses cheveux sont longs, sombres et brillants, ses yeux noirs comme des grains de moka, sa peau très mate. Elle s'était discrètement mais soigneusement maquillée. Elle a, sur le bras gauche, une grosse tache de naissance de couleur brune, comme une éclaboussure de boue. Elle est un peu moins fine que sur la photo, un peu plus lourde. « Je suis *grasse* ! gémit-elle, peu après notre rencontre. C'est terriblement dur de perdre ça. » Elle se saisit les fesses à pleines mains. « Je fais de l'aérobic tous les jours, avec la télévision, mais je n'arrive *pas* à m'en débarrasser. »

À un moment ou un autre, j'avais lu ou entendu dire que le père légal de Karla Faye, l'homme qui l'avait élevée, n'était pas son père biologique. Je me rappelais aussi avoir appris, je ne sais comment, qu'elle était en fait d'origine grecque. Elle ressemble bien à une Grecque, à une Méditerranéenne échevelée, créature de la mer et du soleil.

Enfin la gardienne, une petite femme corpulente et aimable, me fit signe de m'asseoir là où ça me plairait, me dit-elle. Karla choisit un certain endroit, de son côté du Plexiglas. Elle resta debout, alors moi aussi. Le Plexiglas montait à un bon mètre au-dessus de nos têtes. À sa base se trouve un épais grillage métallique permettant de se parler, mais Karla est petite et si nous nous asseyions, nous nous regarderions à travers la grille de communication. Nous restons donc debout toutes les deux.

Karla plia sa veste sur le guichet en guise de coussin. (J'ai fini par comprendre pourquoi les chaises étaient empilées : afin d'être assez grands pour se voir à travers le Plexiglas, les gens s'assoient sur plusieurs chaises à la fois. Étant de taille moyenne, il m'en faut deux.)

La gymnastique est l'un de nos sujets de conversation. Au cours de l'année suivante, Karla allait réussir à faire jusqu'à vingt-deux kilomètres à pied par jour à vive allure en suivant les contours d'un huit qu'elle a conçu dans le carré de gazon qui sert de jardin aux détenues du couloir de la mort. (Vingt-trois révolutions autour du huit équivalent à un kilomètre six cents. Je lui ai demandé comment elle le savait ; elle m'a répondu qu'elle avait pris un mètre de couturière et fait des calculs. Est-ce qu'elle compte chaque tour ? « Autrefois, oui ; maintenant je me sers d'une montre, comme ça, je peux réfléchir tout en marchant. En un peu plus d'une heure, je fais sept kilomètres cinq cents, en un peu plus de deux heures, quinze, etc. ») Karla me pose des questions sur la course à pied, le yoga, la danse et les exercices de stretching qu'elle pourrait faire pour soulager ses épaules — bloquées depuis le jour où elle se les est démises en plongeant d'une falaise de vint-cinq mètres, à Austin, dans un lac alimenté par une source. J'exécute des mouvements de yoga devant elle — assise par terre ou debout, un pied sur le guichet, parfois encore les pieds en l'air, dans la posture du poirier, contre le mur — au grand amusement des gardiens.

En mars 1989, quand je rencontrai Karla pour la première fois, elle avait vingt-neuf ans. Elle avait plutôt l'air d'en avoir treize — elle était comme un être en transition ; rien d'étonnant à cela : Karla Faye a loupé son adolescence. La prison lui a donné une chance de revenir en arrière et, comme un enfant qui a eu des difficultés scolaires, de combler ses lacunes. Elle a maintenant atteint l'âge de, disons, quinze ans, peut-être.

Avec le temps, Karla Faye en arrivera au stade où elle me dit tout, parfois — souvent, même — plus que ne le lui dicte la raison. En échange, je l'informe de ce qui se passe au-delà des doubles clôtures. Je lui envoie des photos, des cartes postales. Quand je me suis rendue dans le D.C.[1], elle m'a demandé de photographier le monument à Washington, le mémorial de Lincoln et la Maison-Blanche. Lors de mon voyage à New York, elle m'a dit : « Vous irez à Times Square ? Pourriez-vous aller voir danser Barishnikov ? »

À son intention, pour qu'elle sache comment je vis, j'ai photographié ma maison de fond en comble : les vêtements dans mon armoire, les chaussures que je viens d'acheter, mes chats, mes chiens, mes chevaux ; un tiroir à cloisons en plastique où je range ma précieuse et clinquante collection de bijoux de fantaisie : bracelets dégoulinants de colifichets marrants et tintinnabulants, montre en forme de tête de chien ; collier fait de

1. District of Columbia, siège de la capitale fédérale.

jetons de Monopoly ; plus des boucles d'oreille, des boucles d'oreille, des boucles d'oreille en veux-tu, en voilà — en forme de poissons, de pastèques, d'étoiles, de palmiers, de lapins, de serpents, de pendules, de flamants roses, de boussoles et de petits crayons. « Vous savez lesquelles je préfère ? m'écrivit Karla en réponse. Les globes terrestres. La prochaine fois que vous viendrez, vous pourriez les porter ? »

Quand je parle, elle est intensément silencieuse et réceptive, une vraie éponge. Quand vient son tour, c'est une femme-orchestre : ses mains s'agitent, ses cheveux volent. Les réponses viennent spontanément, dans un flot de paroles. Elle s'emballe, vire de bord, mime, se couvre la bouche de la main lorsque les mots sortent d'eux-mêmes. Comme elle a déjà confessé les deux meurtres en détail, elle n'a pas besoin d'être prudente ni de choisir ses termes, elle peut parler librement.

Les débuts sont pénibles, comme c'est le cas lorsque deux personnes se rencontrent pour la première fois. J'avais joint à ma lettre de présentation un article de magazine disant en gros qui j'étais, ce que j'avais écrit et quelle avait été ma vie. De mon côté, grâce à l'article du *Houston Chronicle* et à ma visite à Jackie Oncken, je savais pas mal de choses sur Karla Faye. Mais nous sommes tout de même l'une pour l'autre des inconnues. Elle ne sait pas si elle peut me faire confiance et moi, je ne sais pas si je peux faire confiance à mon intuition.

Quand je m'excuse d'avoir laissé les pièces de vingt-cinq cents dans ma voiture, Karla me rassure aussitôt. Ce n'est pas grave, me dit-elle, elle n'a vraiment pas soif, ça n'a aucune importance. (Karla Faye excelle à rassurer et à rétablir l'équilibre — c'est un réflexe d'adaptation qui s'acquiert vite si l'on veut pouvoir supporter la vie en prison.)

« En fait, me dit-elle en se penchant encore vers moi, y m'ont pas dit que vous veniez. J'étais en train de me laver les cheveux quand y m'ont dit que vous étiez arrivée. » Elle se moque d'elle-même. « J'étais là (elle se fourrage dans les cheveux comme si elle se frottait la peau du crâne) la tête dans le lavabo… »

Le parloir est une pièce d'environ six mètres cinquante sur treize. La gardienne est assise à un bout du guichet, sur une estrade d'où elle peut surveiller ce que nous faisons. Depuis cette première visite, je n'ai plus jamais oublié de mettre des pièces de vingt-cinq cents dans ma poche. Après avoir acheté la boisson de Karla — généralement un Strawberry Crush[1] ou une limonade —, je donne la boîte à la gardienne qui l'ouvre et la tend à Karla. Il m'est interdit de donner quoi que ce soit à Karla de la main à la main. Il m'est interdit de la toucher. Au Texas, les détenus du couloir de la mort n'ont droit à aucun contact avec les visiteurs et cela, du jour où ils entrent au pénitencier jusqu'à et y compris celui où ils sont exécutés. Je ne pourrais pas offrir une boisson à la gardienne si j'en éprouvais le désir. « Je n'ai pas le droit, madame », me dit gentiment l'une d'elles, un jour où je lui en proposais une.

Il est vain de vouloir chercher un sens aux règlements des prisons. Ces règlements existent pour eux-mêmes, identiques à ceux de n'importe quelle autre institution officielle, de l'internat à l'armée. Un détenu avisé apprend cela très tôt. Je calque donc ma conduite sur celle de Karla.

Dans cette grande pièce, nous ne sommes toujours que trois, elle, moi et une gardienne. Comme les détenues du couloir de la mort sont séparées du reste de la population carcérale, leurs visiteurs le sont, eux aussi. Les gens qui rendent visite aux condamnées à mort doivent le faire en semaine, les week-ends étant réservés aux prisonniers ordinaires. Les détenues du couloir de la mort ont droit à une seule visite de deux heures par semaine, celle d'amis et de parents agréés avec, dans tous les cas, un maximum de deux personnes à la fois et de quatre visites mensuelles. Tous les trois mois, la détenue dresse une nouvelle liste de dix personnes qu'elle soumet à l'approbation

1. Boisson parfumée à la fraise.

des autorités pénitentiaires. Comme je suis venue en tant que journaliste, notre entrevue n'est pas prise en compte dans les visites hebdomadaires de Karla.

Derrière la gardienne, il y a un téléphone noir mural et une pendule. À côté d'elle, un enclos grillagé va du sol au plafond ; on appelle cela une cellule d'isolement et c'est là que les avocats communiquent face à face avec leurs clients. La cellule est fermée au cadenas. Contigu à la réception, de l'autre côté du mur contre lequel est installée la gardienne, se trouve le dortoir réservé aux condamnées à mort. Il peut loger huit femmes. Derrière moi, des fenêtres donnent sur une petite cour où, vers la fin du printemps, les détenues planteront des fleurs et des légumes. Devant le jardin, se trouve le huit d'entraînement de Karla.

Mes visites durent environ trois heures, de treize à seize heures. Si, à la fin de nos après-midi ensemble, je suis épuisée, Karla, elle, ne l'est jamais. Elle extrait tout le suc des dernières minutes que nous passons l'une avec l'autre, inventant de petites astuces au moment des adieux, me faisant des farces — « Attendez ! » me dit-elle un jour en détournant brusquement la tête. Quand elle me fait de nouveau face, elle a, pendant de chaque narine, un filet de morve en plastique de trente centimètres de long.

Le premier jour, je suis tendue du début à la fin, pensant que quelqu'un va venir — la directrice, un shérif, ou, Dieu m'en garde, le cow-boy — soit pour nous dire qu'il est temps de nous séparer, soit pour contester mon droit d'être ici. Je pense sans cesse que d'autres visiteurs vont peut-être arriver, ou... que sais-je. Être enfermé rend dingue, même si l'on ne fait que passer.

Mais rien n'advient. À quatorze heures trente, il y a changement d'équipe. Karla doit quitter les lieux avec la première gardienne et revenir avec la seconde. La seconde ressemble fort à la première. Elle va s'asseoir à la même place.

J'ignore absolument si le personnel de surveillance nous écoute. J'ignore également si quelqu'un d'autre — disons, la directrice — demande de quoi nous parlons. J'imagine que les gardiennes ont bien assez à faire avec leurs propres pensées et leur propre vie sans s'occuper des nôtres, mais je n'ai évidemment aucun moyen de le savoir. Nous sommes trois femmes placées en trois endroits différents du Plexiglas.

2205 McKean

Le plus dur, quand on raconte une histoire, qu'il s'agisse de fiction, de non-fiction ou même d'une plaisanterie, c'est de savoir par où commencer. Au début était… quoi ?

« La fin vous échappe, le milieu est introuvable mais le pire de tout c'est de commencer, commencer, commencer. » Ces mots sont de Donald Barthelme[1].

Alors, cette histoire, où démarre-t-elle ? Avec les meurtres ? Karla Faye avait vingt-trois ans, à l'époque, et elle était toxico. La loi texane exige que le crime soit d'abord présenté clairement, concrètement et dans le détail, sans tenir compte des circonstances atténuantes, aggravantes et/ou contribuantes. La culpabilité ou l'innocence doit d'abord être déterminée sans aucune référence à la sociologie, à la psychologie, à la drogue ou au QI ; ni à la cause, ni aux motivations, ni à la compréhension. La loi texane — comme toutes les autres — a ses raisons et il est vrai que lorsqu'un crime a été commis, la responsabilité doit être établie et expliquée, pas simplement comprise. Mais pour un écrivain habitué à l'étude des motivations, de la personnalité, du milieu familial, des liens du sang et de l'histoire sociale, ces exigences légales constituent un certain défi. Le cauchemar commence-t-il avec le sommeil ou avec les causes

1. Écrivain américain né en 1910. Auteur de nombreux romans dont *Le père mort, Pratiques innommables*, etc.

du rêve ? Dans le cas de Karla, la mise en route est longue et lente, le point culminant douloureusement inévitable (on voit de loin arriver le mot de la fin, bien avant qu'il apparaisse) et la conclusion brutale, impitoyable : deux personnes mortes, deux autres en attente de la mort.

Mais pour s'y mettre, pour *commencer*, pour composer le squelette même de l'image d'épouvante… Dans un quartier nord-ouest de Houston, un peu avant l'aube du 13 juin 1983, Karla Faye Tucker, vingt-trois ans, son petit ami barman, Daniel Ryan « Danny » Garrett, trente-sept ans, et un copain occasionnel, James Arnold « Jimmy » Leibrant, trente ans, employé dans un laboratoire de drogue clandestin, se rendirent, dans la Ranchero bleue de 1977 appartenant à Danny Garrett, chez un certain Jerry Lynn Dean, vingt-six ans, un homme que Karla haïssait. Là, Karla Faye et Danny Garrett assassinèrent deux personnes, Jerry Lynn Dean et sa compagne d'une nuit, Deborah Ruth Thornton, trente-deux ans, après quoi ils dérobèrent certains objets appartenant à Jerry Lynn Dean — un cadre de moto et des pièces détachées, plus une voiture, une El Camino bleue de 1974.

Une Ranchero est un drôle de véhicule, mi-voiture, mi-camionnette découverte. Même chose pour l'El Camino. Dans les deux, l'avant du châssis est une voiture identique aux modèles ordinaires de cette année-là, mais le siège arrière est remplacé par une plate-forme de camion. Mode passagère. On en voit encore dans les quartiers marginaux.

« S'était montée contre lui » est une expression du Texas. Karla Faye s'était montée contre Jerry Lynn Dean dès le jour de leur première rencontre et elle ne s'était jamais radoucie. Il y avait motif. Le jour où Karla rencontra Jerry, en 1981, elle rentrait tout juste de faire une semaine de passes à Midland et elle était crevée. Arriver dans l'appartement de Quay Point qu'elle partageait avec sa meilleure amie, Shawn, pour trouver une Harley perdant son huile sur le tapis de la salle de séjour n'était pas exactement ce qu'elle avait dans l'idée, ce jour-là, mais alors, pas du tout. Bien sûr, elle savait que tout homme possédant une Harley la mettait dans la salle de séjour, mais rentrer chez elle et en trouver une perdant son huile sur son tapis quand elle était si fatiguée, il y avait là quelque chose qui la mit en boule ; en outre, Karla ne faisait jamais de passes à son domicile, elle aimait que l'endroit où elle vivait soit à part. La maison, c'était la maison, le travail, c'était autre chose. Alors Karla fila d'un trait au premier étage où elle découvrit Jerry au lit avec Shawn, dans son lit à *elle*, Karla. Exaspérée par l'air chétif et avachi de Jerry, elle le jeta dehors. D'autres choses se produisirent ensuite, qui vinrent s'ajouter aux raisons pour lesquelles elle s'était montée contre Jerry Dean, mais ces raisons ne sont pas suffisantes en elles-mêmes si l'on ne part pas du fait fondamental et originel qu'en grandissant, Karla Faye Tucker était devenue une tête brûlée, une créature de passion, avec des règles personnelles très nettes et qui, lorsqu'elle se montait contre quelqu'un ou se déclarait pour quelqu'un, se montait contre lui ou s'attachait à lui — ou à elle — avec feu, avec passion et pour la vie.

Pur produit de la sous-culture Harley-Davidson, très forte dans le sud, le sud-ouest et sur la côte ouest des États-Unis, Karla Faye aimait les hommes virils, les malins, les durs. Les hommes qui savaient porter les tee-shirts moulants, les blue-jeans et les bottes de motard, qui tenaient bien l'alcool et la drogue, des hommes qui regardaient les films de violence, qui l'emmenaient dans des foires aux armes automatiques et lui achetaient des tee-shirts en tissu camouflé portant l'inscription « Tue-les tous. Dieu reconnaîtra les siens ». Si elle-même ne fut jamais fana de tatouages — sinon, elle s'en serait fait faire, pas vrai ? —, beaucoup, parmi les hommes qu'elle connaissait, en portaient. Ils aimaient les pitbulls. Ils se vantaient d'avoir fait des choses horribles, chez les Viets. C'étaient des vrais mâles.

Pour retenir toute son attention, un homme devait — exigence fondamentale de Karla — être capable de « faire face à n'importe quelle situation ». Accent mis sur « n'importe quelle ».

Bien qu'il eût une Harley, bien qu'il fréquentât des motards et partît en virée avec eux, Jerry Dean ne ressemblait pas à ces hommes-là. Jerry Lynn Dean était un minet, et un minet ne méritait pas de posséder une Harley. Un minet devait, un jour ou l'autre, se faire déposséder de sa Harley.

Après avoir vidé une première fois Jerry Lynn Dean de l'appartement de Quay Point, ne voilà-t-il pas qu'en rentrant un jour chez elle Karla trouve de nouveau la Harley en train de perdre son huile sur le tapis de sa salle de séjour et Jerry au lit avec Shawn. Karla jette derechef Jerry Dean dehors, cette fois de façon plus nette et plus vigoureuse. La guerre est déclarée. Ensuite, elle dit à Shawn que si elle, Shawn, est toujours la bienvenue partout où vit Karla, elle doit savoir que le mec Jerry, lui, ne l'est pas et ne le sera jamais. Point final.

Shawn finit par épouser Jerry Dean et quitta Quay Point. Karla, elle, s'en alla vivre un moment chez sa sœur, Kari. À cette époque — après le mariage de Shawn — Karla partit à La Nouvelle-Orléans avec un groupe de rock très célèbre dont elle connaissait les membres depuis un certain temps. Shawn l'accompagna, mais n'atteignit pas La Nouvelle-Orléans. Shawn était avec les roadies[1], pas avec le groupe lui-même. Plus tard, son mari, Jerry Dean, se mit en tête que Karla Faye avait forcé Shawn à faire la fête avec les musiciens. Pour se venger de cela et du fait qu'elle l'avait chassé de chez elle à coups de pied au derrière, Jerry Lynn Dean sortit des albums de photos appartenant à Karla, que Shawn lui gardait jusqu'au jour où celle-ci aurait de nouveau son propre logement, et il lacéra certaines de ces photos, y compris — et c'est capital — une de la mère de Karla.

Le lendemain, Shawn se rendit chez Karla pour y prendre une veste. C'était en mars 1983, trois mois seulement avant les

1. Hommes à tout faire d'une troupe en tournée.

meurtres. Ayant découvert la violence faite à ses photos, Karla dit à Shawn qu'elle était d'accord pour que Shawn entre chez elle, du moment qu'elle n'amenait pas le Jerry avec elle et Shawn lui répondit ben, justement, figure-toi, il est là, devant la maison, dans la voiture. Karla sortit à toute allure et tabassa une nouvelle fois Jerry Lynn Dean, l'éborgna, lui flanqua un gnon dans l'œil. Jerry Dean portait des lunettes. Shawn dut l'emmener aux urgences pour faire enlever les éclats de verre fichés dans son œil.

L'une des plus grandes fiertés de Karla Faye, c'était qu'elle savait se battre. Frapper. Avec les poings. Elle pouvait tenir tête à un homme. Attaquer un homme par surprise, très vite, et lui faire très mal.

Le gnon dans l'œil de Jerry ne lui suffit pourtant pas. La tabassée ne compensait absolument pas le fait qu'il avait lacéré la photo de sa mère. C'était la seule photo qu'elle possédait de sa mère, du moins l'affirma-t-elle à ce moment-là. C'était *peut-être* la seule dans l'album en question, mais il y en avait d'*autres*, ailleurs. Peu importe. Karla était encore furieuse de ce qu'avait fait Jerry. Elle n'arrivait pas à s'en remettre et son exaspération croissait sourdement. Au début de 1983, cela faisait un peu plus de trois ans que la mère de Karla était morte, ayant livré, en 1979, son dernier combat contre l'hépatite, à l'hôpital public du comté de Harris.

Karla Faye avait une haute opinion de sa mère. Si Jerry Dean tenait à sa peau, il avait intérêt à ne pas traîner dans les parages.

Les raisons ? C'est arrivé, c'est tout. Les raisons ne firent que s'accumuler.

Rechercher une *cause* en particulier, essayer de comprendre pourquoi, à trois ou quatre heures du matin, le 13 juin 1983, Karla Faye Tucker, Jimmy Leibrant et Danny Garrett grimpèrent dans la Ranchero de Danny et se rendirent dans Watonga Street pour massacrer deux personnes endormies, autant chercher une aiguille dans un tas de foin.

Personne n'a *décidé*. C'est arrivé.

À l'époque, Karla Faye et Danny Garrett vivaient en location dans une maison de quatre pièces, au 2205 McKean Street. Comme mari et femme. Ils étaient ensemble depuis janvier. Danny Garrett voulait se marier ; Karla, elle, ne savait pas trop. Elle venait juste de se *dé*-marier d'un homme qu'elle n'aimait pas et n'avait guère envie de retomber dans le piège, même si, à l'exception de son père, Danny Garrett fût le seul homme qu'elle ait jamais vraiment aimé.

McKean Street donne sur la Katy Freeway, au nord-ouest de Houston, dans une banlieue appelée Spring Branch. Lorsque je suis arrivée à Houston, en 1965, l'on disait que pour des familles blanches appartenant à la classe moyenne, Spring Branch était l'endroit idéal. Spring Branch a son propre système scolaire ; à la différence de Houston même, il est divisé en secteurs : certaines zones sont dites commerciales, d'autres, résidentielles. À Houston, on peut très bien s'acheter la maison de ses rêves et voir surgir, un beau matin, juste à côté, un drugstore ouvert de sept heures du matin à onze heures du soir, avec des gens qui viennent à n'importe quelle heure acheter de la bière ou des Tampax de dépannage. À l'époque de la construction de Spring Branch, Houston était encore considérée comme une ville de maquignons grandie trop vite, foncièrement et irrévocablement plouc. Spring Branch était censé être un cran au-dessus. Son système scolaire était censé être meilleur. Je ne sais pas si les écoles y étaient vraiment meilleures ni les maisons plus belles. La seule chose importante, qu'on ne mentionnait jamais, c'est qu'il y avait plus de Blancs, moins de Noirs et d'Hispano-Américains — le rêve bourgeois par excellence.

Certains quartiers de Spring Branch ont en effet l'aspect standard préfabriqué des banlieues américaines : maisons de brique bordant des impasses, jardins dessinés par des professionnels avec des trottoirs sinueux et des haies sculptées, faciles à entretenir. Mais il y a l'envers du décor. Il suffit de tourner le coin de la rue et les haies sculptées font place à…

rien. Un terrain vague rempli de sommiers et de sièges de voiture abandonnés. Un jardin, derrière une maison, transformé en aire de stationnement pour voitures à crèmes glacées hors d'usage. Devant une autre, un jardin ravagé par les chiens et les motos. Une voiture sur cales.

Houston est tellement jeune et tellement pressée qu'une grande partie de la ville ressemble à ça. Dans une rue, ce ne sont que séjours cathédrale, minibars et Jacuzzi ; dans la suivante, des terrains vagues, des grilles anti-effraction et une pancarte écrite à la main disant « Je répare les voitures » avec une flèche indiquant l'arrière-cour.

Après tout, Houston est bâtie sur des marais asséchés. Le limon menace constamment de remonter et de reprendre sa place légitime.

2205 McKean se situe juste au nord du carrefour de Hammerly Road et de McKean. En face de la maison qu'habitaient Danny et Karla Faye, se trouve un immense terrain vague qui doit bien faire un demi-hectare. De leur côté du terrain vague, c'est-à-dire, côté McKean Street, il y a un fossé et un champ, mais la majeure partie du terrain est constituée d'une sablonnière. Tout le sable a été dragué il y a longtemps et le trou est maintenant rempli d'eau. Tout près, on a construit une résidence de standing dont les patios donnent sur la sablonnière. Il y a des embarcadères et des saules. Et un écriteau disant « Baignade interdite dans le lac ».

Karla Faye allait souvent nager dans la sablonnière. Elle y amenait ses chiens et s'amusait à leur lancer des bouts de bois. Selon Danny Garrett, il y aurait une grue au fond du trou, enfoncée si profond dans la vase qu'elle ne pourra jamais être repérée, encore moins repêchée.

Dans McKean Street, en juin 1983, il y avait eu des tas de palabres. Karla Faye, Danny Garrett et Jimmy Leibrant envisageaient — et parlaient à qui voulait l'entendre — de voler des pièces de moto à ce superminet de Jerry Lynn Dean. Il fallait absolument lui rabattre le caquet, à celui-là. Le bruit courait qu'une histoire de trafic de drogue avait mal tourné et tout le monde savait que Karla Faye le détestait. Les palabres s'amplifiaient. On savait que Jerry se construisait, petit à petit, une Harley de type spécial à cadre rigide dont il se procurait les pièces auprès de copains ou à des foires au troc ; et pour qui se prenait-il ? Qu'est-ce qui le faisait penser qu'il méritait une Harley ? Ça, c'était déjà un problème de première importance, et il y en avait d'autres. Le fait que Karla s'était tellement montée contre lui et que Dean avait lacéré la photo de la mère de Karla ; et puis il y avait l'autre chose, pas vraiment un problème, elle, mais certainement un facteur supplémentaire qui rendait la situation parfaitement claire et indiquait nettement au trio la direction à suivre, à savoir que la meilleure façon de se venger d'un homme qui se construisait sa Harley consistait à démonter sa machine et à lui en voler les pièces. Les hommes qui possèdent une Harley, dit Karla, c'est comme si c'était leur gosse.

Donc, si les palabres devaient aboutir, si, aux petites heures du 13 juin 1983, Karla, Jimmy et Danny devaient accomplir l'acte viril, agir, foncer, s'attaquer au superminet, ils savaient comment s'y prendre et quelle cible viser, c'est-à-dire, naturellement, sa Harley. En plus, Karla montait sa propre bécane ; elle avait besoin de pièces et Jerry en avait certaines. Pour finir, Shawn avait quitté Jerry, pour de bon, cette fois, jurait-elle, et elle avait montré à Karla son nez et ses lèvres écrabouillés par les soins de Jerry, disant que Karla méritait une médaille pour avoir tabassé Jerry, ce fameux jour, et qu'elle, Shawn, se foutait bien de ce que Karla pourrait lui faire, cette fois-ci.

Shawn tabassée par un homme incapable de faire face à n'importe quelle situation, ça, c'était vraiment le comble. C'est là qu'on commença à parler de lui voler des pièces détachées. La vengeance était une nécessité absolue. Pas plus tard que la semaine précédente, Karla, Shawn et Kari avaient dérobé la carte de paiement Quicksilver de Jerry (fournie par Shawn) et, affublées de déguisements sommaires : chapeaux et lunettes de soleil pour tromper la caméra vidéo du guichet automatique, elles avaient retiré tout l'avoir de Jerry, environ quatre cent soixante dollars. La mère de Shawn disait qu'il l'avait appelée, fou de rage, en menaçant de poursuivre Shawn en justice.

« Le cul de Shawn m'appartient » aurait dit textuellement Jerry.

Jusqu'où Karla était-elle censée supporter ce genre de chose ? Shawn et elle étaient proches, très proches. Les plus grandes amies du monde. Quand Shawn était venue la trouver avec son nez et ses lèvres écrabouillés, Karla avait tout de suite su qu'elle devait faire quelque chose, seulement elle ne voyait pas bien quoi.

Le 13 juin 1983, Shawn vivait au 2205 McKean depuis environ deux semaines avec Danny, Karla, Kari, la sœur de Karla, et l'ex-mari de Kari, employé dans un labo de speed, un certain Ronnie Burrell. Mais Shawn était toujours en contact avec son mari et elle avait rapporté à McKean Street la rumeur selon laquelle Jerry Dean avait mis à prix la tête de Karla. Pas pour la tuer mais pour lui brûler le visage au lance-flammes et la défigurer à vie. Shawn disait que Jerry avait dit qu'il pouvait faire faire le travail pour trois cents dollars. Des bruits couraient concernant un groupe de motards que Jerry aurait contacté, et d'un type appelé Sideburns.

Rumeurs. Ragots.

Jerry avait un lance-flammes à la maison, posé en permanence sur le poste de télévision. C'est ce que disait Shawn.

11, 12, 13 juin, ainsi allaient les palabres, voici les gens qu'ils fréquentaient : des motards, des camés, des flics ripoux, des putains, des musiciens de rock et des strip-teaseuses. Des hommes avec des tatouages sur le gland pour prouver leur virilité.

Dans cette troupe, il y avait tous ces *elle a dit, il a dit*. Karla avait son propre groupe — sa *tribu*, plutôt — et bien qu'elle fût le bébé de sa famille, elle était devenue, surtout depuis la mort de sa mère, une dure, un vrai flic. On voulait faire faire quelque chose, on le disait à Karla Faye. Parfois, lorsqu'on ne le voulait pas et que, délibérément, pour cette raison, on ne lui en parlait pas, elle s'en occupait tout de même. Kari, par exemple. Ce que Karla savait, c'est que sa grande sœur Kari était absolument nulle dans le choix de ses hommes et qu'elle allait immanquablement vers ceux qui la tabassaient. Kari sort avec un type dont Karla pense qu'il n'est pas bien pour elle, Karla lui trouve un mec dont elle pense qu'il la traitera mieux — un mec du nom de Mohawk, disons —, elle les présente l'un à l'autre, elle sait le genre qui plaît à Kari, puis laisse les choses suivre leur cours. Et ça marche.

Karla était peut-être le bébé de la famille, mais depuis la mort de sa mère, elle avait pris les choses en main. Kari était vulnérable, il fallait veiller sur Kari. Karla Faye avait peut-être un peu perdu les pédales à force de vouloir tout prendre en main. Peut-être que gouverner d'une poigne de fer, c'était son moyen à elle de s'assurer que sa mère n'était pas vraiment morte. Elle paraissait si forte. Elle était passionnée et sûre d'elle-même, mince et musclée ; en jean et tee-shirt moulant, avec sa poitrine plate, ses bras maigres et ses cheveux qu'elle remontait parfois en chignon, elle ressemblait à un jeune Grec musculeux. Sa peau brune et ses cheveux noirs, ses jambes arquées et son sens bien précis de ses propres frontières rendaient Karla différente du reste de la famille. Tellement différente des deux autres — molles et flottantes, cheveux blond-blanc, teint pâle, jambes droites et yeux bleus — qu'on n'aurait jamais dit qu'elle était de la même fratrie.

Elle aurait tant voulu leur ressembler. Aujourd'hui encore, elle est persuadée que les jolies femmes, ce sont les blondes, jamais les brunes.

Il y avait donc cette tribu ; cela faisait des années qu'elles étaient ensemble, particulièrement Karla Faye, sa sœur aînée Kari et Shawn Jackson Dean. Les trois avaient toujours vécu ensemble, voyagé ensemble, pris la route ensemble avec des groupes de rock et fait des passes ensemble. Quand la mère de Karla vivait, c'était elle le chef honorifique de la bande de filles qu'elle éduquait par l'exemple sinon par de stricts discours maternels. Mama Carolyn passait ses michetons à Kari, qui les passait à Karla. Mama Carolyn roulait des joints avec ses filles avant même leurs premières règles. Il n'y avait rien que l'une d'entre elles fît sans que les autres le sachent.

Amies intimes, rien de mieux, ni avant ni depuis. Toutes les femmes comprennent cela. Mis à part les deux ans pendant lesquels Shawn et Karla restèrent fâchées à la suite d'une bagarre entre Karla et la sœur de Shawn, Shirley, Shawn avait ses entrées chez Karla, partout où habitait cette dernière. Exactement comme Kari. Shawn et Karla, Karla et Shawn. Elles étaient attachées l'une à l'autre comme des sœurs siamoises, me dit Karla.

Adolescente, Karla avait épousé un menuisier du nom de Stephen Griffith, spécialisé dans la fabrication de coffrages à béton, mais elle avait fini par le mépriser et en mai 1983, quand son divorce fut prononcé, elle reprit son nom de jeune fille, effaçant ainsi en elle toute trace de Griffith pour redevenir ce qu'elle était autrefois, c'est-à-dire la fille de sa mère, Karla Faye Tucker.

Retour au sein de la tribu. À l'extérieur, elle n'était rien. Maintenant elle était de nouveau elle-même.

12 juin 1983. Karla affirme qu'elle n'avait pas pris au sérieux la menace de Jerry Lynn Dean de payer trois cents dollars afin de la faire brûler au visage. Elle ne pensait pas que Jerry eût l'étoffe nécessaire pour mener à bien ce genre de chose.

Ainsi vivaient-ils tous, un pied en marge de la loi, un orteil — et encore — de ce côté-ci de la violence. Jimmy Leibrant et Ronnie Burrell gagnaient leur vie en fabriquant du speed de façon artisanale. Comme leur mère, Karla et Kari se faisaient de l'argent au téléphone.

Toxico à huit ans, héroïnomane à onze, Karla Faye se shootait à toutes les drogues qui lui tombaient sous la main. Et bouffait des amphés : Placydils, Dilaudid, Somas. Consommait du LSD. Adorait la piquouse. Aimait la sensation de l'aiguille s'enfonçant dans la veine autant — sinon plus — que la drogue elle-même. Ils avaient tous un médecin qui leur délivrait des ordonnances. C'est là que Karla avait rencontré Danny, dans la salle d'attente de leur médecin qui, pour vingt dollars et quelques attouchements, rédigeait toutes les ordonnances qu'on voulait. À l'intérieur de l'une de ses bottes, Danny Garrett transportait un revolver de calibre 38 dans son étui, à l'intérieur de l'autre, ses drogues, dans un petit sac en papier. Tous les barmen, assurait-il à Karla, portaient un revolver sur eux. Dans la maison de McKean Street, il y avait au moins deux fusils de chasse, l'un dans la chambre à coucher, l'autre dans le séjour, derrière le canapé.

On était toujours — en permanence — sur le petit bord de l'illégalité. Il suffisait d'une chiquenaude pour que…

2205 McKean Street, situé dans un lotissement, est un pavillon d'allure respectable, en brique marron foncé, de petites dimensions et de style moderne, comme une maison de ville, pleins feux sur le garage et un mouchoir de poche de jardin. Moquette, rideaux, appareils ménagers. Karla et Danny dormaient dans une chambre, la sœur de Karla, Kari Tucker Burrell, dans une autre. La raison pour laquelle on voyait aussi souvent Jimmy Leibrant à McKean Street, c'était que Kari avait invité son ex-mari, Ronnie Burrell, à venir vivre avec eux ; or, Ronnie Burrell et Jimmy Leibrant étaient collègues, vu qu'ils fabriquaient du speed ensemble.

Danny n'avait aucune envie de voir Ronnie Burrell emménager chez eux, mais il fut battu, à deux voix contre une. On donna la troisième chambre à Ronnie. Jimmy, lui, n'habitait pas là, mais il était souvent dans les parages.

Daniel Ryan Garrett était amoureux de Karla Faye Tucker et ce, depuis leur première rencontre. Il ne voulait pas la perdre. Et si Danny avait appris quelque chose sur Karla Faye, c'était, un, que le meilleur moyen de lui faire faire une chose, c'était de lui dire de ne pas la faire ; deux, qu'on ne s'interposait pas entre Karla Faye et sa sœur. Sous aucun prétexte.

Ronnie Burrell emménagea donc. Ronnie Burrell était un type effrayant. Tout le monde dit aujourd'hui : Ronnie était capable de tout. Ronnie savait des choses, avait l'œil partout, Ronnie était un véritable agent de l'ordre, pas le genre caïd à grande gueule, comme Karla Faye. Personne n'avait envie de contrer Ronnie Burrell. Et c'est encore la même chose maintenant. On m'a prévenue : ne vous attaquez pas à Ronnie. Ronnie a des tatouages ; l'un d'eux, sur le bras, représente la Rose noire de la Mort. À la barre des témoins, Douglas, le frère de Danny Garrett, déclara que pour lui, Ronnie Burrell était le diable. Douglas ne plaisantait pas.

Après avoir quitté Jerry Dean, Shawn vint vivre à McKean Street ; elle dormait dans la même chambre que Kari.

Pendant qu'ils étaient mariés, Kari et Ronnie avaient eu un enfant, un fils. Le gamin vivait chez les parents de Ronnie.

Shawn avait eu une fille avec un mari précédant Jerry. La petite vivait chez ses grands-parents.

Jimmy Leibrant campait de temps à autre au 2205 McKean Street ; il dormait sur le canapé, baisait, traînassait. D'autres arrivaient et repartaient. Avec le temps, la tribu grossit, diminua, s'étira, mais ne mit jamais la clef sous la porte. Il y avait un canapé dans le séjour sur lequel tout le monde s'affalait ; en plus, n'importe qui pouvait dormir n'importe où, une nuit, en passant. On échangeait ses partenaires, on permutait, on partageait ; on cocufiait les maris, les femmes, les petits amis, les petites amies. Parfois il y avait des partouses à trois ou à quatre. Karla, cependant, refusait catégoriquement de cocufier un homme tant qu'elle était avec lui, mariée ou non. Faire des passes était une chose ; les passes ne comptaient pas comme du cocufiage, les passes, c'était le boulot.

Leur famille. Leur tribu. Plus deux pittbulls femelles, Tessa et Tooter. Karla Faye savait s'y prendre avec les chiens. Elle les avait dressées à obéir au geste.

Au 2205 McKean, baiser c'était comme bouffer. Pour Karla et Kari, c'était depuis longtemps le cas. Non qu'elles n'eussent pas reçu l'instruction conventionnelle dispensée aux filles. Très tôt, leur mère leur avait appris à faire la cuisine et le ménage (« Pas n'importe quel ménage, précise Karla, *du sérieux* »), et avait mis l'accent sur l'importance d'une bonne éducation. Des mots. Des conseils. Mais ce que voyaient Karla et Kari, c'était Mama Carolyn dans son joli appartement, avec ses super fringues, prenant son pied et gagnant de l'argent au téléphone. « Faites ce que je dis, ne faites pas ce que je fais », leur recommandait-elle, ce qui ne freinait en rien l'ardeur des deux filles ; d'ailleurs, comme le reconnaît Karla, leur mère ne se bagarrait pas férocement pour les empêcher de faire ce qu'elle faisait elle-même.

Et donc, par l'exemple de leur mère sinon par ses propos, Kari et Karla apprirent très vite : la baise n'était pas faite pour donner du plaisir ni être vécue sur le plan personnel, la baise, c'était le moyen de s'en sortir… en fait, non, la baise faisait plus que cela, elle permettait de grimper dans l'échelle sociale, procurait l'indépendance avec, en plus, beaucoup de *trucs*. La baise, c'était des manteaux de peau de chez Neiman-Marcus, des chaussures magnifiques, de beaux meubles, des fauteuils doux-doux, une jolie table basse. On n'avait besoin ni d'intelligence, ni de projets, ni d'une morne vie de pointage à l'usine quand on avait ce formidable atout dont la valeur ne variait jamais. Les hommes étaient toujours là, à portée de la main.

Au printemps de 1983, les affaires de Kari et de Karla étaient florissantes. Une fois par mois, elles partaient pour Midland, dans l'ouest du Texas, et faisaient le Sun Valley Motel. Les propriétaires du Sun Valley étaient plutôt sympas. C'est eux qui s'occupaient de tout : des jours, des heures et de l'argent. Une suite était réservée aux deux femmes. Au bout d'une semaine de travail, Karla et Kari rentraient à la maison avec, en poche, de 1 500 à 2 500 dollars chacune, presque assez pour leur permettre de finir le mois. C'était avant la chute vertigineuse des prix du pétrole, bien sûr. Quelques années plus tard, les hommes de l'ouest du Texas se battraient pour trouver du travail et de l'argent au lieu de venir tous les mois au Sun Valley Motel s'envoyer des putes de Houston qui coûtaient la peau des fesses.

Karla et Kari avaient un autre boulot régulier à Enid, Oklahoma ; le reste du temps, elles gagnaient leur vie au téléphone, un téléphone rouge auquel aucun homme de la maison n'avait le droit de répondre. En tant que prostituées — elles préfèrent le terme de call-girls — Karla et Kari étaient fières de leur indépendance. Elles fixaient leurs propres rendez-vous, avaient leurs propres listes de clients. C'étaient les hommes qui appelaient et non l'inverse. Et puis elles avaient tout ce temps libre. Pour flemmarder. Pour faire des projets. Pour s'acheter des vêtements. Pour se doper.

Danny, lui, avait un emploi stable, depuis toujours. Ça l'ennuyait de voir tous ces camés traîner à la maison et Karla Faye avec tout ce temps libre. Ce n'est pas qu'il ne se droguât pas, il le faisait de façon régulière, mais il pensait que ça vaudrait mieux pour Karla si elle avait un vrai travail ; il espérait aussi que son amour pour elle la convaincrait de ne plus faire de passes et, ma foi, il avait l'impression qu'elle était sur le point de s'arrêter. Mais quand Karla était allée à Midland, en mai, Danny Garrett avait fait des bêtises avec Kari, sur le canapé du séjour. Une grosse erreur. Danny s'en était rendu compte tout de suite — il suffit de connaître les liens qui existent entre deux sœurs pour le savoir — mais Kari et lui étaient défoncés alors, bon, c'était arrivé.

Quand Karla rentra à la maison, Danny lui en parla. Karla dit qu'elle fut moins *furieuse* que *blessée* — par l'attitude de Kari, surtout ; Kari était sa sœur, non ? Et puis les choses s'aggravèrent quand Kari lui dit effrontément qu'elle aimait ça, avec Danny, et qu'elle ne regrettait pas de l'avoir fait. Sa propre sœur ! Quant à Danny, elle rejeta ça sur le fait que c'était un homme ; elle avait toujours été blousée par les hommes qu'elle avait fréquentés dans le passé, alors, pourquoi celui-ci aurait-il été différent ? Du coup, elle retomba dans sa vieille habitude, celle de ne pas se fier aux hommes — même à Danny — comme elle s'était laissée aller à le faire au début de leur liaison.

Si Karla Faye n'était pas *furieuse*, elle ne résista cependant pas au plaisir de blesser à son tour ; mais elle s'y prit, dit-elle, autrement que la plupart des femmes. Afin de punir sa sœur et son petit ami, elle utilisa l'arme du silence. Leur interdit de parler de ce qu'ils avaient fait, ne cria pas, n'éleva pas la voix, leur dit les quelques mots qu'elle avait à leur dire, puis ne leur adressa plus la parole pendant trois jours. « Ils savaient que je savais et que je ne leur ferais plus jamais confiance et que je ne voulais pas entendre leurs explications. »

Kari en fit une dépression et Danny sombra dans un marasme de remords et de mélancolie dont il n'est pas encore sorti aujourd'hui. Quand, au bout de trois jours, Karla recommença à leur parler, tout avait changé — tout. « Je savais que pour Danny et moi, ce ne serait plus jamais la même chose et qu'on ne ferait jamais la route ensemble. Je savais que je ne ferais plus jamais assez confiance à Kari pour la laisser dans les parages d'un homme qui me plaisait. »

Danny travaillait comme barman dans ce que l'on appelait un bar branché — il fallait en être membre pour y entrer —, le Jet Set Club. Karla dit que c'était en fait un sex-club où l'on allait pour trouver de nouveaux partenaires, changer, échanger et cocufier.

Danny avait été un barman de grande classe qui confectionnait des cocktails de luxe dans des établissements de luxe, comme celui situé sur le toit du Galleria, dans l'enceinte d'un hôtel chic de Houston. Les gens aimaient voir travailler Danny Garrett, il était tellement cool, tellement habile à donner l'impression que rien n'était plus facile. Mais il avait dégringolé dans l'échelle sociale. Au lieu d'une Chrysler 300, il conduisait à présent une Ranchero. Et travaillait au Jet Set Club. Il y avait eu une histoire d'arrestation pour détention de drogues. Et d'arme.

Les raisons faisaient boule de neige. Quand on lui demande pourquoi, au milieu de cette nuit de juin 1983, à mi-chemin entre le 12 et le 13, elle avait décidé de monter dans la Ranchero et de se rendre, en compagnie de Danny Garrett et de Jimmy Leibrant, au domicile de Jerry Lynn Dean, Karla répond qu'elle ne se rappelle pas avoir décidé quoi que ce soit... « J'avais, dit-elle, la cervelle en capilotade. »

Et c'est arrivé. Ils sont partis. Événements et raisons concordent, se justifient brièvement, puis s'effondrent. Aucun ne tient, même comme explication partielle, sans la fête d'anniversaire, le week-end, les piquouses et le speed.

Le 12 juin 1983, un dimanche, la nuit était noire, la lune était dans son premier quartier. L'été n'avait pas encore officiellement commencé, mais à partir de mai, à Houston, comment savoir ? La querelle entre Jerry Lynn Dean et Karla Faye était dans l'air, et il y avait tous ces palabres. Et puis au-delà des querelles et des rancœurs, il y avait l'autre chose, le fait indiscutable qu'en cette sombre nuit de juin 1983 Karla Faye Tucker, Danny Garrett et Jimmy Leibrant, grimpant dans la Ranchero bleue de Danny aux environs de trois heures du matin, se rendirent dans l'appartement de Jerry Lynn Dean parce que — essentiellement parce que — tous les trois étaient complètement défoncés.

Ils avaient passé les trois derniers jours enfermés dans la maison de McKean Street à se shooter au cristal, à boire de la tequila (Karla l'aimait mélangée à du schnaps) et à avaler des amphés — du vendredi 10 au dimanche 12. Le 11 était l'anniversaire de Kari, et il devait y avoir une fête. Pendant tout le week-end, ce furent des allées et venues continuelles. Shawn avait prévu une orgie, mais il leur fallait des hommes. Alors, la semaine précédente, elle était partie en chercher.

Le dimanche matin, quatre des participants au week-end — Kari Burrell, Shawn Dean, Jimmy Leibrant et un gars arrivé à l'improviste — avaient baisé ensemble ; Jimmy avait même installé un appareil vidéo pour enregistrer leurs ébats. Pour Karla, le sexe était hors de question aussi bien sur le plan personnel que pour les passes, à cause d'un kyste à l'ovaire. Elle n'allait pas pouvoir faire son habituel déplacement de juin à Midland. Danny Garrett, qui sortait d'un combat d'un mois contre une hépatite, n'était pas non plus au mieux de sa forme. Quelqu'un fit cuire de la viande au barbecue. Des côtes, se souvient Kari. Dans le jardin, derrière la maison, il y a un barbecue à gaz, autre signe positif d'un certain standing. Le dimanche après-midi, Karla donna à ses chiennes, Tooter et Tessa, leur leçon de dressage, se fit couper les cheveux, avala des amphés et se shoota au speed.

Karla revoit « des gens entrant et sortant, arrivant et se mettant à planer, à se défoncer, et c'est comme ça que ça s'est passé, des gens qui entraient et sortaient, pendant tout le putain de week-end ».

Le dimanche soir, l'orgie d'anniversaire était quasiment terminée. À ce moment-là, « y avait presque plus personne ».

Karla Faye et Jimmy Leibrant n'avaient pas dormi depuis trois nuits.

Après avoir mangé les côtes qu'elle avait fait cuire, Kari Burrell était partie bosser avec un client régulier du nom de Sammy. Naturellement, on n'a jamais eu de nouvelles de Sammy depuis. Ronnie Burrell était censé être de retour à la maison à dix heures et quelques, mais on ne le vit pas.

Danny partit travailler, puis rentra.

Il n'y avait donc plus qu'eux trois : Karla, Jimmy et Danny.

Nouvelle prise de speed.

Ils n'en pouvaient plus de rester enfermés. À l'heure où dimanche soir chavirait dans lundi matin, le trio n'avait plus qu'une idée en tête : sortir de la maison et trouver quelque chose à faire, pour une raison très simple : « On était pétés, quoi, et on cherchait quelque chose à faire. »

« Quelque chose à faire » revient sans cesse. Quelque chose — n'importe quoi — qui les réveille, détourne leur attention d'eux-mêmes et la dirige sur quelque chose ou quelqu'un d'extérieur à eux, pour qu'une fois l'action accomplie ils puissent revenir à leurs marques, c'est-à-dire, en eux-mêmes.

« Jimmy faisait les cent pas dans le couloir, cherchant quelque chose à faire. En sueur. Carrément défoncé. Il parlait tout seul, disant que s'il… ne trouvait pas quelque chose à faire, il allait devenir dingue… Moi aussi, je devais sans doute arpenter la maison. À faire quoi, pas foutue de le dire. »

Pas foutue de le dire. Comme des enfants hyperactifs qui s'ennuient, qui ont besoin de quelque chose de plus, toujours quelque chose de plus, incapables de dire pourquoi ils en ont besoin, ou ce dont ils ont besoin exactement, des enfants juste de l'autre côté de la réalité, *en manque*, et totalement incontrôlables. Comme un bébé qui tète vaguement, sans faim, simplement par jeu, qui a besoin de quelque chose de plus. Mais dans le monde conventionnel, le monde sans drogues, cela ne marche pas.

Il faut avoir vécu ça : les nerfs totalement à vif, l'esprit totalement naze, l'enjeu tellement important.

Il faut que les participants aient basculé de l'autre côté, dans une réalité de cauchemar où tout, absolument tout, peut arriver.

Je/Moi

Après avoir entendu les histoires et vu les photos, je cherche le moyen de comprendre comment ça a pu se passer ; j'essaie de franchir, à l'aide de l'imagination et de la mémoire, la ligne qui sépare mon univers du sien.

Jeune, j'étais grosse, mon père était gros, mon frère était gros, ma mère variait sans cesse, nous étions tous désespérés d'être gros, c'était le problème numéro un de notre vie. Aussi mon père, qui était pharmacien, nous procurait-il des amphétamines. À cette époque-là, on ne considérait pas les amphétamines comme des drogues mais comme des médicaments. Un jour, à l'université, je me rendis, avec un groupe de camarades, dans une pharmacie d'Oxford, Mississippi, pour acheter des gélules retard de Dexedrine afin de pouvoir rester éveillées toute la nuit et bachoter nos examens de fin d'année. Arrivées là, personne ne trouve le courage de demander les gélules, excepté la plus maigre d'entre nous, une fille originaire de Jackson qui ne devait pas peser plus de cinquante kilos. Elle entre donc d'un pas léger et dit au pharmacien qu'elle suit un régime et qu'elle a besoin de, disons, cinquante gélules. Quand le pharmacien lui propose des comprimés à la place, la copine répond que, non, il lui faut le dosage élevé. Le pharmacien lui donna le nombre de gélules qu'elle réclamait.

Je veillai toute la nuit suivante avec mes livres et mes

cahiers. Je trouvais que je n'avais jamais été aussi intelligente de ma vie ; le lendemain, je brillai à l'examen de Philosophie 101, écrivant comme une folle, rédigeant de longs développements sur… quoi ? Je n'en avais pas la moindre idée. Dans la marge du relevé de notes affiché sur son panneau, le lendemain matin, en face de mon A, mon professeur avait écrit un message personnel : « Comment, se demandait-il, avais-je appris tout ce Kant ? »

Kant ? Déjà, toutes mes connaissances étaient retournées en poussière. Ensuite, examen d'histoire. J'avais en tête tellement de brillants concepts que ma plume avait du mal à suivre, je débordais d'idées, de réponses, de phrases, de paragraphes et de transitions sublimes — tout à fait le truc génial de l'étudiante crack.

Après les examens, dans le cahier sur lequel j'avais bûché les trois ou quatre dernières nuits, je découvris des dessins faits d'une main tremblante, des remarques sans queue ni tête, quelque chose concernant un bateau à aubes venant vers moi pour m'emporter. Et un dessin du bateau.

Je n'avais aucun souvenir d'un bateau à aubes et pas la moindre idée de l'origine du dessin. Je déchirai les remarques insensées et le dessin, rentrai chez moi où, après m'être mangé l'intérieur de la joue jusqu'au sang, je m'endormis, récupérai et me remis de l'effet des gélules. Jeune fille, malgré mon horreur d'être grosse, je ne repris jamais plus d'amphétamines.

L'esprit n'y a aucun mérite. Rien à voir avec la volonté ni une décision quelconque. C'est la peur qui décide.

Mais ce sont là des enfantillages, un simple chuchotement par rapport aux voix des 12 et 13 juin, au 2205 McKean Street. À peine un chuchotement. Le simple bruissement de l'air dans la gorge, avant le chuchotement…

Assez, cependant, pour, avec de l'imagination, sauter le pas.

La folle racine

Dans le quartier de Houston où Karla Faye vivait avec Danny Garrett, il y a beaucoup de lotissements dont les plus récents arborent des noms alléchants du genre : Whisper Wood, Hickory Ridge, Hammerly Woods. Celui qui jouxte la sablonnière de McKean Street s'appelle Spring Lake ; celui dans lequel Jerry Lynn Dean habitait avec sa femme, Shawn, portait le nom de Windtree (vendu depuis et maintenant nommé Stradford Oaks)[1].

Les lotissements plus anciens ont des appellations moins ronflantes, telles que Village Park, Skylane. D'autres tirent leur nom on ne sait d'où. Dans Mangum Road, l'un d'eux s'appelle Burnham Wood[2].

Dans *Macbeth* — autre histoire de noires actions au cœur d'une nuit noire et de leurs sanglantes conséquences —, Banquo, l'image même de la morale conventionnelle et du bon sens, ayant vu les sorcières, mi-hommes, mi-femmes, caracoler en faisant des prophéties, doute de ses propres facultés. « Celles dont nous parlons étaient-elles bien là / », demande-t-il, incrédule, à son ami, « ou avons-nous mangé de la folle racine/ qui fait la raison prisonnière[3] ? »

1. Littéralement, le bois aux Murmures, la crête des Noyers, les bois de Hammerly, le lac de la Source, l'arbre du Vent.

2. Le bois de Burnham qui, selon la prophétie des sorcières, marcha un jour sur le château de Macbeth et provoqua la mort du tyran.

3. *Macbeth*, I, 3, v. 83, 84, 85. Traduction Maurice Castelain.

Au 2205 McKean, la raison avait disparu, enfermée à double tour. Karla Faye, Danny Garrett et Jimmy Leibrant avaient, pendant des jours, mâché de la folle racine.

Karla se souvient d'un tournant dans la soirée. « Une fois où Jimmy répétait que s'il ne trouvait pas quelque chose à faire il allait devenir dingue, Danny a dit : "Je sais ce qu'on peut faire" ; il a sorti un papier et s'est mis à dessiner le plan de l'appartement de Jerry. »

En lavant le blue-jean de Shawn Dean, une semaine environ avant le week-end d'anniversaire, Karla avait trouvé un trousseau de clefs qu'elle avait reconnues comme étant celles qu'avait égarées Shawn, les clefs d'appartement et de voiture de Jerry. Karla rappela à Jimmy et Danny qu'elle avait ces clefs et alla les chercher. Danny dessina le plan de l'appartement ; Jimmy allait devenir fou s'il ne trouvait pas quelque chose à faire.

Et tout commença.

Karla… *était d'accord.*

Jimmy… *était speedé un max… au point que c'était O.K. à tout.*

Danny, qui était déjà allé chez Jerry, savait où se trouvaient les pièces de l'appartement. Karla aussi y était allée, mais elle était tellement camée, ce jour-là, qu'il avait fallu la porter pour sortir.

Même s'ils avaient parlé de lui voler des pièces de moto, ils n'avaient nulle intention de casser la figure à Jerry Lynn Dean, cette nuit-là, ni de lui voler des pièces détachées. Danny leur dit qu'il leur fallait un plan d'action, qu'il fallait être cool. Danny était le pédagogue, l'aîné, celui qui avait une voiture, un boulot, qui détenait l'autorité. Le trio ne quitta pas la maison avec l'idée de faire autre chose, cette nuit-là, que repérer les lieux pour des besoins futurs. Du moins, c'est ce qu'ils pensaient alors et ce qu'ils continuent de penser aujourd'hui.

Karla dit que Danny avait dit qu'ils pouvaient déjà aller repérer les lieux, et Jimmy et elle avaient trouvé que c'était une bonne idée de voir quelles lumières étaient encore allumées, dans quels appartements, où ils se trouvaient par rapport à l'appartement, où étaient les fenêtres, où étaient les portes.

Jimmy affirme qu'il est allé la-bas dans un but d'intimidation, au cas où il y aurait du rififi.

En sortant de la maison de McKean Street, Danny prit un fusil de chasse, sans doute celui qu'il gardait toujours derrière le canapé. Il portait aussi des gants… Personne ne trouva cela bizarre.

À Houston, un fusil de chasse planqué n'a rien d'exceptionnel. Il y a des tas de gens, à Spring Branch, ce soir même, qui ont non seulement un fusil de chasse derrière leur canapé, mais d'autres armes à feu, dans d'autres pièces : revolvers, carabines, armes automatiques, dont certaines sont chargées. Ces gens ne se considèrent pas comme des criminels.

Ils n'avaient aucune intention *précise* de blesser qui que ce soit ni de voler quoi que ce soit, cette nuit-là. Et pourtant Danny avait emporté un fusil. Et des gants.

Karla dit qu'ils étaient — comment appelle-t-on cela ? — en mission de reconnaissance. Danny avait été dans l'armée et se vantait de posséder un certain savoir-faire ; c'était comme ça qu'on s'y prenait. D'abord, on effectuait le travail d'espionnage, ensuite, on faisait le coup.

Les trois étaient moins aux confins de la réalité qu'au-delà, là où la réflexion ne procède plus logiquement, mais au hasard. Facile, maintenant, quand on regarde en arrière, de le voir. Toutefois, dans leur *esprit*, à ce moment-là, tandis qu'ils montaient dans la Ranchero, prenaient McKean vers le sud, dans la direction de Hammerly Road, puis tournant vers l'est, parcouraient les huit kilomètres qui séparent la maison de McKean Street de l'appartement de Jerry Dean, au 4000, Watonga, ces trois-là n'avaient aucune intention de casser la figure à qui que ce soit.

Le vol des pièces de la moto de Jerry Lynn Dean restait une très réelle possibilité, mais ça, c'était pour une autre fois, pas pour maintenant. Le vol aurait lieu plus tard — s'il avait lieu.

Une nuit sombre. Les raisons s'accumulaient, sans pour autant se charger de sens, les raisons prenaient simplement du volume et du poids dans leur tête, comme des carcasses de voitures dans un entrepôt de ferraille.

Jerry Lynn Dean habitait un appartement, au rez-de-chaussée, dans Watonga Street, deux quartiers plus loin que Spring Branch, dans la section de Houston appelée Oak Forest. Encore un district peuplé de gens pourvus d'un maigre héritage d'éducation et d'espoir ; des gens tentant de se hisser d'un cran dans l'échelle des revenus et du prestige social, mais y parvenant rarement. Dans les rues principales, un commerce sur deux concerne l'automobile : réparations, pneus, garniture, ateliers de peinture et de carrosserie. Il y a des pistes de patins à roulettes, des allées de boules et des églises fréquentées par des dingues. Certaines rues, qui datent d'avant la Seconde Guerre mondiale, ont beaucoup de charme. La plupart sont constituées d'immeubles d'habitation où les gens apparaissent et disparaissent, vite fait, bien fait. Les supérettes ont des grilles anti-effraction. Les panneaux d'interdiction de stationner indiquent le numéro de téléphone du service de dépannage à appeler pour récupérer sa voiture. On est en territoire fruste, à mobilité sociale ascendante, où ascendant est à mille lieues et où mobilité signifie surtout agilité : un appartement après l'autre.

Le lotissement Windtree est niché dans un joli bouquet d'arbres, presque une clairière. Avec de petits chênes, des micocouliers et quelques pacaniers. Windtree comporte deux sections, l'une pour les familles, l'autre pour les couples sans enfants. Comme la fille de Shawn Jackson Dean, Jamie Kay, avait vécu là un certain temps avec Jerry Dean et sa mère, Jerry Dean habitait dans la section des familles.

Les immeubles eux-mêmes sont assez plaisants, encore que banals. Ils sont en brique, avec des fenêtres et des portes-moustiquaires en aluminium. Dehors, il y a des haies de buis taillé, des auvents pour voitures et une simple pelouse de bouteloue. Grâce aux arbres et à la déclivité qui existe à cet endroit précis de Watonga Street (chose exceptionnelle à Houston), l'ensemble a vraiment du charme. Propre. Fait pour ressembler à un vrai petit quartier. Il y en a des milliers comme cela, dans toute la ville. Pleins d'espoir.

Hammerly Road est une rue large et animée, avec des appartements, des rangées de boutiques, des supérettes et des restaurants fast-food. L'intersection de Hammerly et Mangum forme un grand carrefour, avec des commerces plus importants et des feux de signalisation. Lorsqu'on suit Hammerly Road vers l'est pour se rendre à Watonga, on tourne à droite aux feux, on passe devant les boutiques, puis au-dessus d'une voie ferrée et…

Mangum devient Watonga. La rue se dote d'une esplanade gazonnée. Les magasins disparaissent. La route se creuse avec, de chaque côté, la clairière boisée et, plus loin, de charmantes maisons. C'est un quartier tranquille et plaisant.

Autrefois, Mangum se terminait en cul-de-sac en amont de Windtree, à la hauteur de la voie ferrée. Pour gagner l'appartement de Jerry Lynn Dean, Karla Faye, Danny Garrett et Jimmy Leibrant, venant de McKean Street, durent pousser jusqu'au nord de Windtree, puis revenir vers le sud ; impossible d'atteindre le lotissement à partir de Hammerly.

Windtree a des appartements à gauche et à droite de Watonga. Pour arriver au 2313, en allant vers le sud, on traverse l'embranchement de Watonga et l'on tourne sur la gauche, dans l'allée menant aux appartements.

À bord de la Ranchero bleue, Karla, Danny et Jimmy tournèrent à gauche dans l'allée de Windtree, puis virèrent à droite. Ils arrêtèrent la voiture et la garèrent à l'arrière de l'immeuble de Jerry Lynn Dean. La porte d'entrée de l'appartement donnait sur une cour. La porte de derrière — celle de la cuisine — ouvrait sur l'une des rues qui traversent Windtree et mènent à Watonga Street. Selon les dires de Jimmy Leibrant, après que Danny Garrett eut garé la Ranchero en double file, lui, Jimmy, partit effectuer sa part du travail de reconnaissance, à savoir, repérer l'El Camino.

La reconnaissance a commencé. La mission.

Voir quelles lumières étaient allumées, dans quels appartements. Où étaient les fenêtres. Où étaient les portes.

Karla était l'élève de Danny. Danny enseignait à Karla la façon de faire des choses telles que développer sa vision nocturne, porter une arme, être masquée, franchir un fossé dans la nuit la plus noire, traverser un lac, sauter par-dessus une barrière avec une cagoule, des gants et des vêtements noirs. Voir dans l'obscurité. Observer sans être vue, entendre sans être entendue.

Il lui enseignait à surveiller les gens pour savoir comment ils vivaient et pouvoir leur bondir dessus lorsqu'ils étaient le plus à découvert et le plus vulnérables, tard le soir, déshabillés et les cheveux défaits ; au moment où, flottant dans les eaux du sommeil, ils avaient baissé la garde et lâché les rênes de leur conscience.

Tout cela nourrissait les rêves de Karla : commander, être une petite maligne, une dure ; agir dans son monde à elle, selon ses règles à elle ; savoir faire face à n'importe quelle situation. Il lui enseignait à rôder dans la nuit jusqu'à se fondre en elle : parfaitement invisible, parfaitement silencieuse.

Lui enseignait toutes ces choses jusqu'à ce qu'elle inverse les rôles.

Et, de proie, devienne prédateur.

« Qu'est-ce qui se passe ? »

Danny Garrett porte des bottes de motard, un jean, un tee-shirt noir avec un aigle sur le devant et, dans le dos, les mots : « Une Harley, c'est tout, le reste on s'en fout. » Il transporte le fusil de chasse. Karla est vêtue d'un jean, de bottes à bout pointu et d'un tee-shirt de couleur sombre. En bonne camée, elle est squelettique, autour de quarante-sept kilos. Dans l'obscurité — à voix basse, avec des chuchotements de conspirateurs, les rodomontades ayant brusquement pris fin par nécessité —, ils remontent de l'arrière de l'appartement de Jerry Lynn Dean jusqu'à sa porte d'entrée.

La distance n'est pas longue. Il n'y a pas beaucoup de fenêtres. Aucune n'est éclairée. Les stores sont tirés. Le travail de reconnaissance n'apportera pas grand-chose. Windtree dort.

À Windtree, chaque immeuble contient quatre appartements, deux au rez-de-chaussée, deux à l'étage. Jerry Lynn Dean habitait au rez-de-chaussée, dans un immeuble de coin, sans personne à sa droite. Par la fenêtre de sa chambre, il voyait un auvent pour voitures, l'allée et les voitures. De l'autre côté du mur de sa salle de séjour, il y a un autre appartement. À gauche de son immeuble, il y a d'autres blocs de quatre appartements chacun, disposés en U autour d'une cour.

Les portes d'entrée sont situées en retrait de la façade. La terrasse de l'appartement du dessus les surplombe. Si bien que les portes se trouvent dans l'ombre, même en plein jour. Devant, il y a une petite terrasse qui n'est en fait qu'une dalle de ciment de deux mètres sur deux mètres cinquante. Les gens y mettent leurs barbecues, leurs bancs de musculation, les tricycles en plastique et les planches à roulettes des enfants. Il y a une fenêtre en aluminium. Une porte-moustiquaire en aluminium. Une boîte aux lettres. Le numéro de l'appartement.

Une fois arrivés sur la dalle de ciment de l'appartement 2313, Danny dit à Karla d'ouvrir la porte. Karla cherche dans son jean moulant les clefs de Jerry Lynn Dean.

« Je ne crois pas qu'on avait décidé quoi que ce soit… Je ne sais pas, mais je pense qu'à partir du moment où on a ouvert la porte, après ça… J'y ai repensé et repensé. Je ne sais pas pourquoi Danny m'a dit d'ouvrir la porte et je ne sais pas pourquoi je l'ai fait. Je ne blâme pas Danny, Danny n'était pas le chef, on était égaux, mais à partir de là… »

Karla fronce les sourcils. Quand elle y voit plus clair, elle donne libre cours à l'horrible pensée. « Je crois qu'à partir de ce moment-là les gens qui étaient à l'intérieur n'avaient plus aucune chance. »

Karla ouvre la porte. Danny passe rapidement devant elle. Elle le suit. Le sol du séjour est recouvert d'une moquette (à Houston, dans ce genre d'immeuble, la moquette fait partie du lot, tout comme la climatisation et le chauffage central, les appareils électro-ménagers et une place de stationnement couverte) mais pas celui de la cuisine. Après la cuisine, au bout d'un petit couloir, il y a la salle de bains et deux chambres, chacune d'un côté du couloir.

Danny sait dans quelle chambre couche Jerry Dean, dans la chambre d'amis — l'autre, celle que Windtree appelle la chambre conjugale, ayant été donnée à la fille de Shawn, Jamie Kay, du temps où Shawn et sa fille vivaient là. Danny a dessiné le plan de l'appartement, il sait où il va. (Ici, pas question de grands espaces, l'appartement, dans sa totalité, n'excède pas soixante-sept mètres carrés.)

Juste après avoir ouvert la porte et être entrés, voilà qu'ils entendent une voix.

« Jerry a dit… » commence Karla (ceci se passe pendant son procès). Son avocat l'interrompt. Comment savait-elle à qui appartenait la voix, Karla est-elle certaine que c'est la voix de Jerry Lynn Dean qu'elle a entendue en ouvrant la porte de l'appartement 2313, avait-elle *reconnu* la voix de Jerry Lynn Dean ?

« C'est-à-dire, répond Karla, que c'était son appartement, alors je me suis dit que ça devait être lui. » En tout cas, la voix venait de la chambre d'amis, celle dans laquelle dormait Jerry.

« Qu'est-ce qui se passe ? » crie la voix, depuis la chambre d'amis.

Les derniers mots de quelqu'un sont particulièrement poignants, surtout si la personne qui va mourir — la personne qui va être tuée, assassinée — sort à peine du sommeil.

« *Qu'est-ce qui se passe ?* » est gentil, presque désinvolte ; conciliant, confiant ; le langage est familier et authentique. Surtout, *Qu'est-ce qui se passe ?* est un cri dans la nuit, dans l'inconnu, un appel à la normalité, une prière pour une nuit de sommeil ininterrompu, pour le retour à la minute d'avant, celle où la nuit était calme et sans complication, avant le ululement de la chouette et le cri du grillon.

« *Qu'est-ce qui se passe ?* » crie, de son lit, l'homme qui va être assassiné, en entendant… quoi ? des pas dans l'herbe, devant sa fenêtre, tandis que les deux individus vêtus de noir repèrent les portes et les fenêtres pour découvrir quelles lumières sont allumées, dans quel appartement, où sont les portes et les fenêtres ? Un bruissement, dehors ? Sa porte d'entrée déverrouillée et ouverte ? Des bruits de pas étouffés sur la moquette, plus sonores sur le sol de la cuisine ? Peut-être perçoit-il simplement quelque chose d'anormal, quelque chose de nouveau, une intrusion dans le silence d'une nuit sombre — la lune est dans son premier quartier —, la respiration irrégulière de deux êtres tellement défoncés qu'ils ont l'impression de planer.

Cet instant appartient résolument à la victime. Les intrus ont maintenant franchi les limites des conventions sociales, de la compassion et de la compréhension. Ils ont basculé de l'autre côté, dans le monde de l'impensable horreur, du film d'épouvante.

Trois ou quatre heures après minuit, c'est déjà le matin, bien sûr, mais pour nos horloges internes, c'est encore la pleine nuit, la nuit noire, la partie la plus pleine, la plus noire et la plus *dense* de la nuit. La plus vulnérable. À trois heures, toutes nos défenses sont abolies. Onze heures, le journal télévisé est terminé. Minuit, les interviews durent encore. Une heure, à Houston, c'est le dernier avertissement. Deux heures, les bars ferment. Trois heures, la plupart d'entre nous sont en sûreté à la maison, complètement K.-O.

« On n'a aucune envie de recevoir un coup de téléphone à trois heures du matin, ai-je entendu dire, dans une interview radiodiffusée, au père d'un gamin assassiné. Et si ça arrive, on n'a aucune envie de répondre. Personne n'appelle à trois heures du matin pour demander une tasse de café. »

« *Qu'est-ce qui se passe ?* » La clef tourne dans la serrure. Il y a des pas — de bottes — étouffés, puis sonores. Au bord de l'éveil, Jerry Lynn Dean aurait pu penser qu'il avait rêvé, et non entendu, un bruit ; il aurait pu, dans son état de demi-sommeil, se demander s'il avait vraiment entendu quelque chose de réel ou si la réalité, enfermée dans le contexte d'un rêve, s'était en quelque sorte détraquée. Jerry Lynn Dean aurait pu se demander s'il ne posait pas la question au rêve lui-même plutôt qu'à des gens réels, à la vie réelle.

Il avait une fille dans son lit, qu'il avait rencontrée, pas plus tard que la veille, dans une fête où ils avaient bu de la bière ensemble. En entendant les bruits — imaginaires ou réels —, Jerry Dean pensa-t-il aussitôt à la fille pour la protéger — ou la blâmer ? Se demanda-t-il qui elle était vraiment et si elle n'avait pas couché avec lui uniquement pour le truander ?

Sur les pas de Danny, Karla traverse la salle de séjour, puis la cuisine. Ils tombent sur un couloir. Il fait noir, mais Danny a le plan en tête. Il va jusqu'à la porte de la chambre où dort Jerry Lynn Dean. Et Karla…

« J'étais juste derrière lui… il n'y avait pas de lumière et la fenêtre était sur le mur d'en face et il y avait une petite fente dans les rideaux et un tout petit peu de jour qui entrait par là. Et j'ai vu la forme d'un corps qui s'asseyait, à même le sol… je ne voyais pas les détails, ni le visage, ni les vêtements de Jerry, rien de tout ça, mais je distinguais les contours, comme des ombres sur un mur… Alors je suis passée devant Danny et je suis allée m'asseoir sur lui. Là. »

Là ?

« Ici. »

Dites-nous.

« Sur ses genoux. »

Montrez-moi.

Elle ne sait pas pourquoi ; elle l'a fait, c'est tout, quelque chose la poussait dans cette direction, vers l'avant. Karla alla s'asseoir sur les genoux de Jerry Lynn Dean avec, pour toute lumière, juste ce petit peu de jour qui filtrait à travers les rideaux.

Le rapport d'autopsie indique que Jerry Lynn Dean était plutôt petit, un mètre soixante-dix, soixante et onze kilos. Il avait une moustache et des cheveux blonds mi-longs. Il dormait nu, sur un matelas, par terre. Le matelas avait été légèrement écarté du mur et se trouvait au milieu de la chambre, plus près des fenêtres que de la porte. La pièce était exiguë. Derrière la tête de Jerry Lynn Dean, il y avait une fenêtre dont les rideaux fermés ne laissaient passer qu'un rai de lumière. Les photos des lieux montrent une pièce encombrée, avec des cartons un peu partout, deux escabeaux en aluminium, un échafaudage, des outils de travail, des outils de jardin, d'autres cartons. Dans le séjour, la Harley à moitié montée, posée sur ce que l'on appelle une béquille mais qui ressemble davantage à une méchante table de bois blanc.

Karla « se dirigea vers lui, s'assit sur lui et lui dit de la boucler ».

À ce moment-là, il semble que Jerry Dean ait compris qui était assis sur lui. « *Karla*, dit-il, *on peut s'arranger.* » Ou quelque chose comme ça. « *On peut s'arranger. J'ai pas porté plainte contre Shawn. J'ai pas téléphoné à sa mère.* » Faisant allusion à la carte Quicksilver, aux quatre cent soixante dollars et aux menaces qu'il était censé avoir proférées. *Le cul de Shawn m'appartient.* Jerry devait penser que Karla venait se venger de lui parce qu'il avait menacé Shawn.

Jerry Lynn Dean portait des lunettes. Que voyait-il exactement, à son réveil, vers trois ou quatre heures du matin, face à face avec Karla Faye Tucker et sachant ce dont Karla Faye était capable, apercevant peut-être Danny Garrett derrière elle, prêt à la seconder avec un fusil de chasse, on n'en sait rien. Apeuré, maintenant, Jerry Lynn Dean se fait suppliant. Karla, dit-il, on peut s'arranger…

Q. Quel était son ton ?

R. Suppliant.

Karla dit à Jerry Lynn Dean de la boucler.

La boucler ? Certains disent que ce n'est pas tout.

« Fais un geste et t'es mort, enculé », voilà ce que la sœur de Karla, Kari, dit que Karla Faye lui a raconté qu'elle avait dit… phrase dont Karla ne se souvient pas mais qu'elle ne nie pas avoir prononcée. « J'ai peut-être dit ça, fait-elle, et elle ferme les yeux. J'ai pu *dire* que je l'avais dit, en tout cas. Et c'est tout aussi horrible. »

Ici, les choses deviennent floues. Qui a donné le coup initial et/ou fatal et qui a ramassé l'arme innommable a une importance capitale, personne ne veut s'en souvenir. Et puis les empoignades sont difficiles à démêler. Tous s'embrouillent lorsqu'il s'agit de déterminer ce qui s'est passé et dans quel ordre. Jimmy Leibrant n'était pas encore revenu de sa mission

— ou peut-être que si. Il dit qu'il était retourné s'asseoir un moment dans la Ranchero et qu'il s'était assoupi, alors que cinq minutes plus tôt, au 2205 McKean, speedé un max, il trépignait d'impatience, menaçant de devenir fou s'il ne trouvait pas quelque chose à faire. En tout cas, ce que se rappelle Karla — tellement mêlé à ce que Danny lui a dit par la suite qu'elle n'est pas sûre de ce qui s'est réellement passé et de ce qui est devenu fiction —, c'est Jerry Lynn Dean faisant une ultime tentative pour se protéger en saisissant Karla par les bras, juste au-dessus des coudes. Karla, naturellement, tire de son côté pour se dégager, ils luttent quelques instants, puis Danny Garrett intervient, par la même occasion délogeant des genoux de Dean Karla Faye qui tombe par terre.

Voilà ce dont se souvient Karla, et c'est tout ce que nous avons. Jimmy Leibrant n'est pas là, les victimes sont mortes et Danny Garrett n'a pas ouvert la bouche. Karla a raconté deux fois la scène à la barre des témoins, elle me l'a racontée à moi, elle l'a racontée à ses avocats, le récit ne change jamais, elle ne baratine jamais pour essayer de se mettre à l'arrière-plan, ne manque jamais de braquer sur elle-même le projecteur de la culpabilité. Généralement, les mensonges finissent par s'épuiser ; les gens atteignent un point au-delà duquel les tours de passe-passe ne sont plus possibles. Karla, elle, n'en arrive jamais là ; son regard est limpide, elle est bien présente et semble constamment demander : *Que voulez-vous savoir d'autre ?* Une partie, dit-elle — le sang — a disparu de son esprit et de sa mémoire. Cela n'a rien d'exceptionnel. Après la perpétration d'un crime abominable, l'oubli du sang se produit très souvent.

Dans le cas de Karla, si le sang a disparu, il n'en est pas de même pour d'autres détails sinistres. « Quand c'est que Danny m'a flanquée par terre, que je me suis relevée et que je me suis remise debout, j'ai vu la silhouette de Danny qui cognait la tête de Jerry avec un marteau. Quand je suis allée allumer la lumière, il avait fini… »

La lumière ? Pourquoi aurait-elle allumé la lumière, que voulait-elle donc voir ? Elle ne sait pas. Ça lui semblait la chose à faire, à ce moment-là.

Fini de quoi ?

De cogner Jerry.

Le marteau ? Karla Faye dit qu'il provenait de la camionnette, c'était un marteau à panne ronde, souligne-t-elle, ou peut-être, après tout, un marteau à panne fendue, elle ne sait pas si c'est le bon terme, elle l'a toujours appelé un marteau à panne ronde. Il y avait des outils partout dans la chambre, que Danny aurait pu utiliser. Sans parler de la crosse de son fusil. On n'a jamais retrouvé le marteau. Selon l'opinion du médecin légiste de Houston, l'arme utilisée sur la tête de Jerry Lynn Dean n'est probablement pas un marteau mais une arme plus contondante, peut-être la partie arrondie de la pioche, peut-être la crosse du fusil de chasse, mais après tout l'hypothèse du marteau n'est pas impossible.

Karla Faye, elle, est sûre. Elle était là. C'était un marteau.

« Évidemment qu'on ne l'a jamais retrouvé, parce que je l'ai lancé le plus loin que j'ai pu dans la carrière de sable. Il y avait du sang dessus. Je n'allais pas le laisser traîner n'importe où. Jimmy Leibrant voulait le garder. Je suis allée là-bas, une semaine plus tard, je crois, et je l'ai jeté le plus loin que j'ai pu. »

Karla rêve souvent de la sablonnière, elle la voit draguée et asséchée ; et là, au fond, il y a l'objet dont elle est sûre que Danny s'est servi pour frapper Jerry Lynn Dean, cette nuit-là, c'est-à-dire, le marteau.

C'est une scène difficile à imaginer. Karla Faye dit que de l'endroit où elle se trouvait, par terre, elle voyait Danny exactement derrière Jerry Dean, entre les rideaux et l'extrémité du matelas, frappant Jerry Dean sur le *sommet* du crâne. Cela paraît une position peu commode, mais rappelons-nous que Danny Garrett se vantait d'être entraîné à ce genre de chose ; il affirmait que pendant son temps dans l'armée, il avait appris à quel endroit frapper pour tuer vite et sans laisser de traces.

Peut-être, cette nuit-là, Danny Garrett cherchait-il le bon endroit. *Pourquoi* s'être tout à coup attaqué à l'homme couché, ça, c'est une autre question ; était-ce pour protéger Karla Faye quand Jerry Dean lui avait saisi les bras, ou bien avait-il eu une brutale poussée de speed, ou encore le moment était-il venu de passer à l'acte, cet acte dont ils avaient dit, tous les trois, qu'ils ne le commettraient pas, mais dont ils savaient, dès le début, au tréfonds d'eux-mêmes, qu'il était là, en préparation, sinon prévisible ?

Quoi qu'il en soit, après avoir défoncé le crâne de Jerry Lynn Dean avec un instrument quelconque, Danny Garrett sortit de la chambre. Peut-être était-il fatigué.

Karla resta dans la pièce avec le mourant et la lumière allumée. Jerry Lynn Dean avait été, à un moment ou un autre, retourné sur le ventre, face contre terre.

Du fait du type de blessure infligé par Danny Garrett, Jerry, dans son coma, se mit à émettre un certain bruit. Un *gargouillement*, au dire de tous, produit par l'arrivée de sang et de liquide dans ses poumons. Un bruit sonore.

C'est un bruit qui énerve souvent les meurtriers, ce gargouillement sonore, inhumain. Les meurtriers voudraient bien faire taire ce bruit. Ils ne peuvent supporter ce bruit, ça les déboussole, comme si le bruit en question était une insulte, une vengeance de la victime, dépassant les bornes de la tolérance. Quand, en 1977, Richard Herrin avait défoncé le crâne de Bonnie Garland avec un marteau à panne fendue parce qu'elle lui avait dit qu'elle ne voulait plus le voir, Bonnie Garland s'était mise à émettre les mêmes gargouillements. Les bruits exaspérèrent et affolèrent tellement Richard Herrin qu'il frappa sa victime à la gorge pour la faire taire. Mais elle continua. Pendant des heures.

Le médecin légiste a confirmé que c'était la blessure à la tête qui avait provoqué ces gargouillements. Jerry Lynn Dean avait été frappé avec une telle violence que sa tête en avait été disloquée à partir du cou, juste sous l'os occipital. Quand une tête est ainsi disloquée, les voies respiratoires se remplissent de sang et de liquide et…

Karla se tenait là, debout, et « Jerry, il était à plat ventre, sur le matelas qui était par terre et y faisait ce bruit de gargouillement… et j'arrêtais pas de l'entendre et tout ce que je voulais, c'était arrêter le bruit. Je voulais l'empêcher de faire ce bruit-là…

« Alors j'ai regardé dans la chambre et j'ai vu une pioche qu'elle était contre le mur. J'ai allongé le bras et je l'ai empoignée et je l'ai balancée en l'air et je l'ai frappé dans le dos avec… quatre ou cinq fois. »

Jerry Lynn Dean possédait une pioche parce qu'il travaillait, entre autres, pour une entreprise spécialisée dans l'installation du câble de télévision. L'une de ses tâches consistait à faire courir le câble depuis les poteaux téléphoniques jusqu'aux maisons. À Houston, pour creuser des tranchées dans les pelouses de bouteloue, épaisse et drue comme du gombo, il utilisait une pioche. Il dormait dans la même pièce que ses outils de travail et entreposait sa Harley dans sa salle de séjour. C'est comme ça qu'il vivait.

Mais ce bruit. Il n'arrêtait pas de faire ce bruit.

À un certain moment, Jimmy Leibrant entre dans l'appartement, probablement pour aider Danny à transporter des cartons de pièces détachées sur le plateau de sa camionnette. Ou peut-être n'était-il pas sorti de la maison. Difficile à dire. Ce que voulait Jimmy Leibrant, c'était sauver sa peau. Mais un fait demeure certain : il n'a pas participé aux meurtres. De la porte d'entrée, Jimmy entend le bruit que fait Jerry Lynn Dean, alors il retourne là-bas et…

Quand Jimmy Leibrant vit Karla Faye s'acharnant sur le dos de Jerry Lynn Dean avec la pioche, il sortit — ou, comme disent Karla et Danny — il « a foutu le camp, la queue entre les jambes ».

Jimmy dit : « Je me suis caleté… parce que j'étais pas d'accord avec ça. C'est pas ça qui devait se passer… j'étais pas venu pour ça. Tout ce qu'on devait faire, c'était l'intimider et lui prendre du fric. Mais ça, c'est pas mon truc. »

Jimmy Leibrant quitta Windtree, descendit Watonga à pied et appela Ronnie pour qu'il vienne le chercher ; la première fois, Ronnie ne répondit pas car il dormait, mais au deuxième appel, il répondit.

Tandis que Karla s'acharnait sur Jerry — sans grand succès car le gargouillement continuait —, Danny se mit à charger les pièces détachées sur le plateau de la Ranchero. Mais comme le bruit ne cessait pas, finalement — sans doute appelé par Karla puisque c'était elle qui ne supportait pas le bruit — Danny Garrett revint dans la chambre, retourna Dean sur le dos et lui enfonça la pioche dans la poitrine. Après quoi Jerry se tut enfin.

Le lendemain matin, à l'arrivée de la police, une radio marchait, dans le séjour, déversant de la musique à plein volume. Personne ne se rappelle l'avoir allumée. Personne ne se rappelle avoir *entendu* marcher une radio. Personne, dans les appartements du dessus, ne l'a entendue se mettre en marche, ce matin-là. Si Danny Garrett se souvient d'une radio, ou si c'est lui qui l'a mise en marche, il refuse de le dire.

Quant au choix de l'arme, « Dan a dit qu'elle était là, témoigna Douglas Garrett, le frère de Danny. Elle était là… juste à côté de lui. Elle était là… Dan dit que c'était vachement bizarre. Ils se sont réveillés et la pioche était là ».

À McKean Street, dans toutes leurs conversations folles à base de « et si », dans tous leurs plans visant à voler les pièces de moto, la possibilité avait bien été évoquée : et si, en arrivant chez Jerry Lynn Dean pour voler les pièces, ils se trouvaient nez à nez avec lui ? Et s'il était endormi et se réveillait, alors qu'est-ce qu'on ferait ? Eh bien, avaient-ils décidé dans leurs palabres, il n'y aurait plus qu'à le *buter*.

Cela les amènerait au niveau supérieur. Augmenterait la mise, doublerait les enjeux. Du repérage de la baraque au vol des pièces détachées pour finir par le meurtre. Mais — se disaient-ils les uns aux autres dans leurs palabres avant que quiconque ait encore fait quoi que ce soit — ils n'auraient pas le choix.

Une fois qu'il eut fait taire Jerry Lynn Dean, Danny repartit voler les pièces détachées.

De nouveau, Karla resta en arrière.

« Danny était sorti de la chambre. J'ai remarqué qu'y avait un corps sous des couvertures, qu'était couché contre le mur, près de la porte… »

Il y avait quelqu'un d'autre dans la pièce : la fille qui était au lit avec Jerry Lynn Dean. Karla dit qu'elle n'avait vu cette autre personne qu'après que Jerry Lynn Dean se fut tu et que quand ça arriva, c'est là qu'elle vit l'autre personne, qui n'était pas dans le lit, à ce moment-là, mais par terre, sous des couvertures, au bout du lit, au pied du matelas. « Je ne sais pas pourquoi elle était là, affirme maintenant Karla. Danny a dit à quelqu'un qu'il l'avait vue en entrant la première fois dans la chambre et qu'il lui avait dit de se mettre sous la couverture et de se tenir tranquille. Je sais rien de tout ça. Ce que j'sais, c'est que la première fois que je l'ai vue, c'est là qu'elle était. »

L'imagination est dangereuse, qui nous permet ainsi de nous introduire dans le cœur et l'esprit de l'innocente partenaire pour, en un sens, devenir cette fille qui s'est endormie auprès de l'homme qu'elle a rencontré à une fête, pas plus tard que la veille au soir et qui soudain entend l'intrusion, puis le remue-ménage, les menaces, les bruits et, pour finir, le gargouillement dans la gorge de Jerry Lynn Dean. Imaginez combien les minutes ont dû lui sembler longues, à partir de l'instant où la clef a tourné dans la serrure et où Jerry Lynn Dean a crié dans la nuit : « *Qu'est-ce qui se passe ?* », pendant tout ce qui est arrivé ensuite, jusqu'à maintenant. L'indicible est en train de devenir l'impensable.

Un corps ? demande une nouvelle fois le juge d'instruction, voulant préciser que Karla Faye ne parle pas ici d'un *corps*, mais d'une personne. Une personne vivante.

« La tête était sous un oreiller et le corps tremblait... sous les couvertures. À ce moment-là, dans mon esprit — en fait, je sais pas où j'avais l'esprit... J'ai repris la pioche. Je l'ai balancée et j'ai cogné la personne à l'épaule. »

Deborah Ruth Thornton, trente-deux ans, travaillait comme comptable dans une société de prêts hypothécaires, Lawyers Title Company, de Houston. Karla Faye n'avait jamais vu Deborah Thornton de sa vie, Danny Garrett non plus. Deborah Thornton avait rencontré Jerry Lynn Dean ce même jour, l'après-midi du dimanche 12 juin 1983, à une fête organisée autour de la piscine de son lotissement. Dean invita Thornton chez lui. Debby s'arrangea alors pour faire garder sa belle-fille et son fils et, dans sa camionnette bleue à la plaque d'immatriculation personnalisée disant « DEBBY », se rendit à l'appartement 2313 au 4000 Watonga, lotissement Windtree, dans la section Oak Forest de Houston. Elle avait apporté des vêtements pour aller travailler, le lendemain matin — une robe à rayures vertes qu'on retrouva suspendue dans la salle de bains — et des bigoudis chauffants. Selon le rapport d'autopsie, Deborah Thornton mesurait un mètre soixante-seize et demi — six centimètres de plus que Jerry Lynn Dean — et pesait cinquante kilos. Au lit, cette nuit-là, c'est-à-dire, par terre, sur le matelas, elle portait en tout et pour tout un tee-shirt avec « Teller 2 » sur le devant, une bague et une chaîne en or. Elle portait encore tout cela le lendemain matin, quand la police arriva.

Si l'on a déjà cassé la terre avec une pioche ou une pioche à pic, on sait combien une pioche est lourde ; à moins d'avoir énormément de force dans les épaules et les biceps, on est obligé de se reposer après un coup ou deux. Karla avait autrefois beaucoup de force dans les bras, mais elle s'était déchiré les muscles des deux biceps, l'année précédente, en exécutant ce plongeon insensé de vingt-cinq mètres dans le lac naturel ; aussi avait-elle peut-être les bras fatigués, car lorsqu'elle abattit la pioche sur Deborah Thornton, elle lui égratigna simplement l'épaule.

Plus de sentiments, à ce moment-là ; si *nous* pouvons imaginer ce qu'a dû ressentir Deborah, Karla, elle, en était incapable — la victime doit avoir perdu toute humanité pour que le meurtrier ou la meurtrière puisse faire sa besogne. Quand il tue, le meurtrier a annulé toute imagination et tout sentiment. Il ne reste plus qu'une chose, c'est le travail à accomplir, la mécanique de la chose. Les rouages, les engrenages.

La pioche « n'a pas pénétré. J'ai essayé une deuxième fois, et à ce moment-là la personne est sortie de sous les couvertures et c'était une femme et elle a saisi la pioche. »

La lumière était toujours allumée. Peut-être la radio marchait-elle. Deborah Thornton sortit de dessous les couvertures pour défendre sa peau. Qu'elle ne voulût pas mourir était une chose ; mais en plus de son instinct de conservation, Debby Thornton était tout simplement mieux renseignée que ne l'avait été Jerry Dean. Elle savait qu'il ne servirait à rien de négocier avec ces intrus, ni d'essayer de « s'arranger » — ces gens étaient *complètement défoncés*. Et puis Deborah Thornton avait un fils, et même si l'on a du mal à imaginer qu'elle ait pu penser à quelqu'un d'autre qu'elle-même à ce moment-là, au niveau subconscient, l'existence de l'enfant a très bien pu jouer. En outre, Deborah Thornton avait sur Karla l'avantage de la taille, quinze bons centimètres et trois kilos en plus.

Karla luttait quand « juste au moment où elle se mettait debout et saisissait l'engin, Danny est entré dans la chambre et lui aussi, il a saisi la pioche. Il nous a séparées. Et quand je n'ai plus tenu la pioche, je suis partie dans le séjour… et j'ai transporté des cartons dans la voiture de Danny ».

Deborah Thornton vendit chèrement sa vie. Plus tard, Danny dit qu'au moins Deborah Thornton avait affronté ses assaillants debout, tandis que Jerry Dean « n'avait même pas eu assez de couilles pour se lever et se battre pour sauver sa peau ». Selon la sœur de Karla, Kari Tucker Burrell, Karla aurait dit : « La fille a été rudement dure à tuer, une vraie saloperie. » Karla jure qu'elle n'a jamais dit cela.

Le temps, ici, est difficile à cerner, le temps ne comptait pas, mais à un moment donné, Karla Faye est revenue dans la chambre et « la fille était assise avec la pioche enfoncée vachement profond dans l'épaule gauche, elle était en position assise et elle tenait la pioche à deux mains. Danny était debout au-dessus d'elle et elle a dit : “Oh, mon Dieu, j'ai mal, si vous devez me tuer, je vous en prie, dépêchez-vous.” »

À la barre, Karla Faye forme, de ses deux mains, un poing qu'elle lève à hauteur d'épaule, une main recouvrant l'autre, de la même manière que Deborah Thornton, quand elle était sur le matelas, en position assise, essayant de déloger l'horrible objet de son épaule.

« Alors Danny lui a foutu un coup de pied dans la tête, et en même temps il a sorti la pioche et quand il lui a foutu le coup de pied, ça l'a renversée à plat dos et il l'a cognée et lui a planté la pioche en pleine poitrine. Quand c'est que j'ai vu ça — ça s'est passé aussi vite que ça —, j'ai fait demi-tour et je suis sortie de la chambre et Danny était derrière moi et on a pris le cadre de la moto, on l'a porté à nous deux et on l'a mis dans la voiture de Jerry. »

Danny laissa la pioche fichée dans le cœur de Deborah Thornton, la tête enfoncée sur une profondeur d'environ dix-huit centimètres dans sa poitrine, coinçant une partie de son tee-shirt et le « 2 » de « Teller 2 » dans le trou fait par la pointe de la pioche.

Danny partit au volant de la Ranchero et Karla dans l'El Camino de Jerry. Les deux véhicules, mi-voitures, mi-camionnettes, se séparèrent, l'une fonçant vers le sud en direction de chez Douglas Garrett, l'autre rentrant à la maison, au 2205 McKean.

Il était six heures et demie et le jour était levé.

L'arme, la femme et le copeau

J'ai demandé à Joe Magliolo, le magistrat qui a engagé les poursuites contre Karla, pourquoi cette affaire avait suscité un intérêt tel que l'on s'en souvenait encore, six ans après.

Joe Magliolo n'hésita pas une seconde. « L'arme, me dit-il. Ce matin-là, quand on trouva les corps, la nouvelle se répandit comme une traînée de poudre, au palais de justice. Partout où j'allais, j'entendais la même chose. C'était avant que je devienne procureur général et je ne me doutais pas le moins du monde que j'aurais un jour à m'occuper de cette affaire. Mais je fus au courant dès le premier jour, à cause de l'arme. »

Au procès de Danny Garrett, un inspecteur affirma, à la barre, que la police avait tenu à tout prix à étaler l'affaire au grand jour. Lorsque le magistrat qui l'interrogeait convint que c'était probablement parce qu'il s'agissait d'un crime capital, le policier le corrigea. « Non, dit-il, d'un crime capital *à la pioche.* »

L'arme est une raison. Puis, quand on arrêta les assassins et que l'un d'entre eux s'avéra être une femme…

L'arme de choix des meurtrières était autrefois le poison, pour la simple raison que la place de la femme était à la cuisine où l'on entreposait les poisons et où l'on préparait la nourriture. De nos jours, dans quatre-vingt-dix pour cent des cas, une femme utilise un revolver ; un homme aussi, d'ailleurs. On n'a pas besoin de beaucoup s'approcher de quelqu'un pour le tuer avec un revolver.

Une pioche est une arme de cauchemar, l'un de ces outils utilisés à la maison et au jardin, dont l'on sait qu'ils ont une fonction utilitaire et pourtant… c'est cette fonction même qui la rend effroyable, l'idée que la mort est partout, que notre marteau, celui dont nous nous servons pour accrocher un tableau au mur, peut servir à nous tuer, de même que nos ciseaux à couture, le couteau à découper du grand-père et ce tournevis qui me sert à ouvrir un tiroir coincé. Que les instruments de mort sont partout, sous la forme de ces articles ménagers courants. Dans l'inculpation, la pioche est appelée pic.

Quand une femme tue, ça fait du bruit ; quand une femme tue de façon impitoyable avec une telle arme, ça fait la une des journaux.

On pense tout de suite à Lizzie Borden. Les habitants de Fall River, Massachusetts, surent immédiatement avec quelle arme elle avait tué ses parents ; et quand la fille fut arrêtée, le pays entier fut au courant.

Une fois terminé le procès de Karla Faye et la condamnation à mort prononcée, un magazine populaire publia un article accompagné d'une photo de Joe Magliolo, l'air souriant, satisfait et triomphant, brandissant la pioche. Effet facile, mais après tout, il avait gagné.

Un jour où je prenais connaissance des procès-verbaux d'audience, dans la salle de lecture de la cour d'appel, un avocat entra, à la recherche d'un dossier. Voyant les soixante volumes empilés devant moi sur la table, il dit : « Sûrement un crime capital. » Je répondis que oui. Il se pencha alors au-dessus de la table pour voir qui était l'accusé. « Oh, celle-là, fit-il, ce n'est pas elle qui… ? » Levant ses deux mains nouées en un poing, l'une sur l'autre, au-dessus de sa tête puis les abaissant devant lui, il mima un coup de pioche.

L'arme fait de l'excellente copie, tout comme une femme risquant la peine de mort. Mais pour être réellement sensationnelle, l'histoire a besoin d'un autre élément et cet élément, c'est Karla qui devait le fournir.

Un mois et cinq jours après les meurtres, le 18 juillet 1983, le frère de Danny Garrett, Douglas, et la sœur de Karla, Kari Tucker Burrell, rendirent visite à J.C. Mosier, un inspecteur de la brigade criminelle et vieil ami de lycée de l'une des ex-femmes de Danny. À ce moment-là, Kari avait déjà quitté la maison de McKean en emmenant avec elle Tessa, l'un des pitbulls. Depuis quelque temps, Kari Burrell et Douglas Garrett vivaient plus ou moins ensemble. Après les meurtres, ils se mirent en ménage, exactement comme leur frère et leur sœur, Danny et Karla Faye. Ronnie Burrell s'installa chez ses parents où vécut un moment le fils qu'il avait eu avec Kari.

Parce que J.C. Mosier avait grandi à Oak Forest, le double meurtre à la pioche lui portait sur les nerfs. L'affaire n'était pas de son ressort, mais il l'avait suivie de près depuis le début. « C'était horrible, dit-il. À la Criminelle, nous étions tous fascinés. Tellement bizarre, aussi. Et plus ça allait, pire c'était. »

Le 18 juillet 1983, quand Douglas Garrett appela J.C. Mosier pour lui dire que son frère Danny et la sœur de sa petite amie Kari, Karla Faye, avaient tué Jerry Lynn Dean et Deborah Thornton, J.C. n'en crut pas ses oreilles, surtout en ce qui concernait Danny. « Il a fait *quoi* ? » se rappelle-t-il avoir dit.

Donc, pour résumer, Kari et Douglas livrèrent à la justice Karla et Danny. La sœur et le frère envoyèrent la sœur et le frère dans le couloir de la mort. Douglas accepta de porter un micro-émetteur et livra son frère parce qu'il avait peur.

Danny et Karla, apparemment, n'avaient cessé de se vanter de ce qu'ils avaient fait. Et ils parlaient de buter d'autres gens. Les palabres devenaient de plus en plus sombres, de plus en plus effrayants. Les fanfaronnades de Karla allaient même au-delà du meurtre.

Selon Douglas, Karla lui aurait dit : « Doug, je jouis à chaque coup. » De pioche, évidemment.

Kari l'a confirmé. « Elle m'a dit comme quoi chaque fois qu'elle cognait Jerry, elle relevait la tête, elle riait, et elle s'arrachait le copeau et que, alors, elle le recognait. »

J.C. me dit que dès sa première conversation avec Douglas et Kari, il avait su qu'il s'agissait d'un crime capital et que le seul moyen de le rendre public, c'était de brancher Douglas sur table d'écoute. J.C. prévint tout de suite Douglas. Ils mirent le système au point. J.C. voulait tout enregistrer, y compris la partie où Karla prenait son pied.

Après le procès, une plaisanterie commença à circuler dans les couloirs du palais de justice : *Cosmopolitan* avait appelé pour faire une interview. Il y avait désormais, pour les femmes de Houston, une nouvelle façon de prendre leur pied ; c'est ce que venait d'apprendre le magazine.

Une femme. Une pioche. Deux meurtres. Et ce truc fuyant comme l'anguille : ça-y-est-ça-y-est-pas — l'orgasme féminin.

Karla Faye ne nie pas avoir dit qu'elle « s'arrachait le copeau », elle ne l'a jamais nié.

« J'ai toujours, déclara-t-elle à la barre, essayé de me présenter comme une salope. Excusez mon langage. »

Peter

Est-ce moi qui la crée en revivant sa vie et son crime, ou elle qui, d'une certaine façon, me re-crée en élargissant mon univers, en m'emmenant au-delà des frontières de ce que je croyais connaître ?

Inventer des histoires, ça signifie aller là où on n'est jamais allée, être présentée à des gens que l'on n'a jamais vus, s'étirer au-delà de ses propres limites pour inclure dans sa vie et dans son imaginaire de nouvelles vies, une autre histoire, une géographie inconnue.

Assise de l'autre côté du Plexiglas, dans le parloir, Karla est ma narratrice.

Je me sens franchir des barrières pour la rejoindre, là où elle est et a été.

Et c'est ce qu'elle fait elle-même. Sous l'œil vigilant de la surveillante assise au bout de la salle, la détenue du couloir de la mort s'échappe. Tel un des personnages flottants de Chagall, elle vient de mon côté du guichet, au-delà des grilles de double précaution, là où elle n'est pas censée être. Dans ma vie.

« Voilà, y a-t-il quelque chose que vous désirez savoir de moi ? »

La pendule au-dessus de la tête de la gardienne marque quatre heures moins cinq. Karla et moi parlons depuis presque trois heures. Je suis assez épuisée, mais Karla, elle, est encore pleine d'ardeur.

La première année, nous sommes, je crois, restées assises au même endroit, au milieu du guichet, à mi-chemin entre la gardienne et la porte du parloir. Un jour où Karla avait quelque chose d'intime à me dire, nous nous sommes installées deux chaises plus loin en direction de la porte. La fois suivante, nous sommes descendues encore d'une chaise. Maintenant, à moins que la surveillante ne nous l'interdise, nous nous asseyons aussi loin d'elle que possible, sur les deux chaises les plus proches de la porte. Là, nous chuchotons entre nous comme deux écolières.

Karla répond à ma question par une autre.

« Dans l'article que vous m'avez envoyé, ça parlait de votre fils Peter. Il a eu des problèmes. Il est mort ? »

À ma lettre de présentation, j'avais joint une interview publiée dans un périodique de Houston. L'interview, qui révélait pas mal de détails de ma vie personnelle, mentionnait la mort de Peter et le fait qu'il avait été un adolescent à problèmes.

Je veux jouer franc-jeu avec elle. « Je me doutais, dis-je, que vous me poseriez cette question. »

Après trois heures de conversation ininterrompue, nous avions encore un choix à faire : devions-nous nous rapprocher l'une de l'autre, continuer à parler, en révéler toujours davantage ; et si nous décidions de faire le plongeon, jusqu'où devions-nous aller ? Chaque pas nous conduisait en terrain plus dangereux, là où la boue était plus noire, les serpents plus nombreux.

Trois heures, c'est court, mais nous n'avions cessé de passer chacune de l'autre côté du Plexiglas. J'imagine que l'état dans lequel nous nous trouvions toutes les deux accélérait les choses, sans parler des circonstances particulières : pas d'interruptions, pas de contraintes sociales, rien *d'autre* à faire que parler, sans compter que nous étions toutes les deux enclines à le faire — à effectuer très vite, sans attendre, en toute liberté, le saut vertigineux dans l'amitié.

Jusqu'au moment où je posai ma question, c'était Karla, et elle seule, qui s'était racontée.

Je regarde mes mains, cherchant par où commencer.

Karla attend.

Cela faisait presque cinq ans, mais j'en étais encore au stade où j'avais besoin que les gens sachent. J'avais le sentiment que parce que la mort de Peter m'avait forcée à reprendre ma vie sous une identité nouvelle, celle d'une femme que je connaissais mal, il me fallait présenter aux gens mon nouveau moi. Et telle une vieille dame qui montre ses cicatrices, je racontais et re-racontais mon histoire. Je n'en avais jamais assez, je la racontais à qui voulait l'entendre, et même à qui ne le voulait pas vraiment.

Je disais : « Mon fils a été tué dans un délit de fuite » — tantôt j'ajoutais « incident », tantôt je disais seulement « délit de fuite », mais j'avais appris à ne jamais dire « accident » parce que ça n'en était pas un.

Ma spécialité, c'était la précision : ironie du détail concret allant jusqu'aux vêtements, aux conditions météorologiques, à la topographie et à la localisation exacte des points d'impact sur le corps. Je pensais, me semble-t-il, que si je racontais l'histoire assez souvent et avec assez de détails, je finirais par y croire, par l'accepter, par la *digérer*. Je voulais, je suppose, qu'elle se transformât en vieillerie, en lambeau de passé pour pouvoir moi-même m'acheminer vers un avenir meilleur et me retourner sans crainte vers les jours noirs.

Les gens ont été vraiment gentils. Je ne sais pas comment ils s'y sont pris, mais les amis m'ont écoutée — patiemment — jusqu'au bout. Pas d'emplois du temps, pas de conseils.

« Je n'ai jamais, dis-je maintenant à Karla — mon seul public, mais combien fasciné, *captif* —, beaucoup aimé l'expression "accident avec délit de fuite". C'est ainsi que l'appellent les journaux et la plupart des gens, mais... »

Redire est comme récrire. On affûte ses phrases, on épure son texte, on guette les inexactitudes et les mots superflus. Le moindre à-peu-près agace comme une paupière qui bat. La fois d'après, on essaie une nouvelle expression, un début différent, un vocabulaire plus pointu. On ne veut pas fausser l'histoire, on ne veut ni oublier ni se tromper, on veut dire *exactement* ce qui s'est passé. On a le sentiment que si l'on y travaille sans relâche, on finira par la mener à bien, cette histoire, et si on la mène à bien, on en aura fait une espèce de monument à l'événement lui-même.

« J'ai essayé de dire "quand Peter est mort" ; ça ne marchait pas ; ce n'était pas vrai. J'ai choisi finalement de dire "mon fils est mort dans un incident de délit de fuite".

— Une voiture… l'a heurté, c'est ça ?

— Quelque chose. Voiture, camion, nous ne savons pas. »

Karla pâlit et demande la date à laquelle c'était arrivé.

« Le 4 septembre 1984. Le lundi 3 était la fête du Travail. »

Je la vois qui fait des calculs, essaie de se rappeler : enfermée à la centrale, attendant le procès de Danny.

Quand Karla écoute, elle est totalement présente et participe intensément. Elle est calme, attentive, concentrée, elle pige peu à peu.

Ses yeux sont rivés aux miens et je continue.

Le 4 septembre 1984

Le jour de la fête du Travail, très pluvieux cette année-là, succédait à un été de grande sécheresse. L'herbe était brûlée, les feuilles roussies, la rivière qui coule non loin de chez nous était trop basse pour permettre d'y dériver dans des chambres à air. Des pierres habituellement submergées affleuraient à la surface, prêtes à meurtrir les derrières délicats et à déchirer les maillots de bain. Les méandres peu profonds étaient devenus de simples filets d'eau.

Pour marquer la fin de l'été, Peter avait projeté, pour cet après-midi-là, à la maison, une réunion entre copains : on ferait de la musique, on boirait de la bière, on mangerait des chips et on se baignerait dans la rivière.

Le mardi, 4 septembre, était le jour de la rentrée, au lycée de San Marcos. Peter avait eu dix-huit ans en janvier. Il aurait dû obtenir son diplôme de fin d'études au mois de juin précédent. Il ne l'avait pas eu. Je ne savais même pas dans quelle classe il était officiellement.

Pour Glenn et moi, la réunion de la fête du Travail était un grand événement. D'ordinaire, les amis de Peter ne venaient que lorsque nous étions absents de Houston et que quelqu'un gardait la maison ou alors quand il n'y avait personne. Autrement, c'est lui qui allait chez ses copains ou bien ils se rassemblaient dans l'un de leurs lieux favoris — the Kettle, the Sonic ou la rivière — mais il ne les amenait jamais chez nous, sinon pendant de courts intermèdes, pour regarder la télévision, donner un coup de téléphone ou attendre d'aller autre part.

J'ai encore du mal à réconcilier les deux parties de la vie de Peter. Enfant, c'était un heureux petit bonhomme ; d'autres que moi le disaient à l'époque et continuèrent à le dire, plus tard. Il est, disaient-ils, si actif et si gai, si résolument *normal* ! Lorsqu'ils étaient petits, Colin, le frère aîné de Peter, était le plus sérieux des deux. Peter vivait à bride abattue, jouait avec passion, dormait avec passion ; recherchait d'indéfectibles amitiés garçon-garçon, faisait du sport et menait une vie extra-familiale, avec ses copains.

Sa dernière bonne année fut celle où il était en CM1. En CM2, il eut des problèmes avec ses maîtres, ses notes baissèrent et il se mit à mentir. En sixième, ce fut la même chose, en plus grave ; la situation ne faisait qu'empirer. Et alors, ne cessais-je de me dire, le collège est dur pour la plupart des jeunes, les garçons, surtout ! Mais Peter commençait à aller vraiment trop loin. « Il ne peut s'empêcher de braver les interdits, me dit un professeur, de braver l'autorité. » Je m'efforçai de ne pas céder à la panique. Qu'en sait-elle ? me dis-je.

En 1982, peu après notre déménagement de Houston à San Marcos, Peter et deux de ses copains volèrent une voiture — une Trans-Am avec l'aigle sur le capot — et la gardèrent toute une journée pour se balader. Ils dérobèrent des objets qui se trouvaient à l'intérieur, y compris un petit magnétophone qu'ils troquèrent contre une pizza. Peter fut arrêté alors qu'il mangeait la pizza — arrêté seul, ses comparses ayant décidé qu'il était temps de se séparer — et passa une nuit en prison sans révéler à la police le nom de ses camarades.

Il y avait eu d'autres infractions moins sérieuses mais tout aussi inquiétantes — avec la police, à l'école et à la maison. L'heureux petit bonhomme était devenu un adolescent maussade, buté et compliqué, prompt à se mettre dans des situations impossibles. Je ne sais pas pourquoi il avait cessé de se considérer comme un enfant aimé, mais un incident qui se produisit à peu près au moment où les ennuis commencèrent, en CM2, je crois, m'est toujours resté en mémoire. Non que l'événement en soi eût une importance extraordinaire, mais il m'apparaît, à moi, comme une énorme cassure dans sa vie, la ligne de démarcation entre deux époques distinctes.

Nous habitions alors un quartier de Houston, genre petite ville tranquille, appelé West University ; un endroit où — en ce temps-là, du moins — les gosses pouvaient se promener et faire du vélo en toute sécurité. C'était un samedi. Peter jouait dehors, quelque part, quand soudain il rentre en trombe à la maison en m'appelant. Il s'était fait mal au bras, me dit-il. Il était en sueur, sale et tout seul, ses copains s'étant évanouis dans la nature. Bien qu'il tînt son poignet avec mille précautions, je ne voyais rien, excepté des traces de saleté ; aussi lui dis-je d'aller se laver. (Peter venait souvent me trouver avec des égratignures insignifiantes qu'il me soumettait pour un examen minutieux, comme s'il s'agissait de graves blessures. Quand il était tout petit, je les guérissais d'un baiser, mais en grandissant il avait dépassé le stade des baisers et... cela était devenu un *truc* entre nous : je ne savais pas ce qu'il voulait ; le Tricostéril n'était jamais suffisant.)

« Maman. » Il retourna son bras et je vis l'enflure. « Il est cassé », lui dis-je. Il regarda la bosse en silence puis releva les yeux. Il avait souvent des expressions du genre : « *Génial, m'man* », quand j'énonçais une évidence. Cette fois, il ne prononça pas les mots, mais ils étaient dans son regard.

Je ne connais pas de tâche plus ardue que celle de parents. À ce jour, je n'ai aucune idée de ce que j'ai fait de constructif et d'utile, de correct et de bon pour mes deux fils, ni de ce qui les a blessés, vraiment aucune idée. C'est pour moi un mystère de A à Z, même encore maintenant, alors que mon fils Colin est adulte et père de famille. On ne sait jamais rien, pas vraiment. On ne laisse jamais sa conscience en paix.

Nous conduisîmes Peter au service des urgences. Après avoir vu les radios, le médecin se pencha vers Peter et lui dit : « Tu as déjà réduit ta fracture toi-même, n'est-ce pas ? »

Assis sur la table d'examen, en jean et tee-shirt, ses longs cheveux emmêlés lui retombant sur le visage, Peter acquiesça d'un signe de tête. Absorbé dans ses pensées et par son bras, il resta muet.

Je ne me rappelle plus sa version des faits ; il avait parlé d'un simple accident, je crois — une pierre qu'il n'avait pas vue, une chute inévitable. La vérité mit un certain temps à émerger. Il s'avéra que ses copains et lui avaient fabriqué une balançoire de corde qu'ils avaient attachée à un arbre et suspendue au-dessus d'un fossé. Ils s'en étaient servis à la manière de Tarzan pour passer d'une rive du fossé à l'autre. Quand vint le tour de Peter — ou peut-être était-il le premier, je n'en sais rien —, le nœud se défit. (Pensant aux fossés de ma ville natale, au moment où il nous racontait l'histoire, je le voyais s'envoler dans les airs pour atterrir dans de la boue, du sable ou de l'herbe. Il me fallut plusieurs jours pour me souvenir qu'à West University les fossés avaient tous été cimentés ; quand Peter tomba, il s'écrasa sur du béton.) En brisant son envol, il se brisa le poignet. Avant même de se relever, il remit les os en place.

Craignant des ennuis s'il disait la vérité, ses copains inventèrent une histoire. Ce ne fut que le lendemain soir, une fois son bras plâtré et la vie redevenue normale, qu'il nous parla de la balançoire de corde. Du nœud mal fait. De la chute. Du fossé aux bords cimentés.

Je ne connais pas la signification de cet épisode, si tant est qu'il en ait une, mais il m'a toujours semblé que le vol plané de Peter représentait sa chute dans la seconde partie de sa courte vie. Quant au fait qu'il ait tout seul réduit sa fracture, j'aime mieux ne pas y penser.

À partir de là, l'heureux petit bonhomme se mit apparemment à se sentir maudit par les dieux, comme piégé par le sort, les étoiles, le temps, les circonstances de sa naissance, les conditions météorologiques, enfin tout ce qui échappait à son contrôle immédiat.

Découvrant à son réveil, le 3 septembre 1984, jour de la fête du Travail, le premier matin pluvieux depuis des mois, Peter, me disais-je, se livrerait à ses récriminations habituelles du genre : « Évidemment… c'est bien ma chance ! » Mais ce jour-là, Peter semblait d'une gaieté et d'une équanimité inaccoutumées. Son grand copain de sport, Bobby Numbrano, vint l'aider à tout préparer ; ainsi que l'une de ses deux petites amies, Cindy Rodriguez. Ils branchèrent sa hi-fi portative, se prirent mutuellement en photo et regardèrent tomber la pluie. D'autres amis arrivèrent. Danny Longoria, Arthur Contreras, Jesse « Poppo » Machado… des filles que je n'avais jamais vues et dont je n'ai jamais su le nom. Des bourrasques de pluie, balayées par le vent, passaient en trombe, s'éloignaient, puis revenaient. Le ciel n'était qu'une épaisse couverture de nuages bas et gris. L'air était aussi humide qu'une serpillière mal essorée.

Nous avions eu un été difficile. Au mois de juin, Peter avait dérobé à Glenn trois cents dollars qu'il n'avait même pas pris la peine de cacher. Ce n'était pas la première fois que cela se produisait.

Nous lui avions trop donné, nous le savions. Trop de liberté, trop de décisions à prendre lui-même. Et puis trop de *choses* : objets, vêtements… Lorsque, en réaction, il commença à réclamer et à prendre encore davantage, nous ne sûmes plus quoi faire. Nous essayâmes les méthodes habituelles : psychothérapie, internat, sévérité, indulgence. Comme tous les parents d'enfants à problèmes, nous n'étions pas équipés pour nous livrer à une réflexion complexe sur le sujet. Dans ce domaine, nous étions aussi incultes que des primates.

Le lendemain du vol, j'ordonnai à Peter de quitter la maison. « Je crois, lui dis-je, que nous avons atteint le bout de la route.

— Dis plutôt le bout de la corde », répondit-il.

J'avais l'habitude de ce genre de remarques ; il s'en servait souvent pour nous tourmenter, amplifiant la menace implicite en nous lançant son regard le plus noir. Je n'avais jamais craint que Peter se suicide. « C'est le truc de certains, me dit-il un jour, pas le mien. » Il prononça ces mots avec un tel air de calme certitude — comme s'il me disait qu'il n'avait pas les cheveux roux — que je le crus.

Toutefois, je ne le jetai pas dehors brutalement — j'en aurais été bien incapable. Je l'aidai à se trouver un logement. Il emménagea avec, je ne sais pas, un ami — deux, une bande ? C'était en juin.

Après s'être assez bien conduit, enfin *à peu près*, pendant un mois ou deux, Peter fut de nouveau arrêté en août.

Un soir, nous reçûmes un coup de téléphone de Bobby Numbrano. Peter avait mis en gage à Austin un fusil volé et se trouvait maintenant à la centrale de Travis. Nous appelâmes notre ami Jim Pape — notre avocat, l'avocat de Peter — qui nous dit qu'il serait pratiquement impossible de le faire libérer à cette heure tardive et que le mieux était peut-être d'attendre le lendemain matin.

Pape appela le lendemain de bonne heure. Il avait fait le nécessaire et je pouvais aller récupérer Peter.

Austin au mois d'août : le soleil dardait ses rayons. En ville, la chaleur, piégée entre les grands immeubles blancs, irradie sur les trottoirs. Peter m'attendait devant la cellule de détention provisoire de Travis, au coin de la I-35 et de la Huitième Rue. Avec son short de surf, son tee-shirt de concert, sa casquette des Oakland Raiders rabattue juste ce qu'il faut, quelques souples mèches brunes s'échappant au-dessus des oreilles et sur la nuque, ses Nike en cuir blanc avachis et ses chaussettes remontées jusqu'aux genoux qui soulignaient ses longues jambes droites, il était superbe… et faisait pathétiquement jeune.

Il monta dans la voiture. « Il faut que j'aille au boulot, je suis en retard » — c'est tout ce qu'il me dit.

Il était employé dans un restaurant de la ville où son travail consistait à faire cuire des hamburgers, des tacos et des pommes de terre au four farcies. Il y était depuis environ huit mois et avait vu son salaire augmenté de dix ou vingt cents l'heure, il ne voulait donc pas perdre cela — au moins une activité saisonnière où il réussissait.

Nous partîmes vers le sud. À peine étions-nous arrivés à la hauteur de Ben White Boulevard et des limites d'Austin que sa belle assurance s'effondra. Il craqua et fondit en larmes. Avant de le mettre en cellule, les policiers lui avaient enlevé ses lacets de chaussures. Son codétenu avait dû être épouillé. La température avoisinait les quarante degrés et la climatisation de la prison flambant neuve était en panne. Il me raconta les odeurs et les cris, la mixture orange qu'on avait versée sur la tête rasée de son codétenu. Il me dit qu'à un moment donné, alors que le policier lui ordonnait de prendre un couloir tout en le traitant de salaud et que lui, Peter, essayait de marcher avec ses chaussures sans lacets, il avait eu envie de casser une vitre et de se jeter du haut des trois étages.

« J'en ai eu envie, m'man, je te jure. »

Je pense tout à coup qu'il faut un sacré culot pour venir raconter à une détenue du couloir de la mort les horreurs de la prison.

Karla comprend et me fait un signe de tête : continuez. L'une des conditions primordiales d'une adaptation réussie à une vie de contraintes consiste à faire la part du feu, à ne pas récriminer contre le destin, à ne jamais oublier le point de vue de l'étranger. La clef, c'est *par rapport à quoi ?*

Sur le chemin de San Marcos, Peter me demanda l'autorisation de revenir à la maison. « Je n'aboutis à rien, dit-il, à l'appartement. »

Je me rappelle très précisément à quelle hauteur de l'Interstate 35 nous nous trouvions lorsqu'il me dit : « Je n'aboutis à rien, à l'appartement ». Nous avions dépassé Kyle et son aire de repos et approchions de la sortie sur Yarrington Road, au point de retournement sur la Blanco River, un endroit où Peter avait un jour bousillé une voiture. Peter ne faisait presque jamais de remarques abstraites et je ne pense pas l'avoir jamais entendu employer le mot « aboutir ».

Je répondis que nous pourrions peut-être parvenir à une solution et le déposai devant son lieu de travail. Le soir même, nous eûmes une discussion. Je lui dis qu'il devait s'excuser auprès de Glenn s'il voulait revenir à la maison. Peter renâcla, mais je pense qu'il finit par le faire : son père et lui eurent un entretien en tête à tête ; je ne posai aucune question. Voilà comment, deux semaines avant la petite réunion de la fête du Travail, Glenn et Peter se réconcilièrent, au cours d'une scène larmoyante qui les ébranla jusqu'au tréfonds ; ils désiraient tellement croire, tous les deux, que les choses pouvaient s'arranger.

La nuit, au lit, depuis que j'ai des enfants, j'ai toujours mesuré ma sécurité et celle de ma maison au bruit régulier du sommeil du reste de la famille. Lorsque ceux qui dorment sous mon toit respirent tranquillement, quel danger pourrait nous menacer ?

Une fois Peter revenu, je recouvrai le sommeil. Je pouvais, si l'envie m'en prenait, me lever et aller le contempler dans son lit, les bras jetés d'un côté, la tête enfouie dans son moelleux oreiller de plume préféré, ses longs tibias en ciseaux et parfaitement immobiles. Sa chambre garda son odeur longtemps après sa mort. Parfois, encore aujourd'hui, il m'arrive de tomber sur un objet à lui ; je crois alors sentir de nouveau son odeur et je me rappelle que mon frère, en grandissant, avait cette même odeur, celle des cigarettes défendues, ces folies d'adolescents.

En septembre, donc, Peter risquait d'être inculpé par le jury d'accusation. Il avait rendu le fusil, réintégré le domicile parental et repris ses inscriptions au lycée. Pape pensait que Peter ne serait pas inculpé, mais… Seigneur, le système juridique était le cadet de nos soucis !

Le jour de la fête, Peter et ses amis ne pénétrèrent dans la maison que pour aller aux toilettes ou venir chercher quelque chose. Ils s'installèrent dans le garage. J'en comptai huit ou dix, parfois davantage. Il y avait beaucoup d'allées et venues. Je n'avais pas proposé de m'occuper de la nourriture ; je l'avais fait trop souvent, par le passé. Ils préféraient des cochonneries toutes prêtes du genre chips sans marque, pâte à tartiner sans marque et M & M à la cacahuète. Quand l'heure du dîner arriva, ils se rendirent à intervalles réguliers à Burger King, McDonald et Wendy, où travaillaient certains de leurs copains, pour commander gratuitement des beignets aux oignons ou des frites. De toute façon, j'avais renoncé à m'occuper de quoi que ce soit.

Glenn et moi lisions dans la salle de séjour. Guettant les fenêtres, je vis, à un moment donné, le groupe qui se dirigeait vers la rivière pour aller se baigner sous la pluie. Les garçons portaient des vêtements adaptés : vieux shorts coupés dans des jeans, tee-shirts de concert noirs déchirés et, soit des tongs en caoutchouc, soit des chaussures de basket hors d'âge qu'ils ne craignaient pas de mouiller. Les amis de Peter étaient tous des Hispano-Américains. (Bien que la population de San Marcos High fût à soixante-cinq pour cent hispanique, il était tout de même rare de trouver un Américain blanc ayant tant d'amis hispano-américains.) Leurs lourds cheveux noirs dansaient au rythme de leurs pas sous les bandanas qu'ils s'étaient noués soigneusement à l'horizontale autour de la tête. Peter avait installé sa hi-fi sous l'auvent de la terrasse et passait des disques qu'ils connaissaient par cœur : Foreigner, Bad Company, Rush, Cheap Trick. « Cold as Ice » revint je ne sais combien de fois. Le thème de la journée était la nostalgie : celle de la fin de l'été et de leur dernière année de lycée.

« Peter et ses voyous de copains », dis-je en regardant par la fenêtre. Et je me mis à rire. Le rire était rare à cette époque et la légèreté totalement absente. Je m'en voulais d'être aussi sinistre et aussi déprimée vis-à-vis de Peter, mais je n'y pouvais rien. Ce jour-là, je ne sais pas, peut-être pensais-je que nous sortions enfin du tunnel. Même Glenn, plus porté que moi au pessimisme, me fit faiblement écho.

Pendant longtemps, Peter avait parlé de ces années-là comme d'un passage obligé. « C'est l'adolescence », me rétorquait-il avec un haussement d'épaules quand je le harcelais à propos des cigarettes. Quand il aurait passé cette période, promettait-il, il changerait. Ce jour-là, le jour de la fête du Travail, il avait, je crois, le sentiment que maintenant qu'il était revenu à la maison et tentait ce qu'il jurait être sa dernière chance de terminer le lycée, il voulait, par cette fête en présence de ses parents, marquer un tournant.

Je me souviens de ce que nous avons mangé ce soir-là : un steak grillé et une salade verte ; nous mîmes le steak de Peter au chaud, dans le four : il le mangerait quand ses copains seraient partis. Après dîner, Glenn et moi regardâmes un match de football avancé. Les Cowboys jouaient ; à un moment donné, Peter passa la tête dans l'entrebâillement de la porte — l'esprit clair, l'élocution normale — et demanda quel était le score. Nous répondîmes que Dallas était en train de perdre. Hourra, cria-t-il ; nous haïssions les Cowboys. Nous lui rappelâmes que mardi était un jour d'école et que la fête ne devrait pas se prolonger trop longtemps. Il acquiesça et partit retrouver ses copains.

À dix heures, le match n'était toujours pas terminé. Peter vint nous dire que Cindy se préparait à rentrer chez elle et que comme c'était l'anniversaire de sa mère, je serais gentille de lui dédicacer un de mes livres parce qu'il voulait lui offrir quelque chose. Je m'exécutai, Peter me montra une carte d'anniversaire humoristique qu'il avait achetée, ajouta qu'il allait raccompagner Cindy et les autres chez eux et sortit.

Normal. Ni défoncé, ni ivre.

« Nous ne l'avons plus jamais revu.

— Est-ce qu'il… savez-vous s'il se droguait ? »

C'est la première question que pose Karla quand elle entend parler de jeunes qui, d'une façon ou d'une autre, pètent les plombs.

« Il fumait du hasch et buvait de la bière. Plus tard, j'ai demandé à Colin de me dire la vérité et il m'a répondu que la bande de Peter n'utilisait pas de drogues dures, mais je n'en sais rien. »

Gardant ses pensées pour elle, Karla hoche la tête.

Quand le match fut terminé, j'écrivis à Peter un mot affectueux et spirituel — nous nous écrivions tout le temps, les uns aux autres, des mots affectueux et spirituels ornés de dessins tout aussi affectueux et spirituels — lui disant que son steak était au chaud, dans le four, et que je lui souhaitais une bonne nuit. Glenn et moi montâmes nous coucher.

Depuis cette nuit-là, je ne peux plus supporter de ne pas connaître la fin d'une histoire. Est-elle heureuse ? Est-elle triste ? Qui meurt ? La fin de celle-ci c'est, le garçon meurt. Le garçon est tué. Nous racontons cette histoire du point de vue du futur car le futur recrée, revit le passé, à partir d'un temps où il n'y a plus de garçon, où le garçon est mort.

Kate

Il était temps de partir. La première gardienne me dit que quelqu'un viendrait me faire sortir mais que je devais d'abord m'assurer que la porte du parloir était déverrouillée. Elle ne l'était pas. La gardienne s'approcha, s'affaira avec son trousseau de clefs un bon moment tout en marmonnant, continua de manipuler les clefs, puis finit par en trouver une qui marchait.

Je retournai dire au revoir à Karla. De derrière le grillage métallique elle me cria : « Ciao ! » en agitant frénétiquement la main comme une enfant. « Ciao ! » lui répondis-je.

Une deuxième gardienne arriva. Toutes les deux encadrèrent étroitement Karla et l'escortèrent le long d'un couloir jusqu'à la pièce où elle serait soumise à la fouille corporelle.

Je passai dans la salle où se trouvent les distributeurs de boissons.

En descendant le couloir, Karla hurla une nouvelle fois : « Ciao ! » sur deux notes.

Haussant la voix, je hurlai à mon tour et lui dis que la prochaine fois je mettrais des pièces de vingt-cinq cents dans ma poche avant de venir. Karla répéta « Ciao ! » encore plus fort comme si, me voyant disparaître peu à peu, elle était obligée de hausser sans cesse la voix.

Au moment où j'ouvrais la porte d'entrée et sortais dans l'air chaud de l'après-midi, nous hurlions toujours. Ensuite le lourd portail métallique se referma en claquant derrière moi et ce fut la fin de notre première rencontre.

Nos adieux me rappelèrent mon enfance et nos visites chez nos grands-parents — avant toutes les disputes, quand mon père et ses frères étaient encore en bons termes. Tandis que la voiture nous emportait, mon frère et moi agitions la main par la vitre arrière jusqu'à ce que tante, oncle, cousins et grands-parents fussent devenus des points minuscules. Mon père klaxonnait tout au long de la rue et, arrivé au carrefour, se dirigeait vers le ferry qui devait nous transporter de l'autre côté du Mississippi. Même lorsque nous ne voyions plus personne, mon frère et moi continuions à faire des signes.

Attendant sous un sycomore que quelqu'un me fasse sortir, je plongeai mes mains dans mes poches pour m'assurer que j'avais bien mes clefs de voiture et mon permis de conduire. Le sycomore donnait peu d'ombre et pas du tout d'air. Je me demandai si quelqu'un savait que j'étais là. Dans le mirador, il y avait un nouveau gardien, qui ne sortit pas de sa cabine. La cour de la prison était presque déserte.

On se sent si seule ; tout en sachant, dans sa tête, qu'on ne vous laissera pas là, on a le cœur qui bat la chamade.

« Désolé d'avoir été aussi long », me dit un aimable gardien hispano-américain en arrivant enfin, environ un quart d'heure plus tard. « C'est l'heure du compte. » Il ouvrit le premier portail.

« L'heure du compte ? » Il déverrouilla le second.

« Nous comptons toutes les détenues une par une. »

Je le remerciai et franchis le portail extérieur à la sonnerie vrombissante. Dans le parc de stationnement, ma voiture était une véritable fournaise. Je voulus me graisser les lèvres mais mon stick avait fondu.

Sur la State Highway 36, je mis les nouvelles pour me tenir compagnie. Arrivée à l'Interstate 35, j'avais déjà éteint la radio. Je préférais réécouter les histoires de Karla. Je voyais ses yeux. J'entendais sa voix vibrante et chaude.

Tiens, goûte-moi ça. La vie, cette fois, n'avait rien à voir là-dedans. C'était moi, aujourd'hui, qui faisais des choix, qui prenais des risques. *Dis-moi si tu aimes*.

La matinée du lendemain, 10 mars, fut fraîche et brumeuse. Normal pour mars, au Texas. Une fois midi arrivé, nous serions en bras de chemise.

À l'époque, Glenn et moi avions deux chevaux : une jument du nom de Shatterproof et sa pouliche d'un an, Buy the Glass. Shatterproof était pleine. Chaque matin, mon premier geste était de regarder par la fenêtre pour voir si elle avait pondu pendant la nuit.

Le matin du 10 mars, les chevaux n'étaient pas en vue. Nous courûmes à la grange où nous trouvâmes Shatterproof couchée par terre, un gros tas jaunâtre à hauteur de la queue. Derrière elle, le soleil du petit matin dardait ses rayons rose pâle entre les arbres. La brume qui montait de la crique flottait à travers le feuillage, le souffle chaud de la jument formait dans l'air une succession de petits nuages et le tas jaune fumait. C'était la tête du poulain nouveau-né, encore dans la poche fœtale.

Glenn fit sortir Buy the Glass de l'enclos et rentra à la maison pour appeler le vétérinaire. Je restai en arrière afin de prendre des photos (j'avais apporté mon appareil, en cas) tout en observant Shatterproof et en l'encourageant.

La tête du poulain se dressa puis retomba. Haletant, poussant, Shatterproof faisait des efforts pour tenter d'expulser les épaules et les pattes de devant. Elle se leva, fit le tour de l'enclos et se recoucha à un autre endroit. Pendant ce temps, je continuais à prendre des photos tout en poussant avec Shatterproof, en la cajolant et en lui murmurant des mots doux. Enfin le poulain émergea, sain et sauf. J'aidai à sortir le placenta pour éviter que la mère ne glisse dessus au moment où elle essaierait de se lever.

Quand Glenn revint, c'était fini. « C'est une fille », lui dis-je.

Les chiens étaient là, tout près, attendant de se ruer sur le placenta.

Tout en prenant des photos, je me disais, Karla va adorer. Elle sera folle de joie en voyant ça. Mais je ne prenais pas de photos uniquement pour elle ; j'en prenais pour des amis, pour moi-même, j'en prenais parce que c'était un moment inoubliable, j'en prenais parce que j'en prenais, voilà tout. Mais c'était principalement pour Karla Faye, tout de même, que je le faisais.

Lorsque la pouliche, ayant trouvé la mamelle de sa mère, se fut mise à téter, que le soleil fut haut dans le ciel et que la tension eut diminué, je m'attardai à contempler cette jeune créature extraordinairement vigoureuse en pensant combien la vie était étrange, imprévisible — *séduisante* finalement. Moins de quinze heures plus tôt, j'étais dans le couloir de la mort, à écouter le récit de meurtres abominables et à raconter à mon tour l'histoire de mon malheur et de ma peine. Et voilà que la vie reprenait le dessus, puissante et vorace, une nouvelle fois.

Rien de tout cela n'avait de sens. Peut-être était-ce justement cette invraisemblance qui me donnait de l'espoir. Le lendemain, je fis développer les photos et les expédiai à Karla.

Parce que la pouliche avait pour père un cheval du nom de Ponti Bars, nous l'appelâmes Pontificate. Kate est une alezane au poil luisant avec une étoile en tête ; elle est fringante, musclée — et fougueuse, pour ne pas dire carrément vicieuse.

Rêves

Le 4 avril 1989, une semaine avant la date prévue pour ma seconde visite à Karla, je fis un rêve.

Je lui rendais visite et elle était dans une cellule comme on en voit au cinéma, avec des murs de pierre grise et des barreaux ; nous nous parlâmes donc à travers les barreaux, puis j'allai m'entretenir avec la directrice de la prison qui était également Karla. La conversation fut brève ; gros soupçon de la part de Karla-la-directrice concernant la possible évasion de Karla-la-prisonnière. Je retournai m'informer dans la cellule. La détenue Karla n'ouvrit pas la bouche et demeura impénétrable. Je déjeunai à la cafétéria de la prison où je trouvai la nourriture abominable.

Ensuite, je suis chez moi et quelqu'un traverse le champ, devant ma maison. Il fait presque nuit et je n'arrive pas bien à voir qui c'est, mais mon cœur s'emballe et elle est là, les cheveux coupés au bol, comme si elle les avait hachés elle-même à coups de ciseaux. Elle porte un chemisier très moulant en tissu doré à grands ramages, une jupe noire étroite, des souliers légers et un petit sac en bandoulière… elle a l'air d'une pute mais elle est mignonne tout plein. Je n'arrive pas à croire qu'elle ait réussi à sortir et je suis folle de joie qu'elle soit venue me voir, *moi*, mais j'ai peur. Elle, au contraire, est complètement décontractée — comme si elle faisait ça tous les jours.

Nous bavardons. Puis une voiture apparaît sur la route et Karla détale. Tandis que je la regarde partir, l'espace d'un instant je deviens elle — je pense ses pensées, je ressens ce qu'elle ressent, je comprends ses raisons : *Je ne resterai pas longtemps dehors. Je sais qu'on me rattrapera, mais en attendant j'ai ça, qui vaut tous les risques du monde.* Je me demande combien on ajoutera à sa peine pour s'être évadée et pourquoi, puisqu'elle s'est coupé les cheveux pour se camoufler, elle ne les a pas également teints, disons, en blond. Je sais aussi où elle va — à Houston, voir sa mère.

Comme il ne se passe plus rien, je suppose qu'elle s'en est tirée. Mais je m'inquiète. Le rêve est plein de suspense, comme un film de gangsters.

Puis des scènes très floues. Interrogée par la directrice de la prison, je réponds que je n'ai pas vu Karla. Mon inquiétude augmente ; je crains qu'elle n'ait pas assez d'argent et je m'en veux de ne pas avoir pensé à lui en proposer.

Du temps passe, beaucoup de temps, et je me retrouve dans la ville où j'ai grandi. Karla est là et je lui fais visiter les lieux ; nous nous rendons au Dairy Queen[1]. Je lui demande si elle a vu sa mère, à Houston, elle me répond que oui et je suis remplie d'admiration : quelle fille intelligente, tout de même, qui va exactement là où les autorités s'attendent qu'elle aille, et sans se faire prendre. Je la promène en voiture et passe devant une maison où j'habitais autrefois, c'est la nuit, du moins il fait sombre. Je suis à la fois terrifiée et excitée par le danger.

À un certain moment, nous changeons de rôle et c'est moi, maintenant, qui essaie de m'évader. Moins futée que Karla, je me fais prendre immédiatement. On m'enlève mon chemisier et ma jupe étroite. Je ne suis vêtue que d'une combinaison blanche en coton et de ballerines. Je regarde mes jambes, j'ai des mollets maigres, les mollets de Karla. Ça y est, je suis devenue elle. Ça m'est bien égal d'être reconduite en prison,

1. Chaîne de glaciers-confiseurs.

ça fait partie du jeu. Ayant maintenant la mentalité prison, j'éprouve un sentiment de supériorité, comme si je disais : « Eh bien, j'ai du moins réussi à aller voir ma mère. »

Dans la scène suivante, ma mère est au lit, dans une maison de retraite. Elle est vêtue d'une chemise bleu lavande et elle a d'énormes seins ballants. Elle paraît droguée et égarée. Les autres pensionnaires essaient de la faire manger. J'ai vaguement l'impression qu'elle oscille comme une ivrogne, même dans le lit. Je me tiens au-dessus d'elle, à gauche de sa tête ; je contemple tout cela avec le désir qu'elle sorte de cet endroit et guérisse. Elle veut se lever et partir avec moi. Je la prends par la main et elle commence à se lever. Elle a un air très déterminé, comme Karla au début du rêve, et je voudrais vraiment l'aider, mais c'est difficile, je ne suis pas sûre de pouvoir y arriver… et ça s'arrête là.

Je ne savais pas bien que faire de ce rêve, excepté le consigner par écrit pour le partager avec Karla. Elle m'écrivit en disant qu'elle le trouvait très *chouette*.

Autant la mort de ma mère, en 1982 — à l'âge de soixante-trois ans —, avait été soudaine et brutale, autant celle de mon père, pendant l'été de 1988, des suites de l'alcoolisme et de complications liées au diabète, fut interminable. C'est lui qui avait été placé en maison de retraite où, les derniers temps, il refusait de manger autre chose que des corn flakes noyés dans du lait et du sucre que je lui ingurgitais à la cuiller. Un jour vint où il refusa même les corn flakes et n'accepta plus que du lait archisucré, un vrai sirop.

Quand j'écris des romans, les rêves me préviennent de mes erreurs, que ce soit sur le plan de la caractérisation, de la motivation, de la vision ou de la réflexion pure. J'y prête toujours attention.

Dans les mois qui suivirent la mort de Peter, je rêvais sans cesse de lui. La plupart du temps, il était vivant. Les rêves de Peter mort étaient des cauchemars, particulièrement ceux qui avaient trait aux mécanismes de l'anéantissement, à la graduelle désintégration des chairs, à ce que le temps avait fait de son enveloppe physique. À mon réveil, je suffoquais de frayeur. D'autres, au contraire, m'étaient très doux, j'avais l'impression que Peter avait bondi de l'autre côté de la mort pour venir me dire bonjour.

Dans l'un d'eux, je m'étais rendue à une attraction qui promettait un aperçu du paradis — le vrai — dans une tente de fête foraine. Le bonimenteur disait que Virginia Woolf ferait une apparition et il montrait une photo de son bureau, dans un coin de la tente. Vita Sackville-West viendrait peut-être aussi. *Virginia Woolf ?* Je pris un billet et entrai. Il y avait des gradins, j'en choisis un, tout en haut.

C'était bien le paradis, mais à la place des écrivains, ce que je voyais, c'était une partie de base-ball éthérée. Peter était joueur de champ. Ses boucles soyeuses dépassaient légèrement de sa casquette — visière inclinée juste ce qu'il faut, comme de son vivant — et il se tenait, genoux fléchis, attendant le ballon, hurlant des encouragements au lanceur ; ni maussade ni renfermé comme il l'était devenu, pendant les dernières années de sa vie, mais heureux, ouvert, magnifique. À un moment, il me regarda. Je n'étais pas sûre qu'il m'ait vue. Je l'appelai mais il ne répondit pas. Une fois le match terminé, je me rendis à l'endroit des tribunes situé au-dessus de la galerie qui mène aux vestiaires. L'équipe défila. Je regardai Peter marcher au-dessous de moi sans essayer de me signaler à lui ; je savais qu'il ne pouvait pas me répondre. Il disparut sous les tribunes en bavardant avec ses camarades.

À mon réveil, je me sentis revigorée et heureuse. Il m'était apparu si calme, si apaisé ; et beau — un ange du ciel.

Dans mon rêve de Karla, celle-ci était-elle ma mère, était-elle Peter ? Étais-je en train d'essayer de lui sauver la vie, de la tirer de prison, de *devenir* elle ? Ou quoi ?

Lorsque j'annonçai à une sociologue de mes amies, spécialisée en criminologie et en conduites déviantes, que je m'apprêtais à rendre de nouveau visite à Karla, elle parut surprise. Elle comprenait le bien-fondé de ma première démarche, « mais pourquoi, me demanda-t-elle sans ambages, y *retournes*-tu ? »

Je racontai le rêve de Karla à un psychiatre, lui aussi un ami. Il me dit que le rêve indiquait des problèmes non résolus concernant ma mère et une grande ambivalence de ma part quant à Gatesville. « Tu n'es peut-être pas allée là-bas *en tant* qu'écrivain, ajouta-t-il, mais tu y es certainement allée parce que tu en es un. Il faudrait sans doute que tu te demandes moins pourquoi tu y es allée la première fois que pourquoi tu y *retournes*. »

Cela se passait le dimanche 9 avril. Le lundi 10, la veille du jour où je devais aller voir Karla, je pris la décision de téléphoner dans la matinée pour annuler mon rendez-vous. *Tu n'es pas obligée d'y aller*, me dis-je. *Personne ne te baissera tes notes pour ça*. Trop souvent, dans ma vie, j'avais laissé les événements et les projets démarrer sans moi. Maintenant j'en savais assez, certainement, pour mener quelques recherches et approfondir ma réflexion. Je pouvais, bien sûr, établir une liste avec, d'un côté, les raisons d'y aller et de l'autre, celles de ne pas bouger. Isoler les variables comme moyen de prendre une décision, n'était-ce pas là un élément important de l'entrée dans l'âge adulte ?

Mais pour les listes, c'était trop tard. S'il est vrai que je ne suis pas d'un naturel terriblement impulsif et qu'il me faut souvent un temps considérable pour agir, une fois qu'une décision a mûri et qu'elle se présente clairement à mon esprit, je ne la mets pas en question, je ne fais pas de listes. N'hésite pas, ne réfléchis pas, vas-y. Je suis déjà partie. Je me vois en action, comme si j'étais quelqu'un d'autre.

Le bon sens et les variables me disaient d'attendre. Le mardi matin, je me mis en route, direction : le Nord par la I-35. Comme pour me récompenser, des champs de bleuets s'étendaient de chaque côté de la route, à perte de vue. Après avoir bifurqué vers l'ouest, sur la Highway 36, à Temple, je vis apparaître de nouvelles fleurs qui ne poussent pas dans la partie de l'État où j'habite. Il y en avait une blanche, en particulier, à la corolle en forme de coupe, et ressemblant à un coquelicot, mais qui n'en était pas un. Je n'en avais jamais vu auparavant et n'en ai plus jamais revu depuis.

À mi-chemin entre Temple et Gatesville, j'engageai la conversation avec moi-même. *D'accord, Beverly. Si tout ceci est relié à ta mère, essaie, cette fois-ci, de ne pas faire d'erreur. N'hésite pas, va là-bas. Laisse-la vivre sa vie à travers toi, si c'est ce dont elle a besoin ; tu peux bien te permettre d'être généreuse.*

En entrant dans le bureau de la réception, je vis Karla Faye, à la même fenêtre que le premier jour, le regard tourné vers la porte par laquelle elle savait que j'arriverais.

Je fis tinter mes poches. « J'ai de la monnaie. »

Karla me dit qu'elle avait rêvé toute la matinée d'un Strawberry Crush.

Les jambes molles de soulagement et me disant combien j'avais été près de la décevoir, je me dirigeai vers le distributeur de boissons.

Elle s'était frisée et avait empilé de grosses boucles de cheveux sur le sommet de sa tête en un chignon très élaboré — dans l'attente de ma visite, j'en étais certaine. Sa peau était beaucoup plus basanée que d'habitude et elle s'était frisée.

Je m'achetai une boisson pur sucre, bien calorique, et tendis à la gardienne le Strawberry Crush tout en commentant la coiffure de Karla et en lui demandant si elle était de retour d'une croisière aux Caraïbes.

Karla rejeta la tête en arrière avec un grand éclat de rire. « Je prends des bains de soleil, dit-elle, on est toutes en train de se faire bronzer. »

Vers la fin de la visite, je m'engageai solennellement, disant à Karla qu'à moins d'un empêchement incontournable je viendrais la voir une fois par mois. De cette façon, elle pourrait se détendre et ne perdrait pas son temps à se demander si et quand j'allais venir ; pour ma part, je ne passerais pas mes journées à me demander s'il fallait que je revienne et, dans ce cas, pourquoi et quand.

Nous bavardâmes à travers un Plexiglas marqué de lèvres rouges. Quelqu'un avant nous avait, de mon côté, dit bonjour ou au revoir d'un baiser. Tantôt le baiser était sur la joue de Karla, tantôt au-dessus de son œil.

Nous avons maintenant notre rituel. Nous nous disons au revoir en pressant nos mains contre le Plexiglas jusqu'à ce que nos doigts deviennent tout blancs. Puis reculant d'un pas, nous croisons les bras sur notre poitrine, les mains solidement attachées aux épaules et nous nous balançons d'avant en arrière en nous étreignant nous-mêmes à défaut de l'autre.

II. CANEY CREEK

Ils disent que c'est toi, le centre de la roue. Que tous les autres, c'est les rayons. Ils disent que c'est toi, le chef.

DOUGLAS GARRETT, 1983

Ils ont rien, Doug. Pas d'empreintes, rien.

DANNY GARRETT, 1983

Danny et Karla, y se sentaient plus… Elle a pas joué le remords… Ils rigolaient et souriaient tout le temps et ils disaient comme quoi ils étaient célèbres… Nous, on avait la trouille pour notre peau.

KARI TUCKER GARRETT, 1984

Ils font que tâtonner. Ils ont que dalle… S'ils veulent savoir autre chose, ils ont qu'à appeler notre avocat.

KARLA FAYE TUCKER, 1983

Sous les verrous

Pendant les cinq semaines séparant le week-end du 11 juin 1983 — où, speedés un max, ils étaient allés là-bas et avaient massacré Jerry Lynn Dean et Deborah Thornton — et le 20 juillet 1983, où ils furent arrêtés, Karla Faye et Danny Garrett ne se privèrent pas de fanfaronner et de se vanter, bref de jouer les importants.

Durant ces cinq semaines, Karla et Danny ne cessèrent de dire à qui voulait l'entendre que puisque les meurtres n'avaient pas été découverts, pourquoi ne pas buter quelqu'un d'autre ? Qui, ils n'avaient pas encore décidé, mais ils mentionnèrent quelques noms. La visite des inspecteurs de la brigade criminelle n'impressionna pas du tout Karla. Elle accepta qu'on prenne ses empreintes digitales et alla même jusqu'à affirmer qu'elle était prête à se soumettre au test du détecteur de mensonges. Mais Danny l'appela en disant : « T'es pas un peu folle ? » À la suite de quoi elle déclara aux services de police de Houston qu'elle avait changé d'avis et que son avocat le lui avait déconseillé. Karla s'en fichait, elle n'était plus responsable que d'elle-même ; de toute façon, la police n'avait rien, elle ne faisait que tâtonner.

Ce que Karla et Danny ignoraient et qu'ils n'auraient sans doute pas cru, même si on le leur avait dit clairement, c'est que dans la nuit du dimanche 17 juillet et dans ce que Kari Burrell appelle « les petites heures du matin quand, après minuit, ça devient lundi », Douglas Garrett et Kari Burrell prenaient une décision. La nerveuse Kari était de plus en plus effrayée. Les gens de la Criminelle n'arrêtaient pas de lui poser des questions ; ils avaient montré à Douglas et à Kari des photos des corps — Jerry Dean taillé en pièces et Deborah Thornton avec une pioche dans la poitrine — et Danny parlait de trouver un moyen de buter d'autres personnes parmi celles qui étaient au courant des meurtres, comme Jimmy Leibrant et Ronnie Burrell, par exemple. Ça devenait vraiment trop dangereux et trop effrayant ; en plus, Kari et Doug avaient joué un rôle dans le crime, puisqu'ils avaient eu connaissance des assassinats dès le début et avaient aidé leur sœur et leur frère à nettoyer et à cacher les objets volés. Douglas se promenait avec un revolver de calibre 38 dans la poche de sa robe de chambre. Douglas avait fait un rêve où il se retrouvait cerné par une bande de gens armés de revolvers.

Au milieu de la nuit, dans les petites heures après minuit où dimanche devient lundi, Kari Burrell et Douglas Garrett décidèrent donc de mettre un terme à tout cela et de livrer leur sœur et leur frère à la police.

Le lundi, 18 juillet, l'inspecteur de la Criminelle, J.C. Mosier, reçoit un appel téléphonique d'une personne qu'il décrit, dans le rapport officiel de police, comme « un informateur confidentiel dont j'ai souvent utilisé les services ». Selon le rapport de la police, l'informateur confidentiel aurait dit à J.C. qu'un ami commun avait besoin de lui parler. J.C. demande à l'informateur qui est cet ami, l'informateur répond qu'il s'agit de Douglas Garrett et... enfin, quelle que soit la façon dont tout ceci se passa réellement, le résultat c'est que pour finir, Douglas informe J.C. Mosier que Danny, son ami et son propre frère à lui, Douglas, est impliqué dans les meurtres à la pioche. Impliqué comment ? demande J.C. Eh bien, répond Douglas, c'est lui qui les a commis.

C'est là que J.C. Mosier dit : « Il a fait *quoi* ? »

Douglas Garrett déclara alors qu'il était prêt à tout raconter, mais que J.C. devrait procéder avec la plus grande prudence ; après tout, les meurtres à la pioche n'étaient pas son affaire. Cependant, quand Douglas se montra réticent à l'idée de parler à qui que ce soit d'autre que J.C., une stratégie fut mise en place. J.C. dit à Doug d'amener Kari et la rencontre dura deux bonnes heures. J.C. Mosier dit qu'il n'a jamais vu, de sa vie, deux individus plus morts de trouille.

L'après-midi du 20 juillet, l'inspecteur Kenneth Rodgers, du Bureau des affaires criminelles de la police de Houston, sonorisa Douglas Garrett, lui expliquant au fur et à mesure comment fonctionnait l'équipement : un minuscule magnétophone Nagra à bobines avait été placé dans l'une de ses bottes et un micro scotché sur sa poitrine de façon que les policiers puissent écouter sa conversation. Pendant ce temps, J.C. Mosier indiquait à Douglas ce qu'il aurait à faire, comment se comporter (être décontracté, naturel, parler de choses et d'autres), quel genre de renseignements obtenir (l'intention de tuer, l'intention de voler, l'orgasme de Karla), que dire au cas où il y aurait un problème et où il aurait besoin d'être secouru.

Il lui conseilla surtout de ne pas ouvrir la bouche. « Laisse parler les gens, lui recommanda-t-il, nous voulons les entendre parler… toi, tu te tais. Je veux entendre ce qu'ils ont à dire. » Ou, comme il l'expliqua au procès de Danny Garrett, « notre plus grand espoir, c'était… qu'il entre, que la conversation s'engage, que certains mots soient prononcés, qu'ensuite il reparte et qu'on exécute alors le mandat d'arrêt ».

Selon le sergent Ted Thomas, l'un des inspecteurs de la brigade criminelle désignés pour enquêter sur les crimes de Jerry Dean et de Deborah Thornton, « l'affaire était vraiment complexe. Il y avait pas mal de suspects, autant du côté de la femme (Thornton) que de l'homme (Dean). Nous ne savions pas où cela nous mènerait. Et voyez-vous, nous ignorons toujours si une affaire va se dénouer ou non. Tout ce que nous faisons, c'est suivre des pistes. Et puis un jour, ça y est ».

Avec le magnétophone caché dans sa botte et le micro scotché sur sa poitrine, Douglas Garrett quitta en moto l'appartement qu'il occupe au-dessus d'un garage, dans Fairway Street, au sud-est de Houston, et se rendit, au nord-ouest de la ville, au 2205 McKean, derrière l'autoroute Katy, tout près de l'endroit où la route 290 croise la Boucle 610, à trente-huit kilomètres de chez lui. Afin de dissimuler les fils, Douglas portait une chemise noire à manches longues.

Quand, peu avant cinq heures du soir, Douglas franchit le seuil du 2205 McKean, il fut accueilli par trois personnes assises sur le canapé du séjour. Leur première question fut : pourquoi portait-il une chemise à manches longues, par une chaude journée de juillet. Douglas s'en tira en disant que c'était la seule chemise propre qu'il lui restait. Puis il demanda s'il y avait quelque chose à boire ou à fumer.

Rien à fumer. Douglas reconnaît comme quoi la ville est complètement *sèche*.

Non loin de là, dans une fourgonnette de police banalisée, garée dans une petite rue, des inspecteurs de la brigade criminelle se penchent sur un émetteur, écoutent et attendent. Si Douglas Garrett dit : « Nom de Dieu ! », cela signifiera qu'il a un problème.

C'était Ted Thomas qui écoutait ce jour-là ; ainsi que l'inspecteur James Ladd. Thomas et son associé, William Owens, avaient été affectés au côté Deborah Thornton de l'affaire ; Ladd et son associée, Carolyn Newman, au côté Jerry Lynn Dean. Ladd et Newman harcelaient donc Karla et Danny. Étant donné son antipathie bien connue à l'égard de Dean, Karla était plus suspecte que Danny. Pendant la semaine précédant l'arrestation, Jim Ladd et Carolyn Newman étaient passés chaque jour devant la maison de McKean Street. Mais jusqu'à ce que Douglas Garrett appelle J.C. Mosier, l'issue de l'affaire était restée indécise. En tant que suspects, Karla et Danny n'étaient guère plus inculpables que d'autres. En fait, au début, les suspects étaient plus nombreux du côté de Deborah

Thornton. Le père de Thornton, William List, était un riche homosexuel bien connu qui avait pour habitude de draguer de jeunes garçons à Houston et de les emmener dans son énorme baraque de Seabrook pour les faire travailler — ou Dieu sait quoi. Deborah Thornton et son frère avaient tous les deux supprimé leur nom de famille afin de se couper totalement de leur père. List avait également une réputation douteuse dans le domaine professionnel. Au moment de son assassinat, Deborah Thornton devait se rendre à une audience ordonnée par le fisc, afin de témoigner contre son père. Comme elle était la seule à posséder certains renseignements susceptibles de dévoiler les activités suspectes de ce dernier, les raisons ne manquaient pas de passer au peigne fin le côté Thornton de l'affaire. (Pendant le procès de Danny Garrett, William List fut tué dans le hall de sa maison au cours d'une embuscade tendue par quatre garçons qu'il avait dragués et ramenés chez lui.)

Écoutant la conversation qui se déroulait au 2205 McKean, il y avait J.C. Mosier, Kenneth Rodgers et un autre policier du Bureau des affaires criminelles, le substitut du procureur Ted Wilson, Carolyn Newman, l'associé de Thomas, William Owens ; plus quatre agents de police en uniforme.

Deux mandats de fortes présomptions avaient été préparés et signés en vue de l'arrestation de Karla et de Danny. Tout dépendait maintenant de Douglas Garrett.

Quand Douglas entre, Ronnie Burrell est installé sur le canapé du séjour en compagnie de Marla Leibrant, la sœur de Jimmy Leibrant, et, comme dit Douglas, « d'une fille appelée Cookie que je sais pas son nom de famille ». Cookie est en fait l'actuelle petite amie de Ronnie, Mary Lou Moore. Douglas papote un moment avec le trio. Ronnie invite Douglas à prendre une bière dans le sac qui est là, par terre. Ronnie en avait voulu à Douglas d'avoir un jour, dans un accès de colère, enfoncé la porte de sa chambre à coups de pied, mais après l'offre de bière, Douglas pense que Ronnie a oublié l'incident de la porte. Il se sert donc une bière.

Quelques minutes plus tard, Douglas passe, mine de rien, dans la chambre à coucher pour parler à Danny et Karla.

Il y eut pas mal de discussions, pendant et après les procès, concernant les faveurs qu'avait pu obtenir Douglas Garrett pour se laisser convaincre d'être sonorisé et d'enregistrer les aveux de son frère. Pour la plupart d'entre nous, livrer un membre de sa famille est une chose (on peut trouver des raisons, la frousse, pour commencer) mais enregistrer des aveux accablants sous couleur de bavarder amicalement, ça, c'en est une autre. Douglas et la police disent évidemment qu'aucun marché n'a été conclu, mais il n'en demeure pas moins que Douglas avait aidé Karla et Danny à entreposer les marchandises volées chez Jerry Dean et avait très bien pu également les aider à se débarrasser d'autres objets volés ; pourtant il ne fut pas averti de ses droits[1] et ne fut jamais arrêté. Douglas avait un casier judiciaire, plusieurs arrestations pour délit majeur, mais pas d'inculpations. L'« informateur personnel » souvent utilisé par J.C. Mosier n'était peut-être autre que Douglas lui-même, et le 20 juillet n'était peut-être pas la première fois qu'il fonctionnait comme informateur confidentiel.

Quand Douglas entre dans la chambre, avec sa chemise noire à manches longues, Karla et Danny sont au lit ; ils ne font pas grand-chose. Danny doit être à son travail à dix-huit heures trente. Karla bouffe des amphés. Douglas est parfaitement naturel ; d'un ton neutre, il parle de choses et d'autres, raconte que Ronnie lui a offert une bière, et écoute. Le moment venu, il pique sur son sujet avec la grâce parfaite et l'imperturbable concentration d'un martinet fondant sur un insecte.

« Je m'suis demandé : vous êtes allés là-bas avec l'intention de les buter ?... Y dormaient ?... Vous les avez réveillés ? » Voix terne, accent nasillard. Pur Texan.

Dans ses réponses à son frère, Danny ne cache rien. « C'est

1. Aux États-Unis, quand un prévenu est arrêté, on doit lui donner lecture de ses droits afin de protéger sa présomption d'innocence.

vraiment un truc bizarre, dit-il, c'est arrivé comme ça... On a perdu les pédales. Ouais, c'est ça, on a perdu les pédales. » Entre deux capsules, Karla, elle non plus, ne cache rien. « Elle était là », dit-elle, expliquant pourquoi ils ont utilisé la pioche. « Elle était là. » Quand Douglas dit que des policiers sont venus les interroger, lui et Kari, Danny lui conseille de rester cool. « L'avocat dit que c'est comme pour les poissons. T'ouvres la bouche et tu te prends l'hameçon. »

Karla et Danny répondent sans hésiter aux questions de Doug, ils n'ont rien à cacher à Doug, ils lui ont déjà dit que c'était eux, les assassins à la pioche et de plus, comme Doug l'assure à Danny sur la bande : « Tu sais que je suis ton frère et que je te laisserai pas tomber. »

Jimmy Leibrant n'était pas au 2205 McKean quand Douglas est arrivé, ce jour-là. En fait, on n'avait pas vu Jimmy depuis plusieurs jours, qui sait où il était, Douglas Garrett ne connaissait même pas le nom de famille de Jimmy Leibrant. Jim Ladd pensait que Jimmy Leibrant avait peut-être déjà été assassiné par Karla et Danny. Après tout, Karla Faye et Danny n'arrêtaient pas de parler de buter d'autres gens, alors pourquoi pas leur complice ? Mais voilà que le 20 juillet 1983, entre cinq et six heures de l'après-midi, alors que Douglas est dans la chambre, en train de bavarder avec Danny et Karla, Jimmy Leibrant, par inadvertance — et de façon stupéfiante — se pointe.

L'informateur est prêt. « Tiens, voilà votre témoin oculaire, fait Douglas avec l'air de ne pas y toucher. Dans l'autre pièce. »

Émoi dans la fourgonnette de police. Personne n'aurait osé imaginer que Jimmy Leibrant leur tomberait tout rôti dans le bec. Ted Wilson se préoccupe maintenant de faire signer un mandat d'arrêt contre Jimmy Leibrant.

Cela se passe à quelques rues du 2205 McKean, ce que tout le monde ignore, excepté Douglas. Danny et Karla croient qu'il s'agit d'une conversation banale. Il leur paraît peut-être étrange que Douglas leur pose toutes ces questions précises sur les meurtres, mais il faut dire que Douglas est dans tous ses états.

Ça fait un moment que la police le harcèle, Kari est terrifiée, elle ne supporte pas le stress, sur bien des points, c'est une fille fragile. Et puis Douglas a fait ce rêve de gens armés de revolvers qui viennent pour l'emmener, de coups de feu dans Telephone Road qui se rapprochent au point que, toujours dans le rêve, il se retrouve tapi près de la fenêtre, s'attendant à se faire tirer dessus.

Dans la chambre, Douglas raconte son rêve à Danny et Karla. « C'était tellement réel », dit-il d'une voix tremblante, et il se met à pleurer. Douglas est un garçon étrange, connu pour sa nature emportée, ses brusques colères et ses réactions parfois bizarres. Il a même fait un séjour en hôpital psychiatrique. À ce moment-là, Karla Faye et Danny ne parlent pas de meurtre, ils ne se vantent même pas ; ils essaient de calmer Douglas.

« Ils ont rien, Doug, assure Danny à son frère. Rien. »

« Ils font que tâtonner, répète Karla. Ils ont que dalle. »

Quand elle parle assez fort et énonce de façon assez claire pour être comprise, Karla, sur la bande, apparaît d'une dureté et d'une brutalité qui font froid dans le dos, et son accent du Texas coupe comme le silex. Elle est froide et insensible, rien à voir avec ce qu'elle est devenue aujourd'hui.

En l'écoutant on se demande : mais où étaient donc passés ses sentiments, à l'époque ? Avaient-ils disparu, étaient-ils enfouis quelque part — ou quoi ?

Quand Douglas termine le récit de son rêve — « Là, dans Telephone Road, dit-il sans cesse, les coups de feu étaient tout près et ils se rapprochaient » — et répète : « C'était tellement réel », un silence tombe et Danny dit : « Le temps. Le temps arrangera tout. » Et la voix de Danny est calme, terrible, d'une froideur à vous couper le souffle, on croirait de la glace, fumante et froide à la fois : on la touche et la peau y reste collée. C'est à cet instant précis que l'on comprend pourquoi un jury peut penser qu'il ne serait peut-être pas dans l'intérêt de la société de faire preuve de compassion à l'égard de cet homme.

On voit bien pourquoi les jurés éprouvèrent plus de sympathie pour Douglas, même s'il avait signé l'arrêt de mort de son frère, que pour Danny et Karla.

Pendant que Danny prend sa douche et se prépare à aller travailler — il va être en retard, mais ça n'a pas d'importance car il va lui falloir, de toute façon, quitter la boîte dès que les choses se seront un peu calmées, passé minuit, sans doute, pour se rendre à Austin et déposer, le lendemain matin, devant le Comité de prévention de l'alcoolisme de l'État du Texas —, Karla raccompagne Douglas jusqu'à sa moto.

Douglas est bouleversé, voilà pourquoi Karla sort avec lui et l'accompagne jusqu'à sa Harley. Elle veut le rassurer. Quand Douglas Garrett monte sur sa machine, Karla lui frotte et lui tapote le dos, son large dos musclé — chaud et moite sous la chemise à manches longues.

Il est plus de dix-huit heures. Douglas est resté une heure un quart dans la maison. Doug démarre en trombe et Karla rentre. Danny est en train de s'habiller.

Dans les fourgonnettes et les voitures de la Criminelle, les policiers et les inspecteurs se préparent. L'affaire est résolue. C'est le moment.

Jimmy Leibrant avait déjà quitté la maison de McKean Street dans la Ford Pinto beige de sa sœur Marla, avant que la police ait eu le loisir de préparer son mandat d'arrêt. Et puis — chose incroyable — juste après le départ de Douglas, voilà la Pinto beige qui revient. Jimmy en descend, entre dans la maison, puis ressort. Personne, au 2205, n'y prête vraiment attention, il y a toujours tellement d'allées et venues. Mais la police, elle, en prend note. Jimmy remonte dans la Pinto et suit McKean Street vers le nord, en direction d'Emnora ; là, il tourne sur l'aire de stationnement d'un hangar où on loue de petits entrepôts au mois. Jimmy se prépare à aller à une soirée, mais il doit d'abord récupérer quelque chose. Quand Jimmy Leibrant relève les yeux après avoir ouvert le cadenas, il se trouve encerclé : des voitures de police, des inspecteurs de la brigade criminelle, d'autres de la brigade spéciale et des agents de police, revolver au poing.

À dix-huit heures trente, le 20 juillet 1983, sur l'aire de stationnement du hangar, au carrefour d'Emnora et McKean, Jimmy Leibrant est averti de ses droits et arrêté. La personne qui est avec lui dans la Pinto, une femme, est également emmenée au quartier général de la police.

Pendant ce temps-là, au 2205 McKean, on ne se doute de rien. Danny Garrett fait marche arrière dans sa Ranchero bleue et remonte McKean vers le nord, en direction d'Emnora, pour se rendre au travail. À ce moment-là, Jimmy Leibrant est déjà en garde à vue. Au carrefour d'Emnora — là même où la brigade criminelle a mis la main sur Jimmy Leibrant — Danny Garrett se trouve face à face avec une armée de voitures de police et, émergeant de l'une de ces voitures, son vieil ami, J.C. Mosier, revolver au poing, qui lui récite la règle de Miranda[1]. Il est dix-huit heures quarante-quatre.

Là, on ne peut s'empêcher de se demander : en voyant l'escouade de voitures de police, Danny Garrett s'est-il douté que c'était son frère qui l'avait donné ; qu'il ne pouvait pas en être autrement ; que toutes les questions qu'avait posées Douglas dans la chambre avaient un but ou, encore mieux, des auditeurs ? Ou bien Danny Garrett était-il encore en plein bluff, se disant : *Ils ne m'auront pas, pas moi ; ils n'ont rien, ils me le font à l'esbroufe* ?

Danny Garrett n'opposa aucune résistance au moment de son arrestation. J.C. Mosier raconte que lorsqu'il s'approcha de la vitre de la voiture et lui annonça qu'il était en état d'arrestation pour meurtre, Danny se tourna vers lui et lui dit : « J.C., tu crois vraiment que je ferais une chose pareille ? » Quand J.C. lui ordonna de descendre de voiture, Danny haussa les épaules et dit : « De toute façon, j'avais pas envie d'aller à Austin. »

1. Selon la règle de Miranda, les déclarations faites par un individu en état d'arrestation ne peuvent être retenues contre lui s'il n'a pas, avant son interrogatoire, été averti de ses droits.

J.C. Mosier émet un grognement de dégoût.

« Arrêté pour meurtre et tout ce qu'il trouve à dire, c'est : "De toute façon, j'avais pas envie d'aller à Austin" ! »

J.C. affirme qu'il n'a eu aucun problème à arrêter un ami. « Professionnellement ? Non, dit-il. Mon problème, c'était ce qu'il avait fait. »

Personne, dans la maison de McKean, ne savait qu'à quelques rues de là on procédait à des arrestations. Une fois Jimmy Leibrant et les frères Garrett partis, tous retournèrent à leurs occupations, ou plutôt à leur occupation, celle qu'ils semblaient avoir prise plus qu'aucune autre au sérieux : être réunis, copain avec copain, pote avec pote, pour d'interminables et très viriles séances de rodomontades. Bière, drogues. Parler, ce n'était que parler. Être ensemble, c'était tout.

Ronnie Burrell est installé sur le canapé du séjour avec la sœur de Jimmy Leibrant, Marla, et la fille appelée Cookie. Ronnie est assis à un bout, les filles, côte à côte. Ils boivent de la bière en regardant la télévision. Si l'on en croit les divers témoignages et récits, le décor primordial de toute action, dans la maison de McKean, paraît bien avoir été le canapé du séjour. On fume de la dope sur le canapé, on se défonce sur le canapé, on se shoote sur le canapé, on y baise. Danny Garrett a fait des bêtises avec Kari Burrell sur le canapé. Ronnie Burrell semble y avoir élu résidence.

Quand Karla est sortie pour dire au revoir à Danny, elle a laissé la porte d'entrée entrouverte. À quoi bon la fermer, il y a toujours quelqu'un qui entre ou qui sort. Karla Faye traverse le séjour, passe devant Ronnie et les deux femmes et va à la cuisine se chercher quelque chose à manger. Elle a bouclé Tooter dans la chambre.

Du réfrigérateur, elle sort un reste de poisson frit et du ketchup. Elle est assise sur le canapé, en train de manger, quand Ronnie, tout à coup, se lève et va à la fenêtre. Elle ne comprend pas pourquoi, peut-être soupçonne-t-il quelque chose. Ronnie soulève le rideau de la fenêtre : « C'est à qui, cette camionnette ? » demande-t-il.

Karla va voir. En effet, une grosse fourgonnette noire, garée en travers de l'allée, bloque le passage, mais Karla ne s'en émeut pas, c'est peut-être quelqu'un qui a des ennuis de voiture ; elle continue à manger. Ils sont tous invités à une fête d'anniversaire, plus tard dans la soirée, et ils ont acheté un cookie géant avec des pépites de chocolat en guise de gâteau d'anniversaire. Le cookie est sur la table. Il a environ la taille d'une pizza moyenne.

Le moment dramatique est arrivé, le temps de danser le pas de deux, de chanter le grand air du trois, et Karla est là, sur le canapé, en train de manger son poisson avec les doigts. Son dernier instant de liberté, et elle est là, avec son petit débardeur moulant à fines bretelles, ses bottes de cow-boy en serpent et son blue-jean, occupée à tremper du poisson dans du ketchup. C'est l'un de ces moments épiques après lesquels on se demande ce qu'il est arrivé au cookie, si quelqu'un finalement est allé à la fête et qui s'est occupé du chien.

Regardant, par la fenêtre, la fourgonnette qui bloque l'allée, Ronnie, tout à coup, pige. « C'est les putains de flics », dit-il ; il comprend parce qu'il a été tellement souvent agrafé. Ronnie sort en trombe de la salle de séjour et s'engouffre dans le couloir avec une rapidité à donner le tournis. Vêtu de son seul peignoir de bain. Il file dans la chambre du fond, ouvre la fenêtre et… saute. Comme ça. En peignoir de bain.

Naturellement, les inspecteurs de la Criminelle sont là aussi. Ils le ramènent dans la maison en se tordant de rire. « Hé, font-ils, le mec, il est comme qui dirait *à loilpuche* ! »

La porte d'entrée est ouverte. Étant donné le nombre de fois qu'il l'a interrogée, Jimmy Ladd reconnaît Karla, debout dans le couloir, près de la salle de séjour, une assiette de nourriture à la main. Ronnie a déjà sauté par la fenêtre du fond ; les deux autres filles sont toujours sur le canapé. Revolver au poing, les policiers ouvrent la porte d'une poussée — « Police ! Que personne ne bouge ! » — et tout le monde se met à hurler, à vociférer ; il y a des policiers partout, tout le monde a peur de se faire descendre. Tooter, enfermée dans la chambre, aboie comme une furieuse et l'un des policiers crie : « Ce con de chien, il mord ? » et Marla dit : « Ne tirez pas sur la chienne, s'il vous plaît, ne tirez pas sur elle », et Cookie dit : « Je vais sortir Tooter, s'il vous plaît, ne lui tirez pas dessus » ; elles savent toutes les deux que si les policiers ouvrent la porte de la chambre et se précipitent à l'intérieur, Tooter attaquera et ils l'abattront. L'instant d'après, Karla se retrouve plaquée contre le mur tandis que poisson et ketchup volent à travers la pièce et qu'un gros revolver est braqué sur sa tempe.

Karla hoche la tête. « Je regarde les émissions de télévision où on arrête des gens, c'est gênant, vous savez, parce que c'est exactement comme ça que ça se passe. Je sais pas, du ketchup partout. Ils m'ont écarté les jambes d'un coup de pied, ils m'ont tâtée du haut en bas et… » Elle hoche la tête en riant.

Sur la bande, Douglas rappelle sans cesse à Karla et à Danny que la police est venue chez lui et l'a interrogé. « Ils disent que c'est toi, le centre de la roue. Que tous les autres, c'est les rayons. Ils disent que c'est toi, le chef. » Et sans cesse, Danny et Karla essaient de calmer les frayeurs de Douglas. « Ils ont rien, Doug… Ils font que tâtonner. Ils ont que dalle. »

Je demande à Karla si elle savait pourquoi la police l'arrêtait, ce jour-là.

« Je savais rien de rien, répond-elle, excepté qu'y avait ce revolver. » Elle lève le pouce, pointe le bout de son index sur sa tempe.

Karla ne pensait pas que les policiers avaient vraiment un indice ; elle croyait, comme elle le dit sur la bande, qu'ils tâtonnaient — même quand ils vinrent l'arrêter. En outre, elle était défoncée. (À un moment donné, sur la bande, on l'entend faire tomber des capsules d'un flacon.) Et quand elle était défoncée — c'est-à-dire, tout le temps, à cette époque-là —, elle était dure comme l'acier, hargneuse, froide et suffisante. Karla n'avait pas deviné que Douglas, ce jour-là, avait un magnéto dans sa botte et un micro scotché sur la poitrine quand il leur posait toutes ces questions, dans la chambre — « Dis-donc, Karla, c'est vrai que t'as joui ? » — jusqu'au jour de l'audience préliminaire, au tribunal, presque un mois plus tard. Elle entra dans la salle et ses accusateurs étaient là, Douglas et sa propre sœur, Kari. Quand les choses eurent démarré, Karla apprit ce qui s'était passé, pour l'enregistrement et le reste.

En juillet, à Houston, il fait encore une chaleur accablante à six heures du soir, et la lumière est aussi vive qu'en plein midi.

Tout le monde fut mis en garde à vue, ce soir-là, y compris Ronnie Burrell, Marla Leibrant et Mary Lou « Cookie » Moore.

Ce 20 juillet, à vingt et une heures quatre, Jimmy Leibrant commença une déposition de sept pages devant l'inspecteur de la brigade criminelle de Houston, James W. Ladd. « Allons-y », fit-il, comme Gary Gilmore, dans l'Utah, avant d'être fusillé. Il fait encore très chaud. À Houston, en juillet, il fait chaud jusqu'à minuit.

Vingt et une heures cinquante-cinq. Ronnie Burrell fait une déposition dans laquelle il raconte comment, le matin du 13 juin, Danny Garrett est rentré de bonne heure à la maison et lui a demandé de l'aider à s'occuper du cadre de la moto, des pièces détachées et de l'El Camino. Comment, ensuite, ils se sont rendus en voiture à l'appartement de Doug, dans Fairway, et ont, en route, jeté les gants de Danny par la vitre. Il dit qu'il a aidé à mettre en gage le fusil que Danny avait emporté, cette nuit-là, à Windtree et aidé Jimmy Leibrant à brûler les numéros de série du cadre de la Harley volée.

À peu près à la même heure, Marla Leibrant tenait encore le coup. Marla déclara à la police qu'elle n'avait jamais de sa vie vu Karla en colère et que Karla, Danny et son frère Jimmy n'auraient jamais pu ni voulu commettre ces crimes. Elle dit aussi qu'à son avis Ronnie Burrell n'est pas très futé.

À vingt-deux heures, Karla demande à parler seule à seul avec Ted Thomas et lui dit que s'il l'autorise à aller aux toilettes

— ses intestins débloquent, c'est sa diarrhée habituelle — pour fumer un joint, elle lui avouera tout. Ted Thomas accepte. Quand Karla sort enfin des toilettes, tout ce qu'elle consent à dire, c'est qu'elle était défoncée, la nuit du 12 juin, et qu'elle ne se rappelle rien de rien, mais que Jimmy Leibrant lui avait dit qu'elle était devenue cinglée. Lorsque Ted Thomas lui demande ce qu'elle entend par « cinglée », elle répond que quand elle se shoote, elle devient cinglée et ne se souvient de rien, et que Jimmy Leibrant n'avait dit que ça : elle était devenue cinglée. Un jour où elle s'était shootée, elle était devenue si cinglée qu'elle avait essayé d'étrangler sa sœur. Ne s'en souvenait pas du tout non plus.

Quand il raconte l'histoire, aujourd'hui, Ted rit en repensant au tour que lui avait joué Karla pour pouvoir aller aux toilettes. Il me demande des nouvelles de sa santé. « Elle avait des problèmes intestinaux », dit-il.

À vingt-trois heures quarante-cinq, le 20 juillet 1983, Danny et Karla se retrouvent sous les verrous, à la centrale pénitentiaire de Harris. Depuis cette nuit-là, Karla et Danny n'ont jamais été ailleurs qu'en prison. Ils ne sont sortis que pour les rendez-vous au tribunal et pour raisons de santé. Lorsque Karla quitte l'enceinte de la prison pour une visite médicale, elle est enchaînée du poignet à la cheville.

« Si nous avions pu plaider la culpabilité en échange d'une condamnation à perpétuité, dit Mack Arnold, l'un des deux avocats de Karla commis d'office, je lui aurais conseillé de le faire. Sans l'ombre d'une hésitation. »

« Nous avions si peu de choses, dit l'autre avocat, Henry Oncken. Eux avaient des photos en couleurs, une bande vidéo… » Il fait un geste de la main — nous sommes assis dans sa très confortable maison de Spring, au nord de Houston — comme pour chasser le souvenir. « Et la bande. » Il hoche légèrement la tête. Henry Oncken est un homme parfaitement maître de lui et que gêne toute marque d'émotion intempestive. Aussi, quand il a ce léger mouvement de tête et lève vers vous ses pâles yeux tristes, on s'en souvient. « Notre unique chance de lui sauver la vie, dit-il, c'était d'essayer de la rendre plus humaine. Et l'unique façon d'y parvenir, c'était de lui permettre de raconter son histoire. »

Les yeux bleus de Henry Oncken s'emplissent du sentiment de tristesse et de frustration qui ne vous quitte plus lorsque vous avez fait le maximum pour aider à résoudre un problème et qu'il s'avère finalement que vous êtes loin d'avoir fait, ne serait-ce qu'assez.

Maman

« Je pense que rien de tout ça ne serait arrivé, dit Karla en agitant la main en direction des fenêtres grillagées, derrière elle, si ma mère n'était pas morte. »

Surprise par ses propres paroles — elle répugne à donner ne serait-ce que l'impression d'excuser ou de justifier son acte —, elle hésite et se penche vers moi.

« C'est pas que je blâme maman, je blâme personne que moi-même, mais quand elle est morte, je sais pas... » Sa voix se perd.

« Elle est morte quand j'avais vingt ans et, je sais pas, ça m'a changée. Je suis devenue froide comme la glace vis-à-vis des autres. »

Je lui demande si Mountain View a un psychiatre qui pourrait l'aider à explorer ce genre d'hypothèse.

Karla sort de sa réflexion. « Ouais, sûr, mais ici, c'est un petit Peyton Place[1], vous savez. Les nouvelles vont vite. On demande à voir le psychiatre et aussitôt, c'est signalé ; de toute façon... » Elle chasse l'idée d'un geste de la main. « J'ai vu un psychiatre à la centrale et j'ai vite compris que c'était pas pour moi. Si je devais parler à quelqu'un, j'aimerais mieux que ce soit à mon aumônier. »

1. Petit village à ragots, cadre du feuilleton télévisé du même nom ressemblant, toutes proportions gardées, à Clochemerle.

Karla Faye garde les yeux baissés pendant quelques secondes et quand elle les relève vers les miens, ils sont limpides. Elle ne renie en rien sa remarque sur l'effet qu'a eu sur elle la mort de sa mère. Simplement, elle n'était pas vraiment prête à s'entendre la formuler elle-même.

« Elle a eu trois hépatites. La dernière l'a emportée. Ça a été une mort horrible, atroce. Et, je sais pas… »

J'en avais déjà appris pas mal sur la mère de Karla. Jackie Oncken m'avait dit certaines choses. L'article du *Houston Chronicle* relatait les premières années de Karla avec une mère prostituée. Jusqu'à présent, personne n'avait eu un mot gentil pour Carolyn Moore.

Karla hésite.

« J'adorais ma mère, quelque chose d'effrayant. Je ne crois pas pouvoir exprimer avec des mots à quel point sa mort m'a affectée, à l'époque, mais je suis sûre que vous comprenez ce que je veux dire parce que la mort de Peter vous a secouée tout pareil. C'est comme si on m'avait enlevé un maillon qui ne pourra jamais être remplacé. »

Quand, deux ans après la mort de Peter, je décidai de ne plus aller chez le thérapeute que je voyais deux fois par semaine depuis le lendemain même des obsèques, je savais fort bien que je n'étais pas guérie. Mais je pouvais désormais respirer, conduire, survivre à chaque jour. J'en avais assez de parler de moi-même ; il était temps de passer à autre chose. Ce qui équivalait, en un sens, à un constat de défaite. Je mettais fin à un certain processus de découverte de moi-même parce que je savais que je n'irais jamais beaucoup mieux.

« Elle est morte la veille de Noël 1979. Ce jour-là, ma vie a volé en éclats. Maintenant la douleur va et vient, mais le sens de ma faute, lui, ne s'en ira jamais. »

Carolyn à dix-sept ans

La plus ancienne photo que je possède de la mère de Karla est un instantané en noir et blanc au dos duquel quelqu'un a écrit : « Carolyn à dix-sept ans. »

Quelqu'un ? L'écriture est démodée, appliquée. Une écriture de femme. Qui, sinon une mère aimante consignerait ce genre de chose, qui d'autre que la mère de Carolyn Moore, Zelda Donaldson, celle que Karla appelle Granny B. ?

Carolyn Moore naquit à Houston en octobre 1936. Elle était fille unique et grandit à Houston. Comme le premier homme qu'elle épousa, Lawrence Earl Tucker, lui aussi enfant unique. Houston, en 1936, avait à peine cent ans. C'était ses tout débuts. Même en 1963, lorsque mon mari et moi-même habitions la côte Est et qu'il essayait de revenir au Texas, les gens auxquels nous demandions quelle ville choisir nous répondaient invariablement « Dallas ». En fait de ville, nous disait-on, Houston n'était encore qu'un gros caca, prometteur, certes, mais tout de même… Il n'y avait pas de ville à proprement parler, pas de vraie vie culturelle, juste un tas de gens, un tas de fumisteries ; le canal maritime, l'industrie du pétrole, le salon des animaux de boucherie. Et un tas de terres plates comme la main. Ce n'était encore qu'un marais asséché, nous rappelait-on. Une idée géniale née de la cervelle astucieuse de deux colporteurs, mais qui n'avait guère dépassé ce stade.

En étudiant l'écriture au dos de l'instantané en noir et blanc, j'imagine Granny B. inscrivant le commentaire, aussitôt la photo développée, de façon à ne pas oublier l'âge. Après tout, Carolyn était le seul enfant qu'aurait jamais Granny B. Il était donc important de tout consigner.

Je suis née deux ans après Carolyn Moore, en 1938, à Memphis, Tennessee — le premier enfant de ma très jeune mère, la fille qu'elle désirait tant, une enfant dont la vie serait, si, mon Dieu ! elle avait son mot à dire, meilleure que la sienne. Ma mère consignait la date, l'âge et l'occasion au dos de chaque photo que l'on prenait de moi, exactement comme Granny B. « Bev fait ses premiers pas », « Bev à deux ans. »

Pendant ma première année d'école, ma mère cira tous les soirs mes petites bottines en cuir blanc. Tous les matins, elle me frisait. Tous les soirs, elle repassait ma robe. J'incarnais — je l'ai toujours su — l'espoir qu'elle mettait dans son propre avenir, aussi enregistrait-elle tout de façon méticuleuse. Dans le journal qu'elle tint de mes premières années, elle écrivait à la première personne comme si... ou bien elle et moi formions une seule et même personne, ou bien j'étais un personnage de son invention :

« J'ai commencé à secouer la tête pour dire non à l'âge de huit mois. J'ai fait les marionnettes à dix. J'ai un nounours rose. Je lui ai arraché les bras et les jambes mais je l'aime toujours... J'adore l'eau... Maman me dit que je vais bientôt avoir une petite sœur. Elle parle de Susie et je veux savoir où est Susie... »

À chaque fois Susie s'avéra être un garçon.

Je ne me rappelle pas l'avoir jamais appelée Mère. Pour mes frères et moi, elle fut toujours maman. Elle détestait son vrai nom, qui était Dora Lee. Tout le monde l'appelait Henry, qu'elle-même épelait « Henri » — elle aimait la fantaisie, le côté français du « i ». Henry était le diminutif de Henrietta, un surnom que mon père avait emprunté à la bande dessinée Andy Gump.

Ma mère aimait faire des choses qu'elle considérait *différentes*, comme porter un prénom masculin qu'elle épelait à la française, faire des plats au curry quand personne en ville n'en avait entendu parler, bomber en rose l'arbre de Noël avant que quiconque ait imaginé de colorer ainsi les arbres de Noël. Quand le sapin fut devenu rose, elle recula de quelques pas pour admirer son œuvre, les mâchoires serrées, comme pour dire : « Ça leur apprendra. »

Après son décès, nous trouvâmes des carnets visiblement destinés à être lus par nous quand elle serait morte. Dedans, elle avait consigné les moindres détails concernant la naissance de chacun de ses trois enfants. L'heure du jour ou de la nuit, l'accouchement. Dans la section qui m'était consacrée, ma mère révélait le fait qu'elle m'avait donné le prénom d'une débutante dont elle avait vu la photo, la semaine de ma naissance, dans le numéro du dimanche du *Commercial Appeal* de Memphis. « Beverly », c'était différent. Plein de promesses.

1954. Carolyn à dix-sept ans, est assise, mince et séduisante, en robe d'été, sur le perron d'une solide maison de brique. Elle a le soleil dans les yeux et les bras nus. Le tissu de sa robe, vaporeux, n'est ni clair ni foncé et la robe elle-même a une jupe large qui descend jusqu'au milieu de ses mollets minces. La jeune fille, assise sur la deuxième des trois marches en ciment, arbore un air de confiance, le pied gauche sur le trottoir, le droit calé sous le genou gauche et caché par les plis de la jupe. Carolyn Moore se tient droite, les épaules rejetées en arrière. Elle a relevé son talon gauche de sorte que le poids de son corps repose sur l'extrême pointe de sa chaussure. Elle a les mains croisées. La robe, très cintrée à la taille, a une échancrure en V peu profonde bordée d'un large col blanc genre enfant de chœur. Il y a un nœud de tissu soyeux au centre du col. L'ensemble fait penser à une copie du style Christian Dior des années 1950 : épaules larges, taille mince, jupe ample et floue.

Carolyn Moore porte bien cette robe. Elle se tient bien. Ses escarpins de cuir ont des talons raisonnables — ni talons aiguilles ni talons de godillots façon vieille infirmière ; juste entre les deux, le genre de chaussures que nous portions à seize ou dix-sept ans, en 1954, avec lesquelles nous pouvions facilement trotter tout en nous sentant élégantes et dans le vent. Elle a un bracelet au poignet droit, une chaîne autour du cou avec quelque chose au bout, peut-être une croix ou un médaillon et des pendants d'oreille ; elle a les cheveux courts, blond foncé, rejetés derrière les oreilles, un visage franc et ouvert, juvénile et pur, et elle sourit. Ses dents sont grandes et légèrement irrégulières ; peut-être même avancent-elles un tantinet, ou peut-être surcompense-t-elle ainsi une mâchoire inférieure protubérante. Ses sourcils sont soigneusement dessinés, ses lèvres vivement colorées, mais on est en 1954 — alors, tout cela est normal.

Elle est parfaitement consciente d'elle-même, Carolyn, à dix-sept ans. Elle sait comment s'asseoir et que faire de ses mains. Elle a, dans la silhouette, des épaules jusqu'à la pointe des pieds, une grâce et un équilibre dignes d'une danseuse ; c'est la façon dont elle s'est littéralement *disposée* sur les marches. Elle paraît provocante d'allure et sûre d'elle-même, le genre de fille déterminée, capable de descendre tout à coup la rue de n'importe quel pas, comme bon lui semble ; il y a chez elle une souplesse d'articulations qui n'a vraiment rien de sudiste. C'est bien une enfant du Texas.

Pourtant Carolyn, à dix-sept ans, illustre ce que nous faisions toutes à l'époque : nous dessiner les sourcils, nous asseoir — nous l'espérions — comme Suzy Parker et nous peindre les lèvres. Nous nous habillions sinon comme des vieilles, du moins comme des femmes mûres — gaine, bas et escarpins de cuir — et nous portions des sacs à main de grand-mère. Nous ne commençâmes à nous vêtir de façon jeune qu'après avoir largement dépassé vingt ans et être mères de deux gosses. À ce moment-là, la tonalité de la vie avait changé en Amérique et nous, qui avions grandi dans les années 1950, étions plus que prêtes à nous habiller jeune, à faire les folles, à commencer enfin à vivre.

Près des marches sur lesquelles est assise Carolyn, à dix-sept ans, l'on voit un arbuste bas à feuilles persistantes, une espèce de genévrier rampant dont les branches chevauchent l'escalier en ciment, comblant ainsi un vide. Produit de l'imagination d'un paysagiste qui trouvait que ça faisait joli, un arbuste de ce type flanquait l'entrée d'une maison sur deux, dans l'Amérique bourgeoise d'après-guerre. Cela donnait à la maison un air raffiné et ambitieux, un air absolument *House Beautiful*[1].

Le mur de brique de la maison, derrière Carolyn Moore, comporte de larges renfoncements. La porte d'entrée, trop sur sa gauche pour être visible, ne laisse apparaître que l'encadrement. Celui-ci se compose d'une poutre de bois verticale avec, sur le côté, deux rangées de ces pavés de verre bullé si populaires à l'époque. C'est une maison massive, solide, à l'air bourgeois bien assis. Le perron, la brique, les pavés de verre en témoignent. Moderne, et ambitieuse. Ni bâclée, ni genre pauvre Blanc. Avide, au contraire, de promotion sociale, comme la ville de Houston.

Quand j'avais douze ans, ma famille construisit la seule maison que nous possédâmes jamais. Nous vivions alors à Greenville, Mississippi, où j'ai grandi. La nouvelle maison devait être la réalisation de nos rêves : finis les loyers à payer, finis les incessants déménagements aux quatre coins de la ville par la faute de propriétaires qui, nous rendant visite un soir, réclamaient leur bien pour le lendemain. Nous serions enfin tranquilles. Ma mère commanda deux jeux de plans, l'un à *Better Homes and Gardens*, l'autre à *House Beautiful*. Les deux modèles avaient un étage, ce qui nous paraissait le fin du fin.

Notre maison posséderait tous les *trucs* chic. Un bow-

1. Magazine du type *Maison française*.

window, une porte à deux vantaux, des parquets, du papier peint à motifs de cardinaux et de magnolia et une demi-salle de bains[1]. (Qui a jamais entendu parler d'une demi-baignoire ?) Les pieux des fondations étaient à peine sortis de terre que nous y allions déjà souvent, après dîner, laissant les assiettes sur la table, dans notre maison en location de Manilla Street.

C'était habituellement à l'initiative de mon père. « Allons voir la maison », disait-il, et, aussitôt, nous nous levions de table et partions en voiture.

Dans la lumière déclinante du crépuscule, parmi les barils de clous, les tas de poutres et les chevalets de sciage, nous jouions à faire comme si. « Fais comme si tu t'amusais dehors, Bev », disait mon père, et il faisait semblant d'ouvrir le vantail supérieur de la porte de devant en me criant de rentrer à la maison. « Allons écouter la radio dans le salon », « Allons déguster un steak dans la salle à manger, Bev — ici, tu vois, nous aurons un lustre ! » À sa demande, je faisais mine de monter dans ma chambre, une chambre rien qu'à moi ; je m'asseyais à ma coiffeuse, je regardais, par la fenêtre, l'esplanade gazonnée qui courait au centre de Washington Avenue — notre rue, une vieille rue, une bonne vieille rue. Ça, c'était du *House Beautiful* ou je ne m'y connais pas.

J'ignore qui avait décidé quelles plantes iraient où, dans le jardin de notre maison de rêve, mais à côté du perron, nous avions le même genévrier rampant que Carolyn, à dix-sept ans.

En emménageant dans notre nouvelle maison, nous étions persuadés que c'était ainsi que se déroulerait désormais notre vie, plus prometteuse, plus stable, plus facile. Persuadés que nous faisions maintenant partie du gratin des beaux quartiers, du Who's Who de Greenville.

Cause perdue. Trois ans après notre installation dans notre maison de rêve, nous en étions dépossédés. Il y eut un tas de

1. En fait, des W.-C. séparés, puisque les salles de bains américaines englobent toujours les toilettes.

palabres, d'actions en justice et de non-comparutions. Mon père était, pour la première fois, à la tête d'une affaire, une entreprise de déménagement et d'entreposage, lui qui, durant presque toute sa vie d'adulte, avait été démarcheur pour des sociétés pharmaceutiques. L'entreprise de déménagement et d'entreposage ouvrait la porte de la respectabilité, mais il y eut un raté, je ne sais pas lequel. Il y eut des fins de non-recevoir, des ennemis furent identifiés afin de pouvoir les blâmer et les mépriser jusqu'à la fin des temps. On parla beaucoup d'une cargaison de fromage qui aurait pourri au cours de l'entreposage. Je ne comprenais pas, alors, comment une banque pouvait nous prendre notre maison et je ne sais toujours pas ce qu'avait pu nous faire l'homme que ma mère ne cessa de haïr et d'anathématiser jusqu'au jour de sa mort — ni même s'il avait fait quoi que ce soit. En tout cas, ils — quelle que fût l'identité de ces « ils » — nous prirent notre maison, plus certains de nos meubles et — le coup le plus dur pour mon père — le piano Baldwin de ma mère, sur lequel elle nous jouait « Trees », « Traümerei », « Deep Purple » et un « Darktown Strutters'Ball » très enlevé.

Retour à notre vie habituelle de locations et de déménagements. Les locations étaient amusantes en un sens. Toutes ces maisons différentes. Ces coins sombres et secrets, les odeurs, les surprises, les idées farfelues de nos prédécesseurs sur ce que devait être une maison. Mon frère et moi pensions toujours que nous allions découvrir — qui sait ? — des trucs mystérieux. Chaque fois que nous emménagions quelque part, la première chose que disait mon père, c'était : « Bon, alors où va-t-on mettre le sapin de Noël ? »

« Carolyn à dix-sept ans » est une photo pleine de promesses. Une jolie fille du Texas, pendant les années Eisenhower. La guerre de Corée était finie. Nous étions en paix.

La photo suivante date de 1956 ; Carolyn Moore est sur le point de devenir Carolyn Moore Tucker. C'est une photo en noir et blanc, qui la montre en robe de mariée, debout devant des rideaux à plis de couleur claire en tissu imprimé d'un motif de fleurs et d'un genre de pagodes orientales. La robe de mariée est en deux parties. Le haut est un corsage de dentelle blanche à col officier, avec des manches longues se terminant en pointe sur le poignet et une taille ajustée. À partir de la taille, le corsage s'évase en l'une de ces jupettes polissonnes et pimpantes qu'on appelle des basques. (L'ensemble à pois de Lauren Bacall dans *Le Port de l'angoisse* en avait.) Sous le corsage de dentelle, Carolyn Moore porte une combinaison en satin baleinée et sans bretelles. La jupe qui émerge de dessous la basque de dentelle est en tulle, tout comme le voile mi-long fixé à la couronne de fleurs qu'elle a sur la tête. Elle tient délicatement dans ses mains un bouquet composé d'une orchidée blanche et d'une gerbe de stéphanotis liées par un nœud de tissu satiné.

Très joli. Le rêve de qui ? Je me le demande. De Carolyn ? De Granny B. ? De quelqu'un, sûrement. La raison pour laquelle les mariages font pleurer, c'est qu'ils portent tellement d'*espoir*. « On va à l'église, on va se marier... finie la solitude », ces paroles n'étaient pas kitsch à l'époque où elles furent écrites et enregistrées et elles ne le sont toujours pas aujourd'hui.

Les cheveux de Carolyn sont plus frisés que sur la première photo, elle a des perles aux oreilles ; le menton incliné de côté, elle regarde vers sa droite et légèrement vers le haut, les yeux fixés sur un point situé juste au-dessus de l'objectif de l'appareil photo. Elle serre sagement les lèvres. J'ai l'impression qu'il ne lui est pas agréable de poser, les lèvres fermées, peut-être à cause de la légère irrégularité de ses dents qui, sur cette photo, donne à penser que ses incisives inférieures avancent. Elle a des yeux pâles, une peau pâle et les lèvres peintes en rouge.

Voilà une fille pleine de secrets, mais quelle jeune mariée ne l'est pas ? Elle est effrontée, elle est vive, il y a comme de la ruse dans la façon dont elle regarde en biais ; elle cache quelque chose.

Au début, Karla m'a dit que ses parents avaient tous les deux fait des études supérieures. « C'étaient/ce sont, écrivait-elle, des gens d'une grande intelligence, mais je crois que ça s'est arrêté à eux ! Parce que nous, les filles, on n'en a pas hérité. Ha ! Ha ! Ha ! »

Elle dit que son père a quitté l'université pour s'engager dans l'armée, mais elle a vaguement idée que sa mère a obtenu un diplôme. Par la suite, son père, qu'elle interrogea sur le sujet, la corrigea. « Il dit que maman devait entrer à l'université, mais que quelque chose est arrivé, alors elle y est pas allée. » La première fille de Carolyn Tucker, Kathi Lynne, naquit en 1957 ; sa deuxième, Kari Ann, en juin 1958 et sa troisième, Karla Faye, le 18 novembre 1959. « Toutes des K, dit Karla fièrement, toutes des K-a. »

Le mari de Carolyn Moore, Lawrence Earl Tucker, était de deux ans son aîné. Grand et costaud, Larry Tucker était docker. Il travaillait sur le canal de Houston à des heures irrégulières, de jour, de nuit — par roulement. Il réussit, à la longue, à acheter une participation dans une société du nom de Gulf Motorships. « Propriétaire d'un tiers de l'affaire, fanfaronne Karla. Pendant un temps, mon père a été une grosse légume. »

L'autre photo que j'ai de Carolyn Tucker est en couleurs. Elle date de quelques mois plus tard, toujours en 1956, et Carolyn est enceinte de Kathi, son premier enfant.

Assise avec son mari sur un canapé de couleur rouille moucheté de fils brillants, Carolyn Tucker appuie le côté gauche de son visage contre la poitrine et l'épaule de Larry Tucker, sa pommette à elle contre son menton à lui, tandis que son gros ventre repose sur la cage thoracique de son mari. Son bras droit s'abandonne sur la poitrine de Larry. Celui-ci est plus ou moins vautré en travers du canapé, le bras gauche allongé sur le dossier, le droit entourant tendrement l'épaule de sa jeune épouse, sa grande main posée sur la courbe de ses fesses, les jambes croisées de façon virile, cheville gauche sur genou droit. Il porte un pantalon de couleur sombre, des socquettes, sombres, elles aussi, des chaussures lacées et une chemise noire à fines rayures blanches. Quelques centimètres de peau blanche apparaissent entre le revers du pantalon et la socquette. Ses cheveux blond-roux sont soigneusement peignés vers l'arrière en éventail, à la mode des années 1950 ; il embrasse le front de sa femme juste à la pointe du sourcil. Son teint est aussi clair que celui de Carolyn. Il ferme les yeux.

Photo touchante : deux jeunes mariés, tous les deux enfants uniques, attendant leur premier bébé. Les cheveux blond foncé de Carolyn sont coiffés en larges ondulations qui lui dégagent le visage. Elle a toujours des pendants d'oreille et du rouge à lèvres. Elle est vêtue d'une tunique de grossesse blanche et d'une jupe sombre. Sa taille, bien qu'épaissie, n'est pas encore complètement distendue. Elle lève ses sourcils soigneusement dessinés et paraît encore pleine de secrets. Derrière le couple, on aperçoit les mêmes rideaux à plis, à motif de fleurs et de belvédères, que sur la photo de mariage. Entre les rideaux, il y a des stores vénitiens ouverts. Dehors, il fait nuit noire.

Je demande à Karla la date du mariage de ses parents. Elle ne la connaît pas. Ne célébraient-ils pas les anniversaires ? Elle secoue la tête. Les amours de ses parents ne faisaient donc pas partie de l'histoire familiale ? Non.

« Il y a qu'un truc que je me rappelle, c'est que quand j'ai été assez grande pour poser la question, maman était — c'était…

— Fini ?

— Oui. »

Il n'y a rien d'écrit au dos de la photo de Larry et de Carolyn Tucker, blottis l'un contre l'autre sur le canapé couleur rouille, mais les rideaux révèlent le décor. Le jour de son mariage, Carolyn s'est sûrement fait photographier chez sa mère. Mariée et enceinte, elle y est de nouveau avec son mari, devant les rideaux à plis, à motif de fleurs et de pagodes. Peut-être sont-ils venus chez Granny B. — dans la solide maison de brique avec son genévrier rampant et les carreaux de verre bullé — pour dîner. La chemise de Larry Tucker est assez habillée. Tous les deux semblent sur leur trente et un.

Quand ce premier enfant naquit, Carolyn Moore tint à l'appeler Kathi Lynne. Pas Katherine ni Kathleen, mais Kathi avec un *i*, Lynne avec un *e* — version moderne et recherchée de Kathleen. L'année suivante, elle nomma sa seconde fille Kari avec un *i*. Ensuite, le pli du K étant pris, ce fut Karla Faye, avec un *e*. Aujourd'hui, Carolyn est un prénom élégant, démodé et bourgeois. Mais à la fin des années 1950, les jeunes femmes ambitieuses et délurées défiaient l'autorité et la tradition en donnant à leurs enfants, particulièrement à leurs filles, non tant des prénoms nouveaux (cela se passait avant l'invasion des Tammy et des Amber) que d'anciens, affublés de nouvelles orthographes. Dans la bande de Karla Faye et de Kari, il y avait une foule de filles avec des prénoms en *i* : Kathi, Kari, Shari, Debi. Des filles avec des prénoms de garçons, souvent orthographiés de façon nouvelle : Shawn, Shay. Et des allitérations partout : Kathi, Kari, Karla. Shawn était la plus jeune de trois sœurs, appelées respectivement Shay, Sherry et Shawn. Un jour où je parlais avec d'anciennes amies de Karla, je me retouvai avec une Debby, une Debbie et une Debi. Cependant, les garçons avaient, pour la plupart, des prénoms courants : Danny, Douglas, Joe, Ronnie, Jimmy. Beaucoup de Richard, de Steve et de James.

Sur la photo en couleurs prise devant les rideaux à plis, les jeunes mariés paraissent bien s'entendre. Cela se voit à la façon dont Carolyn appuie sa joue et son ventre contre Lawrence, le bras posé nonchalamment sur sa poitrine, et à sa façon à lui de placer sa main avec douceur mais d'un air possessif sur ses fesses. Leur posture même indique un consentement mutuel. Il sera son rempart contre l'adversité, elle sa douce et jolie fleur, sa petite amie pour toujours.

Karla : « Papa a toujours été amoureux de maman et il n'a jamais eu d'affaire sérieuse avec une autre femme tant que maman a vécu. »

Ça aurait pu marcher, se dit-on alors. *Elle l'aime bien, lui est fou d'elle*. Ils auraient pu mener une petite vie paisible. Pas forcément heureuse mais tranquille, convenable et, dans l'ensemble, acceptable.

Quand mon mari et moi nous installâmes à Houston, en 1965, ce que les gens reprochaient à cette ville était justement ce qui, moi, m'enthousiasmait le plus. Ayant grandi dans une ville du Mississippi typique du vieux Sud, terriblement consciente des distinctions sociales, j'aimais la mentalité rodéo et plouc de Houston où peu importait qui était votre père, encore moins votre grand-père ; quiconque parvenait à rester le plus longtemps sur le fougueux canasson gagnait la boucle[1]. Crasse, oui. Fruste, certainement. Mais vivante, prête à toutes les éventualités — que ce soit le programme spatial, l'art, l'opéra, les transplantations cardiaques, que sais-je encore. Et moi, j'étais pareille. Dans cette atmosphère de liberté totale, il était facile de se mettre à écrire. Aucune tradition à respecter, personne pour vous regarder, il suffisait de se lancer. En un sens, je pense que l'esprit ouvert et brouillon de Houston m'a permis de me réaliser, de découvrir, puis d'accepter mon propre passé et ma propre voix.

Je m'installai un endroit pour travailler, dans la chambre à coucher, face à un mur blanc et nu.

Au-dehors, plein de choses se passaient. C'était une époque, voilà tout. Une époque où le temps était venu de sortir de chez soi, de rencontrer des gens nouveaux, d'enlever son soutien-gorge, d'assouplir ses principes, de boire de la Lone Star, de fumer de l'herbe et de porter des vêtements extravagants. Les prix du pétrole atteignaient des sommets vertigineux. Dans les banques, des Blancs prêtaient de l'argent à d'autres Blancs sur l'assurance de projets foireux. L'époque du n'importe quoi. Le temps était venu pour une jeune Texane dynamique d'agiter ses fesses, de fréquenter les clubs et les concerts, bref, de profiter de la folle époque tant qu'elle était folle.

1. Équivalent de notre cocarde.

Peut-être Larry Tucker aurait-il dû garder l'œil ouvert tout en revendiquant le droit à sa femme et en embrassant la pointe de son sourcil joliment dessiné.

Mais peut-être cela n'aurait-il servi à rien : la jeune femme était *prête*.

Nous voulions, Carolyn Moore et moi, être les copines de nos enfants, pas des mères Fouettardes toujours à menacer, le martinet à la main. Nous voulions qu'ils apprennent des choses nouvelles, pas les vieux trucs indigestes, et à leur propre rythme, à leur propre manière.

J'avais lu *Libres enfants de Summerhill*, comme tous les parents évolués ; nous pensions que *Libres enfants de Summerhill* était la voie à suivre.

Mon fils aîné, Colin, né à New York, en 1961, a commencé l'école à Houston. Refusant de jouer les dictateurs édictant des règles éculées, nous n'avons jamais appris à Colin à lacer ses chaussures. L'enfant finit par mettre au point un système fondé sur un jeu compliqué de tous les doigts.

Colin est un brave garçon affectueux et dénué de toute agressivité ; cependant, à vingt ans passés, il nous demanda pourquoi personne ne lui avait jamais enseigné cette opération élémentaire.

« C'est, lui répondis-je, que nous tenions à t'enseigner des choses plus importantes. »

Je n'y croyais pas. Lui non plus. Mais en brave garçon qu'il était, il *fit semblant* d'y croire.

Quelle époque. Carolyn Moore et moi étions perchées sur la même branche : nichons en liberté, tee-shirts moulants ; pas question, pour nous, de sacs de grand-mères ni de gaines. Cependant, tandis que je m'accrochais au tronc de l'arbre, Mama Carolyn, elle, était loin, *très* loin, sur l'extrême bout de la plus petite branche qui n'avait aucune chance de ne pas casser.

Karla-la-Terreur

Je ne crois pas que les hommes agissent comme nous, qui nouons immédiatement des amitiés, plongeant dedans, tête la première, comme si nous nous connaissions depuis toujours, nous confiant nos secrets d'amour et nous racontant notre vie en reprenant le passé, revenant cent fois sur le même détail, remplissant les blancs, disant qui sont nos mères, nos pères, révélant quels garçons nous ont plu, quelles filles, quelles femmes nous ont trahies ou ont gardé nos plus grands secrets.

« Ma mère me disait souvent que j'avais des qualités exceptionnelles. » Karla bat des paupières, puis elle a un petit rire. « Des qualités exceptionnelles ! » Comme pour dire : « Et vous voyez maintenant où j'en suis ! »

La plus ancienne photo que je possède de Karla Faye est un portrait d'art où elle apparaît en compagnie de Kari. Karla a environ six mois et sa sœur presque deux ans. Les deux petites filles posent sur un gros coussin avec, à l'arrière-plan, une toile peinte en bleu, imitant le ciel, avec des nuages qui montent vers le firmament.

Karla est un gros bébé joufflu aux cheveux bruns et aux grands yeux noirs étonnés. Elle porte un haut à smocks bleu pâle et une barboteuse assortie. Kari, elle, est un bébé Cadum avec des cheveux fins presque blancs, une peau très claire, une bouche précieuse aux coins relevés et un œil qui louche. Elle est vêtue d'un costume bleu marine orné d'une espèce de feston décoratif rouge et blanc autour du col et des manches. Elle a une écorchure au coude et barre la poitrine de Karla Faye d'un bras protecteur. Karla a les deux bras en l'air, l'un tendu vers l'objectif, l'autre pointé vers le ciel, les paumes arrondies comme pour attraper la pluie.

Deux beaux bébés. Bien nourris. Impeccablement propres. Je ne sais pas où est Kathi. Kathi Lynne était plus âgée et… différente.

Karla accompagne chaque photo d'un commentaire. De celle-ci, elle dit : « Je ne peux pas m'empêcher de pleurer quand je regarde cette photo… je ne sais pas pourquoi mais chaque fois que je la regarde, les larmes me montent aux yeux. »

Espoirs, promesses.

J'avais fait prendre une photo semblable de mes fils quand ils étaient petits. Peter est né en janvier 1966, un an après notre installation à Houston. Pendant environ quinze mois, nous avons vécu à quatre dans un appartement meublé, au cœur d'un énorme lotissement où les gens ne restaient que le temps de trouver quelque chose de mieux. Le mobilier était du genre hôtel de troisième catégorie. Housses de plastique sur les matelas. Je ne sais pas exactement pourquoi nous avons fait ça, mais c'est ainsi. Un jour, un photographe itinérant est passé. Colin avait environ six ans et Peter allait en avoir deux. Le photographe me fit des conditions spéciales et la photo s'avéra magnifique. Les deux gamins, qui regardent gentiment devant eux, semblent embrasser tout leur avenir d'un seul coup. Colin, le premier-né, l'enfant sérieux, en col roulé bleu marine et jean couleur crème ; Peter, potelé, pieds nus, en salopette de tricot rouge et chemise en jersey blanc à motifs d'animaux, a sur le visage cet air béat, cette aura de totale confiance dans son statut d'enfant adoré que, bébé, il emportait partout avec lui, comme son jouet préféré.

Derrière mes enfants apparaît le même fond que sur la plus ancienne photo de Karla et Kari. Des nuages bleus montant vers le firmament.

Le premier lieu de vie dont se souvient Karla c'est « Genoa, près du centre Almeda ».

C'est ainsi que se donnent et que se comprennent les adresses, dans les quartiers excentrés de Houston, en se référant aux centres commerciaux et aux autoroutes. Du côté de Gulfgate. Derrière la A 45, près du canal maritime. Sur l'Eastex Freeway, au-delà de Northline. Genoa est situé au sud de Houston, le long de la Gulf Freeway qui conduit au golfe du Mexique. Territoire ouvrier. Région de raffineries. De hautes cuves argentées dessinent l'horizon. Des torchères illuminent la nuit.

« Papa et maman se sont séparés quand on habitait là-bas et puis ils se sont remis ensemble et on est allés habiter une maison, dans une rue qui s'appelait Fisher… on a vécu là-bas environ un an, et puis on a déménagé dans le nord-ouest de Houston, sur Hewitt Street, où j'ai vécu jusqu'à l'âge de treize ans, à peu près. »

Ces déménagements traduisent une promotion sociale : de Genoa à Fisher, de Fisher au nord-ouest de Houston. Les Tucker n'étaient pas pauvres. Ils avaient commencé comme ouvriers payés à l'heure, à la recherche de tâches payées une fois et demie, puis deux fois le tarif de base, pour essayer de s'en sortir. Et ça marcha un temps. En surface, la situation s'améliora — pas au point d'atteindre un vrai statut social mais en termes d'avantages concrets tels que écoles, pelouses, églises, protection policière, éclairage des rues, atmosphère générale.

« Quand j'étais petite et qu'on était tous en famille, je me rappelle que la vie était assez normale. On avait une maison au bord d'un lac où on allait souvent et j'avais appris à conduire un camion et un bateau à l'âge avancé de sept ou huit ans… On pêchait du poisson, on attrapait des crabes, enfin, on faisait tout ce que fait une famille normale quand elle part pour un week-end ou une semaine à la maison du lac. On avait même une chienne. Elle s'appelait Ladybug. On l'a gardée treize ans, si c'est pas plus. »

Granny B. dit que Karla et ses sœurs étaient toujours fourrées à l'église. Karla se rappelle y avoir été en tout et pour tout deux fois dans sa vie, mais Granny B. affirme qu'elle y allait souvent jusqu'à l'âge de neuf ou dix ans. Karla ne discute pas. Granny B. a sa propre façon de se souvenir des choses.

Le chien, la maison au bord du lac et, selon Granny B., l'église. *Si je travaille assez*, devait se dire Larry Tucker, *si je fais assez d'heures ; si je gagne assez d'argent...*

Sur un autre portrait d'art en ma possession, les trois sœurs sont photographiées en buste, alignées comme un trio de chanteuses. Elles ont environ huit, six et cinq ans. Kathi a des cheveux de page blond, une vraie poupée Barbie. Ceux de Kari sont blond-blanc. En bout de rang, il y a Karla, avec son épaisse tignasse noire, sa peau brune, si brune, et ses yeux noirs et brillants...

Elles sont à croquer, on dirait trois lapins en peluche sur un lit.

Deux lapins venus d'une planète, le plus jeune venu d'une autre.

Pendant un temps, sur le conseil de Jackie Oncken, Karla et elle échangèrent des anecdotes familiales : histoires de moments heureux ou malheureux, petits faits amusants. C'était une façon de se renseigner sur le passé de chacune. Et puis Karla avait demandé à Jackie de l'aider à améliorer son orthographe et son vocabulaire et Jackie avait pensé que ce serait plus amusant de le faire en se racontant des histoires. Voici un extrait d'une lettre que Karla écrivit à Jackie Oncken, en 1985.

Je vais vous raconter une autre histoire que j'adore de quand j'étais petite. J'avais à peu près huit ans et nous (ma famille) avion une maison au bord d'un lac à Cany (rature) *oh! la, la!... Cainy Creek près de Brazoria (orth?) et Sargent. On avait un bateau qui faisait cinquante ou soixante kilomètres à l'heure et on l'emmenait à chaque fois qu'on allait à la maison du lac. Eh bien, quand j'avais environ huit ans, papa nous a appris, à mes soeurs et à moi, à piloter le bateau sur le lac, devant la maison. Ça me plaisais beaucoup et tous les matins je me levais avant tout le monde, j'enfilais mon maillot de bains, je sautais dans le bateau et je remontais le lac sur environ cinq kilomètre (le lac dessinait une grande courbe, je crois qu'en réalité, c'était une rivière), je faisais le plein d'essence et je revenais à notre ponton, je prenais mes sœurs et on faisait du ski toute la journée !*

Un matin, nos voisins ont vu ma pomme qui se ramenait avec le bateau et qui l'amarrait à l'embarcadère, ils ont failli en perdre leur râtelier. Ha, ha! Ils ont demandé à papa si c'était bien que je pilote toute seule et il leur a répondu que je pilotais mieux que lui. Du coup, je me suis sentie vachement adulte. J'ai souri jusqu'aux oreilles et j'ai ressauté dans le bateau avec mes sœurs; on a démarré et on a commencé à faire du ski. Sincerrement, j'adorais aller dans cette maison au bord du lac avec ma famille ! J'ai un tâs *de souvenirs sympa et heureux de là-bas. L'année dernière, j'ai pleuré quand j'ai su que papa l'avait vendue. Mais personne n'y va plus, alors il fallait bien qu'il la vende. Je vous en parlerai encore dans mes prochaines lettres. Il y a des tâs de choses à raconter de là-bas !*

Caney Creek est situé environ à soixante-cinq kilomètres au sud-ouest de Houston, dans la direction du golfe du Mexique, près de la ville de Brazoria. Pour Karla, Caney Creek, quand elle avait huit ou neuf ans, fut la période la plus heureuse de son enfance.

Ce que Karla aimait par-dessus tout, dans la maison du lac, c'est qu'elle avait des escaliers. Du plus loin qu'elle se souvienne, elle a toujours beaucoup aimé les escaliers. Et puis le propriétaire du bazar du coin connaissait bien les filles Tucker et leur papa, aussi, quand les petites venaient seules faire le plein d'essence et acheter des friandises, il savait qu'il n'y avait pas de problème si elles lui disaient : « Mettez ça sur le compte de papa ! »

« Je vous jure, dit Karla, ça c'était *le fin du fin* ! » J'ai une photo de Karla à la maison du lac, en maillot de bain rouge deux pièces, debout en haut des marches. Menue et noiraude, avec un air effronté et garçon manqué, elle paraît remontée à bloc et prête à décamper.

À Caney Creek, les trois filles apprirent à conduire. Karla était si petite qu'elle devait s'asseoir sur l'extrême bord du siège pour atteindre le levier de changement de vitesses, les freins et l'accélérateur mais même ainsi, elle arrivait à peine à voir par-dessus le tableau de bord ; elle conduisait malgré tout, bien avant l'âge requis. Larry Tucker avait défendu à ses filles de conduire le camion mais elles le faisaient quand même et il le savait probablement, seulement il ne leur refusait jamais rien. Après tout, quel était l'intérêt d'une maison au bord d'un lac si l'on ne pouvait pas s'amuser à y faire des choses impossibles en ville ? Lorsque les petites furent en âge d'aller à la plage et à la ville en voiture, alors là, ce fut une autre histoire.

Sur la bande enregistrée par Douglas Garrett, Danny et lui passent pas mal de temps à parler de ce qu'ils vont pouvoir faire des pièces de moto volées que Douglas dit avoir encore chez lui. Douglas déclare que puisqu'il doit aller faire un stage de trois mois à Waco en vue d'un nouveau boulot et que la police n'arrête pas de venir chez lui pour l'interroger sur les meurtres, il faut absolument qu'il s'en débarrasse. (En réalité, à ce moment-là, il les avait déjà jetées dans la rivière Brazos. Et il n'avait aucun stage de formation à Waco.)

« Les pièces, n'arrête pas de dire Douglas, faut faire quelque chose, rapport aux pièces. » Danny émet plusieurs suggestions, comme celle, par exemple, de jeter les pièces « dans le putain d'océan, si on ne peut pas faire autrement ». À l'arrière-plan, pendant toute la discussion, on entend Karla qui marmonne.

« On pourrait aller à Brazoria, dit-elle, et les mettre dans Caney Creek… » Sa voix disparaît puis revient, plus claire : « Caney Creek. »

C'est arrivé. Là-bas. À Caney Creek, les Tucker étaient une famille heureuse menant une vie heureuse, normale, avec un chien, comme tout le monde.

L'orage, cependant, couvait. Comme moi quand je pense à la vie de Peter, Karla aime à diviser la sienne en deux parties distinctes : les années heureuses et après, quand les choses se gâtèrent. En fait, pour les Tucker, durant ces années de Caney Creek, les problèmes étaient là, en toile de fond. Pour que Larry Tucker dise de sa femme ce qu'il dit quand il divorça et obtint la garde des enfants — la traitant de putain, de salope — il fallait que Carolyn Moore ait commencé à cavaler depuis un bon bout de temps. C'est à peu près à ce moment-là que Karla Faye se mit à fumer de l'herbe.

« J'avais huit ou neuf ans. Tout le monde le faisait — les mômes plus âgés que moi, mes sœurs, les mômes de mon âge. Maman, quand elle s'en est aperçue, elle m'a dit : “Si vous devez vous mettre à fumer, ma petite demoiselle, il faut le faire bien.” Elle est allée chercher du papier à cigarettes et elle m'a obligée à rouler des joints jusqu'à ce que j'y arrive. Elle était comme ça, maman : si on avait décidé de faire quelque chose, il fallait le faire bien. C'est pour ça que j'ai toujours su rouler un joint au quart de poil. »

J'ai une photo de Karla, Kari et Kathi prise à Noël 1967, dans l'un des nombreux appartements de Granny B. Karla est un vrai moustique. Les deux autres fillettes sont de douces et pâles blondinettes qui, comme leur mère, ont toujours un air indécis, légèrement flou sur les bords.

Nous sommes dans les années 1960. Mama Carolyn a habillé ses filles, comme le veut la mode, de pantalons à pattes d'eph et de chemises larges. Kari, elle, porte un col roulé. Ses cheveux, qui lui tombent jusqu'aux épaules, sont d'un blanc argenté comme des cheveux d'ange de Noël en verre filé et elle esquisse un sourire timide — avec la même irrégularité dans la bouche que sa mère. Kathi est en couleurs d'automne. Ses longs cheveux sont mous et ternes. Karla Faye se tient devant ses sœurs ; elle est vêtue d'une chemise rose pâle à manches ballons et d'un pantalon à pattes d'éléphant en écossais rose assorti. Son pantalon est, comme on disait à l'époque, taille basse, mais étant donné qu'elle n'a pas plus de hanches qu'un garçon, il lui remonte jusqu'au milieu du ventre. Ses jambes maigres sont si tordues qu'un cocker pourrait s'y faufiler. Elle a les cheveux coupés au-dessus des oreilles, comme on le fait généralement aux enfants hyperactifs.

C'est Granny B., de nouveau, qui a pris la photo, de nouveau dans l'un de ses appartements. Granny B. s'est mariée plusieurs fois — deux fois, selon Karla, au même homme. J'ai deux photos de Granny B. Elle est mignonne tout plein, avec sa façon de bomber fièrement la poitrine comme un pigeon. Elle a les cheveux teints en rouge et les porte bouffants, en un élégant chignon Pompadour. Sexy tout plein.

Derrière les enfants, sur la photo de Noël 1967, de longs rideaux en fibre de verre bon marché couvrent une partie d'un mur. Dans un coin, une console porte une télévision dont la prise et les câbles dépassent des rideaux. D'un côté des fillettes, on voit une pile de cadeaux de Noël, de l'autre, un encadrement de porte avec une chaîne de sécurité.

Karla dit que Kari, à cette époque, traînait déjà avec les garçons. Karla, elle, fumait des cigarettes et peut-être même un peu d'herbe.

Elle se piqua pour la première fois à l'héroïne quand elle avait dix ans.

« J'étais assise dans la véranda, devant la maison. Le copain de ma sœur est arrivé en Harley, il cherchait Kari. Je lui ai dit qu'elle était pas là et il a dit : "Tu veux te promener en moto et faire un trip ?" J'ai répondu : "Ben, tu parles", et je suis montée. »

Le type en Harley l'emmena et lui demanda si elle voulait faire un truc qui lui donnerait la pêche. Mais ce que se disait le copain, en fait, et que Karla ignorait alors, c'est que s'il la mettait dans un état second, il pourrait s'envoyer un *petit bout* de dix ans. Seulement, il en fut pour ses frais, parce que la drogue rendit Karla atrocement malade. Kari fut folle de colère, mais Karla, elle, en fut très fière. Ce qu'elle désirait peut-être le plus au monde, c'était ressembler à ses sœurs et à sa mère — blondes, jolies et défoncées — et avec le gars à la Harley, elle avait au moins passé un premier test. Elle s'était shootée. D'accord, elle avait été malade, mais après, elle s'était sentie parfaitement bien.

Où était le guide de ces enfants, leur gardien, l'adulte qui aurait dû dire : « Stop — non, tu es trop jeune ! » ? Personne ne prend de responsabilités. Personne ne pense qu'elles sont trop jeunes. C'est à neuf ans que Karla fut le plus heureuse, ensuite, ce fut fini — comme Peter, après son CM2, lorsque le nœud de la balançoire se défit, qu'il tomba sur le ciment du talus, se cassa le bras et réduisit lui-même la fracture.

Karla dit que les gens se trompent quand ils pensent qu'elle se droguait pour fuir quelque chose, elle dit que tout le monde parle tout le temps de « fuite », mais elle ne croit pas qu'elle essayait de *fuir* quoi que ce soit, elle croit que si elle était toxico, c'est parce qu'elle aimait la sensation que lui procurait la drogue. Point. Une fois qu'elle eut commencé l'héroïne, elle toucha, en fait, à toutes les drogues existant sur le marché. Quand elle était jeune, elle se figurait tout connaître, mais en grandissant elle apprit qu'il y avait bien d'autres choses : amphés, LSD, speed et les médicaments délivrés sur ordonnance ; alors, elle ne s'arrêta plus, cherchant seulement à équilibrer ceci avec cela et cela avec autre chose.

La certitude de Karla est terriblement séduisante. On a envie de la croire, alors qu'on sait pertinemment qu'elle se trompe. À Mountain View, j'écoute, j'acquiesce, je me laisse entraîner, puis, une fois chez moi, je redescends sur terre et je dis — tout fort, aux photos sur mon mur : « Qui peut prétendre qu'une enfant de dix ans sait si elle a un problème et si elle essaie de le fuir, à supposer même qu'elle connaisse la nature du problème ? »

Entre le moment où elle eut dix ans et celui où on l'enferma à la centrale, quatre mois avant son vingt-quatrième anniversaire, Karla Faye pense qu'elle n'a jamais cessé de se droguer pendant ces treize, quatorze années, si l'on excepte les deux semaines où, pendant son mariage, elle a tout laissé tomber.

J'ai vu la maison où vivait Karla quand elle avait treize ans, celle de Hewitt Street. C'est une petite maison de brique agréable, située dans une rue large et propre flanquée d'autres petites maisons de brique avec des pelouses bien entretenues, des arbustes taillés et un garage pour deux voitures. Un quartier propre et sûr. Une copine de Karla, ancienne droguée, m'a déclaré sans ambages : « Ce qu'il y a de bien, dans ce quartier, c'est qu'il n'y a pas de Noirs. » (Quand je citai ces propos à Karla, elle fut dans tous ses états. « Ma mère, me dit-elle, était peut-être dévergondée, mais elle n'a jamais eu de préjugés contre qui que ce soit. Elle nous a appris à ne jamais rejeter quelqu'un, quelle que soit sa couleur de peau. Et je ne l'ai jamais fait. »)

En 1969, dix-huit mois après le dernier déménagement de Carolyn Tucker, le divorce fut prononcé.

Larry Tucker obtint la garde des trois filles et ce fut horrible.

« Imaginez un film dans lequel des parents divorcent et se battent à propos des enfants de la pire manière et c'est le père qui gagne et il sépare la mère des enfants et les enfants pleurent et s'accrochent à leur maman en plein tribunal pendant qu'on les emmène, eh bien, vous avez là l'image de ce que je me rappelle… Je me rappelle qu'un soir papa nous a emmenées au cinéma et quand on est rentrés, maman était partie et toutes ses affaires avec elle. On était anéanties. Après ça, on est restées longtemps sans la voir. Je ne me souviens pas d'avoir jamais su où elle était partie ni pourquoi… Mais ce que je me rappelle, par contre, c'est que toutes les fois où j'ai demandé après maman, papa m'a dit qu'elle n'était qu'une putain et une salope — et le toutim. Ce sont les deux expressions qu'il employait et dont je me souviens clairement…

« Je me rappelle aussi comme ça me rendait malade et folle de rage d'entendre mes sœurs dire du mal de mon père quand on était avec maman. La première fois qu'elle s'en est aperçue, elle leur a défendu de parler de papa devant moi et elle m'a dit que papa était un type bien et qu'il ne fallait pas prendre au sérieux ce que disaient Kathi et Kari. »

Pendant deux ou trois ans, Karla vécut seule avec son père dans la maison de Hewitt Street. Larry Tucker avait obtenu la garde de ses filles, mais quand Kathi et Kari, ayant atteint l'âge de douze ou treize ans, furent en droit de décider où elles voulaient vivre, elles rejoignirent toutes deux leur mère. Karla se rappelle combien elle fut proche de son père pendant tout le temps qu'elle vécut avec lui. Ils allaient manger chez Pancho où il y avait des buffets mexicains à volonté et ils jouaient au foot. Excepté quand elle était complètement défoncée, dit-elle, elle connut, pendant ces deux ou trois ans auprès de son père, quelques-uns des meilleurs moments de sa vie.

Le père de Karla travaillait sur le canal maritime. Le canal est très éloigné de Hewitt Street et Larry Tucker était peu à la maison. Quand, au procès de Karla, on lui demanda pourquoi il avait permis à Karla d'aller vivre avec sa mère, il se justifia en disant que quand un bateau arrivait au port, il devait fournir, sans préavis, de longues heures de travail. Karla était trop souvent laissée à elle-même et faisait les quatre cents coups. Il n'arrivait pas à la contrôler et ne savait plus que faire. Il fallait bien qu'il travaille.

Karla aime à dire combien sa mère était sévère, dans les premières années, administrant des fessées à ses filles pour les inciter à bien se conduire, leur apprenant à se tenir à table, à faire la cuisine et le ménage, imposant sans cesse des limites et ayant toujours le dernier mot. Karla raconte que dans les premières années, Carolyn était le type exemplaire de la mère-qui-travaille, tel que l'entendait la société, préparant le petit déjeuner et le dîner, confectionnant les sandwiches des écolières, nettoyant la maison *nickel*, apprenant à ses filles, dès qu'elles surent marcher, à faire la cuisine et le ménage et à être de bonnes maîtresses de maison. Jouant avec elles aux dominos et au Monopoly.

Si Carolyn Moore pouvait passer, aux yeux de sa fille, pour une mère sévère, elle avait aussi un défaut rédhibitoire, à savoir une véritable fascination pour les choses de l'ombre, pour les hommes en marge de la loi, pour une vie excitante, non conformiste et surtout échappant aux règles sociales conventionnelles, une vie dans laquelle elle pouvait se mouvoir sans entraves et aller où elle voulait…

C'est là et non à la maison qu'était sa vie, son obligation primordiale étant de profiter de l'existence au maximum.

De beaux vêtements, un bel appartement. L'indépendance. La capacité de faire face à n'importe quelle situation.

Comme tous les gens qui rêvent de tenir la corde, Carolyn Moore aimait cette zone où se croisent l'illégalité et la répression policière, où les gens travaillent des deux côtés de la loi, où toute personne d'une intelligence normale peut voir des deux côtés et comprendre ce qui se passe *vraiment* : qui fait quoi à qui et qui sont vraiment les *ils* qui tirent les ficelles. Pendant un certain temps, Carolyn Moore travailla au commissariat de police de Houston le jour, se droguant et faisant des passes le soir.

Il y a beaucoup de baptistes au Texas. Ils forment un groupe de pression très influent au sein du corps législatif de l'État. Pas plus tard qu'en 1966, on ne pouvait pas commander un cocktail dans les bars de Houston ; il fallait posséder une carte pour pouvoir entrer dans ce que l'on appelait les clubs privés. Les bars étaient des bars à bière. Dans le quartier du centre commercial d'Almeda et du canal maritime, les parcs de stationnement des bars étaient — et sont toujours — entourés de camionnetttes découvertes équipées de râteliers d'armes. En 1966, la ville était encore très fruste, les baptistes tenaient le haut du pavé et il n'était que trop facile de passer du côté de l'ombre. « Bon » s'appliquait à un comportement strictement fondamentaliste. Tout le reste était mauvais.

Le tribunal avait donné à Larry Tucker la garde de ses filles.

Quand je demande à Karla pourquoi, à son avis, les choses se passèrent ainsi, elle hésite puis dit : « Ils pensaient, j'imagine, que papa avait une vie plus… stable. »

Mais Larry Tucker était amplement dépassé par le problème de sa femme et de ses filles ; Larry Tucker n'avait aucun moyen de venir à bout de ses dévergondées de filles. Quoi d'étonnant ? Tout d'abord, ce furent ses aînées qui lui causèrent des soucis et quand Karla s'y mit à son tour, il ne sut plus quoi faire. Il se dit que sa mère réussirait peut-être mieux. Il n'avait aucune envie d'envoyer Karla Faye vivre avec Carolyn Moore, car il connaissait les agissements de son ex-femme, mais Karla était complètement accro, elle se shootait, se battait comme une chiffonnière, se faisait constamment renvoyer de l'école pendant que lui travaillait dans les docks à toute heure du jour et de la nuit. Ça ne pouvait pas être pire.

Combien il se trompait ! Le temps était venu de la vraie dégringolade.

« Maman avait beaucoup de pouvoir. Elle fréquentait, depuis une dizaine d'années environ, ce qu'on appelle… vous savez, un ripou. Il franchissait sans cesse la fameuse ligne de démarcation, il savait des choses. Tout le monde franchissait la ligne. Dès qu'il lui disait que les flics préparaient un coup de filet chez les trafiquants de drogue, maman téléphonait aux gens pour les prévenir. Tout le monde l'appelait pour être au courant. Ma mère *fonctionnait* parfaitement. Je la regardais faire et j'avais envie d'être comme elle. J'avais envie de faire les choses comme je l'entendais. J'avais envie d'être la première femme quarterback de la NFL[1]. »

Pendant toutes ces années de chaos, Larry Tucker semble avoir gardé le sens des convenances et s'il lui arriva parfois de

1. National Football League.

tenir à ses filles des propos désobligeants à l'égard de leur mère, il faut dire qu'il avait été poussé à bout.

En fait, ce sens des convenances constitua peut-être un élément important du problème. Pour Mama Carolyn et les filles, convenances était synonyme de ringardise.

Debi Bullard, une copine de collège de Karla, dit : « J'adorais aller chez Mama Carolyn. C'était excitant. Je veux dire, comparé à chez Larry. Et à chez moi, aussi. Mama Carolyn était une pute de luxe. C'est exactement ce qu'elle était, une pute de luxe. Elle faisait de bonnes affaires. Elle habillait bien ses filles. C'est dur d'élever trois filles. Elle savait gérer une affaire. J'adorais cette dame. C'est avec Mama Carolyn que j'ai fumé mon premier joint. Elle était assise sur le canapé et elle a ouvert un paquet de hasch. »

Debi raconte qu'un samedi, quand elle avait environ treize ans, elle était au lit, chez Mama Carolyn, les couvertures tirées jusqu'au menton, et elle regardait des dessins animés à la télévision — c'était un samedi après-midi, elle en est sûre, parce qu'elle se rappelle quels dessins animés elle regardait. « Tout à coup, Mama Carolyn entre et me dit : "Debi, il y a un type, dehors, qui est prêt à payer deux cent cinquante dollars pour t'avoir, si tu es d'accord." J'ai rien répondu, alors elle a dit : "Chérie, t'es pas obligée. C'est comme tu veux." J'ai répondu que c'était hors de question et elle est sortie. J'ai remonté les couvertures et j'ai continué à regarder les dessins animés. »

J'ai demandé à Debi pourquoi elle avait dit non.

« J'avais peur. J'étais vierge et j'avais les jetons.

— Peur de quoi ? lui demandai-je.

— J'avais peur, c'est tout. »

Karla dit que l'histoire de Debi, c'est des « conneries de *débile* ». Karla ne supporte pas que quelqu'un dénigre sa mère, surtout si ce quelqu'un n'est pas de la famille et encore moins quand cette personne va jusqu'à insinuer que Carolyn Moore aurait pu faire quelque chose d'aussi répréhensible que négocier pour atteler une fille, comme dit Karla dans son jargon.

Les amies de cette histoire, Karla, Kari, Debi et Shawn, ont conservé une perception adolescente les unes des autres et elles ne changeront probablement jamais. Leurs amitiés se sont formées de bonne heure, se sont développées pendant l'adolescence, puis n'ont plus évolué. Ces filles s'emportent vite les unes contre les autres, sans crier gare. Elles mettent en doute l'honnêteté et les intentions de l'autre. Chacune pense que c'est elle qui détient la vraie version de toutes les histoires qui circulent. Elles sont très querelleuses. Et un peu jalouses les unes des autres.

Quoi qu'il en soit, Larry Tucker aurait eu du mal à rivaliser avec toute cette excitation. Il y avait tous ces mauvais garçons, dont il ne faisait pas partie. La folle vie. C'étaient les mauvais garçons qui étaient excitants.

« Papa était — est — un type bien », dit Karla, et ce sont ses derniers mots sur le sujet.

Debi Bullard, qui habitait à quelques rues de chez Karla, dans Hewitt Street, se rappelle être allée à l'école complètement défoncée. « Un jour, Mama Carolyn est venue à la maison. On avait cent comprimés de Valium. Mama Carolyn a dit : "Ton père sait que tu as ces comprimés, jette-les." Moi et Karla, on en a pris trente-trois chacune. On a été défoncées pendant plusieurs jours. »

Debi pense que Karla et elle devaient avoir onze ans environ. Peut-être douze.

C'est à peu près à cette époque que Karla fit sa première expérience sexuelle. Elle avait onze ans, peut-être douze. Cela se passa dans une maison où s'était réfugiée Kari après s'être enfuie de chez elle. Il y avait là un type que Karla trouva mignon. Alors ils filèrent dans la chambre à coucher. Dans cette maison, tout le monde était beaucoup plus âgé que Karla et beaucoup plus âgé que Kari, mais personne ne trouva bizarre que Karla s'en aille dans la chambre avec le type mignon ; quant à Karla, ce qu'elle savait, c'était que tout le monde s'envoyait en l'air et qu'elle voulait connaître, elle aussi, ce que tous les autres connaissaient.

Le type et elle s'en vont donc dans la chambre mais il n'arrive pas à la lui mettre. Il s'évertue, rien à faire. Finalement ils abandonnent et le type revient vers ses copains en disant — à la cantonade : « Putain, elle est tellement petite qu'on pourrait même pas y entrer le gros orteil. »

Et tout le monde de rire. Karla, elle, en fut humiliée.

« Je mourais d'impatience d'être assez grande pour aller avec un homme. »

Quand elle fut enfin assez grande : « Je suis devenue une vraie obsédée sexuelle. Je voulais savoir tout ce qu'il y avait à savoir. »

Mais le sexe n'était pas son truc et elle n'eut jamais d'orgasmes. Et elle était toujours une enfant. Seulement elle avait le génie de convaincre les gens qu'elle n'en était plus une.

Les bons et les mauvais

Nous ne voulions pas être comme nos mères, nos mères s'agitaient fébrilement et ne s'amusaient jamais... Nos papas, eux, faisaient les quatre cents coups... Les coquins. Nous voulions leur ressembler.

C'est ce que j'avais écrit dans une rédaction sur les filles du Sud et leurs pères. Dans ma famille, le dévergondé, c'était mon père. Il buvait trop, dansait sur une musique dangereuse, jouait des sommes qu'il ne possédait pas et empruntait au point d'hypothéquer non seulement son avenir mais le nôtre. Jouant ainsi gros jeu, il ne pouvait pas se permettre de se tromper, car il n'avait ni marge ni ressources. Il était — et par voie de conséquence, nous étions — toujours dans la dèche. De temps en temps, même, carrément au fond du trou.

Je l'adorais. Il était plus grand que nature, plus éclatant que la musique ; il chantait, il dansait, il racontait des histoires. Il reculait, à mes yeux, les limites du possible. J'écrivis un jour, dans l'un de mes romans : « Il donnait du sel à la vie. Énormément de sel. »

Karla craint que je ne fasse passer son père pour une mauviette : pas assez viril pour garder sa femme ni venir à bout de ses filles. Karla n'arrête pas de me raconter quel homme fort était Larry Tucker, combien les gens avaient peur de lui, comment, rentrant un jour à la maison et la trouvant assise sur la cuvette des W.-C., complètement défoncée, il lui flanqua une gifle qui l'envoya dans la baignoire. Me raconte comment Mama Carolyn, au moment du divorce, avait menacé Larry Tucker : « Touche à un seul cheveu de la tête de mes filles et je te traîne devant les tribunaux. » Ce qui fait, dit Karla, que Larry Tucker se retrouvait pieds et poings liés. Les filles étaient déchaînées, de plus en plus déchaînées, mais il n'osait utiliser la force, de peur que Carolyn Moore…

« Papa était foutrement amoureux de maman », dit Karla.

Nous sommes tous tellement fragiles.

Ma mère non plus n'était pas une mauviette ; de nature emportée, elle pouvait foncer sur l'ennemi désigné avec la férocité d'un chat pris au piège. Foncièrement bonne, c'était une personne chaleureuse et généreuse dont les besoins, tout bien considéré, étaient simples. Ce qu'elle voulait, c'était un vrai foyer. Point. Cela, hélas, ne lui fut donné que dans les cinq dernières années de sa vie.

Je dis à Karla qu'il y a un problème si elle trouve que « sens des convenances » et « travail » sont des termes peu virils, et c'est son problème à elle, exactement comme c'était le mien quand je trouvais ma mère ennuyeuse, alors que tout ce qu'elle demandait, c'était une vie un peu plus calme et beaucoup plus sécurisante. Pendant ce temps-là, le coquin dansait sur ses rythmes endiablés.

Ici, nous sommes, en un sens, chacune d'un côté du Plexiglas — un bon père/une mauvaise mère/une bonne mère/un mauvais père — mais l'effet est le même.

Je dis à Karla qu'elle devrait réfléchir à cela, qu'elle devrait y réfléchir sérieusement, parce que je n'ai, je crois, compris ma mère qu'après sa mort.

À côté de la photo de Karla en maillot de bain, à Caney Creek, mais à des années-lumière en termes d'expérience et de ton, il y en a une d'elle à treize ans ; sexy et boudeuse, elle est affalée dans un fauteuil rond en tissu marron pelucheux. Nous sommes en 1973 et le fauteuil est l'un de ces objets mous et sans forme très à la mode, à l'époque — Karla l'appelle un fauteil d'amoureux. Derrière le fauteuil, on voit tout un mur de stores verticaux. Karla porte un pantalon rouge à pattes d'éléphant et des sandales à talons de liège. Elle pose comme une pin-up de magazine, une jambe relevée et serrant dans ses bras un coussin duveteux. Son visage exprime à la fois la mauvaise humeur, l'ennui et un parfait dédain d'adolescente.

Le rideau tombe. Fin de l'acte I. Acte II : Karla est une fille croustillante qui a ses règles et fait la folle. Le petit moustique a cédé la place à Karla-la-Terreur — une bagarreuse brune et musclée, athlétique. Un mauvais sujet.

Radicale, voilà comment elle se décrit, en référence, surtout, aux drogues qu'elle prenait et aux bagarres dans lesquelles elle se jetait constamment.

Kathi et Kari s'étaient fait une réputation à l'école. Quand Karla arriva, les enseignants craignirent des problèmes. Karla Faye veilla à ce qu'ils ne fussent pas déçus.

Sur la photo, Karla ressemble exactement à ce qu'elle était à treize ans, une gosse agressive et maussade qui ne va pas tarder à se faire renvoyer de l'école ; pas à cause de ses notes — même si elle a déjà raté deux fois le passage en cinquième — mais à cause de sa violence.

À l'époque de la photo dans le fauteuil d'amoureux, Karla habitait un appartement de Spring Branch avec sa mère et ses deux sœurs, la meilleure amie de sa mère, Adele, Shawn et Laura Sue, une autre amie de Karla et de Kari.

« Sept femmes dans le même appartement, quatre chambres, deux salles de bains. Qu'est-ce qu'on se marrait ! Je n'allais pas à l'école, cette année-là, parce que je m'étais fait foutre à la porte… J'ai eu quatorze ans en novembre… Ma mère travaillait à son boulot de secrétaire dans la journée et avec Adele, elles gagnaient du fric le soir au téléphone. On avait toujours plein d'argent et tout ce qu'on voulait ! J'ai passé cette année-là à me shooter à l'acide — c'est l'année où j'ai commencé à m'y mettre, quelque chose de sérieux — et à apprendre à baiser autrement qu'à la missionnaire. C'est l'année où Kari a rencontré Ronnie. Adele, Laura Sue, Kari et Kathi (quelquefois) dansaient seins nus dans des clubs, alors j'y allais aussi, un peu. Je n'ai jamais dansé parce que je n'avais pas l'air assez vieille, mais j'arrivais quand même à entrer pour regarder les autres danser, se doper et tout ça… On est restées dans l'appartement à peu près un an, ou peut-être six mois, et puis on est parties à Genoa où vivait cet homme que ma mère a épousé pour son fric. »

Carolyn Moore se shoota pour la première fois à l'appartement de Spring Branch. C'est à ce moment-là que les choses prirent vraiment mauvaise tournure. Mama Carolyn commença à se défoncer puis à s'arrêter, à se défoncer puis à s'arrêter…

À treize ans, Peter aussi commença à se donner des airs de dur sur toutes les photos. Il était joli garçon, mais il suffisait de braquer l'objectif sur lui pour qu'il se renfrogne comme pour dire : « Qu'est-ce que ça peut me foutre ? »

Nous pensions bien agir, Carolyn Moore et moi, en étant hyper *copines* avec nos enfants.

Et puis, bon Dieu ! Qui avait envie de jouer les gendarmes ?

Mama Carolyn

1974. Un instantané en couleurs ; comme décor, l'appartement de Spring Branch où vivaient à l'époque les sept femmes. Karla et sa mère sont assises à une table de bridge et jouent au rami. Karla a quatorze ans. C'est elle qui donne.

Elle vient de se faire renvoyer définitivement de l'école. Se shoote. A déjà pris la route avec deux groupes de rock. Consomme régulièrement de l'acide. Un petit ami de la meilleure amie de sa mère, Adele, un ancien béret vert d'un mètre quatre-vingt-dix-neuf, donne à Karla des leçons d'arts martiaux et de sexe « autrement qu'à la missionnaire ».

Sur la photo, Carolyn porte un débardeur à côtes tirant sur le vert. Ses mains sont posées à plat sur la table, ses cheveux sont longs et flottants — plus blonds qu'avant, entre l'or et le miel —, elle regarde en biais par-dessus son épaule gauche, de ses yeux pâles, plus proches, finalement, du vert que du bleu, en direction de la personne qui prend la photo. À côté de sa main gauche, il y a une boîte de Lone Star (« La Lone Star était la bière préférée de maman »), à côté de la droite, un paquet de cigarettes et un cendrier. Deux flacons de vernis à ongles de couleur différente sont posés sur la table de jeu.

Carolyn a minci. Son dos est toujours droit — elle n'a pas besoin du dossier de la chaise pour se tenir — mais ses épaules s'affaissent et ses bras sont mous, il y a quelque chose de relâché chez elle — comme une souplesse excessive des articulations ; on sent que la jeune Texane a fait de trop grandes enjambées pour ne pas mettre sa santé en danger. Mais elle est toujours jolie, malgré son air de fragilité. Son visage évoque une fleur, sa peau est incroyablement claire.

Karla est vêtue d'une chemise bleu marine sans manches. Ses boucles noires lui tombent en cascade sur les épaules. Ses bras sont très musclés et un duvet brun couvre ses avant-bras. C'est une gamine costaude qui respire la santé ; elle a une allure athlétique — une muscularité, une netteté dans la silhouette que n'ont ni ses sœurs ni sa mère. Mais elle ne fait pas ses quatorze ans.

Karla dut subir une hystérectomie à l'âge de quinze ans. Elle avait toujours eu des problèmes : des règles anormalement abondantes et des kystes aux ovaires. À treize ans, elle avait eu un curetage. Quand elle eut quinze ans, les médecins l'ouvrirent pour voir s'il était possible d'améliorer son état et finalement lui enlevèrent l'utérus et un ovaire. Karla me dit que ça ne lui fit ni chaud ni froid, qu'en un sens elle était même contente. Comme ça, elle n'avait plus à craindre de se retrouver enceinte.

Tout ça, c'était une grosse *farce*. Une grande fête. Une histoire en plein milieu de laquelle elle était née.

Pendant ce temps, parmi ses amies, Karla tenait un rôle qu'elle ne devait plus lâcher, celui du flic vache, se conformant scrupuleusement au code des durs et veillant à ce que personne — attention ! personne — ne fasse de mal à ceux qu'elle aimait.

Debi Bullard dit que la première fois que Karla vit les bleus qu'elle s'était faits au bras en se shootant, « elle m'a botté le cul. Quand c'est qu'elle a vu mes bleus, elle m'a botté le cul.

— Qu'entendez-vous, je lui demande, par "elle m'a botté le cul" ?

— Elle m'a tabassée.

— Avec ses poings ?

— Oui.

— À la mâchoire ? »

Elle fait signe que oui. « Elle m'a botté le cul.

— Mais pourquoi pensait-elle que c'était bien pour elle et pas pour vous ?

— Ça, j'ai jamais compris. »

Karla dit qu'elle n'a pas frappé Debi, qu'elle l'a seulement menacée — aucune ne veut revenir sur sa version des faits — et que comme elle était souvent impliquée dans des bagarres dont elle était fière et où elle faisait souvent mal, très mal, pourquoi ne revendiquerait-elle pas celle-ci aussi ? Personne, ajoute Karla, ne lui a jamais appris à se battre. Ce n'était pas nécessaire.

« Je crois que j'ai giclé du ventre de ma mère en sachant comment faire. J'ai toujours eu une grande force physique. J'ai toujours su me battre. »

À cette époque, Houston avait la vedette. Nous avions l'Astrodome[1], les Astros, Jones Hall, une nouvelle aile au musée des Beaux-Arts. Le prix du pétrole était en hausse, l'immobilier suivait. Notre population avait depuis longtemps dépassé celle de Dallas. Nous avions ce qu'on appelle une école libérale, qui laissait les enfants apprendre à lire quand ils le voulaient, s'ils le voulaient. Nous commencions à envisager la création d'un nouveau musée, d'une compagnie de ballets…

Selon une certaine théorie sociologique, une ville comme Houston peut être plus cruelle qu'une agglomération nettement divisée en termes de classe. Une ville apparemment très ouverte nourrit l'espoir d'individus en marge de la société. La frontière est là, à portée de la main, tout ce qu'il suffit de faire, c'est travailler dur, s'habiller comme il faut, agir comme il faut, franchir le pas et l'on est accepté, acceptable, *dans le coup*. La seule

1. À Houston, stade fermé et équipé d'un toit transparent, où se jouent des matchs de football américain et de base-ball. Peut contenir jusqu'à soixante mille spectateurs.

chose nécessaire, c'est l'argent. Pas de zonage. Tout est accessible.

Malgré l'ascension sociale et le bon temps passé à Caney Creek Estates, le feu couvait chez les Tucker. Les problèmes étaient latents depuis la naissance de Karla, sinon avant. Il n'y a qu'à regarder les photos. Voilà une famille dont quatre membres sont de type germanique. Carolyn, Larry, Kathi et Kari ont tous des cheveux clairs, des yeux clairs, la peau pâle et cette douceur floue qui les caractérise. Puis arrive ce bébé aux yeux noirs, à la peau noisette qui deviendra un garçon manqué, une tête brûlée au corps maigrichon, à la poitrine plate et aux jambes torses. Regardons la photo des trois petits lapins en peluche, sur le lit. Deux lapins blancs comme neige. Un lièvre sauvage et noiraud.

Larry Tucker est le père de Karla Faye, mais en termes biologiques, elle est la fille d'un autre homme. Pas besoin d'être génial pour le deviner. Comme Karla est née en novembre 1959, cela signifie que Carolyn Moore cavalait déjà, deux ans après son mariage. Karla est le résultat de l'une de ses liaisons, cette fois avec un Grec, un pompier.

Quand Karla eut treize ans, Carolyn Moore tenta de la présenter à son père biologique. L'appelant son vrai père. L'homme ressemblait à Karla, mais celle-ci ne voulut rien entendre. « J'ai déjà un père », dit-elle à sa mère, et elle sortit en claquant la porte.

En apprenant cela, Karla crut sentir le sol s'ouvrir sous ses pieds, engloutissant à jamais sa famille. Elle ne sut comment réagir et ne comprit que récemment l'effet produit sur elle par cette révélation qui la rendit à l'époque folle de fureur, la terrifia et lui donna un profond sentiment d'isolement.

Karla et Larry Tucker n'ont jamais abordé ce sujet délicat. Après tout, dit Karla, « mon père est et a toujours été *papa* ». Tout ce que lui apporta le pompier grec, ce sont ses cheveux noirs et ses jambes torses. Quant à sa beauté et à ses divergences avec les autres, impossible qu'elle ne les ait pas remarquées, la première fois qu'elle se regarda dans une glace.

« Dès que j'ai giclé… » dit-elle, en parlant de sa naissance, à propos d'autre chose. Tout le monde devait être au courant. Mais Karla ne poursuit pas, préférant se rabattre sur une histoire plus facile à gérer : la drogue.

« Ma mère et moi étions très proches l'une de l'autre. Nous nous partagions la drogue comme du rouge à lèvres. Au début, elle était contre l'héroïne parce qu'elle détestait les aiguilles. Quand j'avais douze ans et que je vivais avec papa dans Hewitt Street, j'ai commencé à me shooter régulièrement. Je séchais l'école. Il ne savait plus quoi faire, alors il a appelé maman et il lui a dit : viens la chercher, je sais plus quoi faire d'elle. Alors maman est venue ; j'étais au lit, nue comme un ver, je m'en souviens parfaitement. Elle savait que j'étais accro à la piquouse ; je me shootais pratiquement à toutes les drogues qui me tombaient sous la main ; elle m'a tirée du lit vite fait et elle m'a dit lève-toi, je t'emmène et j'ai dit est-ce que je peux m'habiller ? Et je suis allée vivre avec elle. Et je lui ai promis de ne pas recommencer, mais vous savez bien qu'un toxico trouve toujours le moyen de se shooter et ça n'a pas manqué. »

Granny B. trouve Karla trop sévère envers sa mère. « Elle me répète tout le temps, dit Karla : "Tu n'étais pas si malheureuse." » Karla plisse le nez. « Je ne *dis* pas que j'étais malheureuse. »

Il ne fait aucun doute que quand elle entend ses petites-filles parler du sexe comme elles parleraient de la pluie et du beau temps, Granny B. sent la terre trembler sous elle. Granny B. est une dame bien qui sait reconnaître les allusions critiques. Tous ces propos sur les passes ! L'une des raisons pour lesquelles Karla guette les réactions des gens avec une telle intensité, c'est qu'elle essaie de combler les lacunes de son éducation en étudiant la façon dont la perçoivent les gens respectables.

« La vie que nous menions peut sembler anormale, dit Karla, et peut-être que je la vois sous un autre jour, maintenant. Pas parce qu'elle me semble différente, mais à cause des réactions des gens. Elle ne nous semblait pas bizarre, à l'époque, elle nous semblait normale. Vous voyez ce que je veux dire ? »

Carolyn Moore apprit à ses filles à bien se tenir et à ne jamais répondre, jamais. Karla pense que ça lui est peut-être arrivé une fois, et deux fois à Kari ; pour Kathi, elle ne se souvient plus. Carolyn Moore envoya à Karla une gifle qui la fit tomber de sa chaise. Quant à se lécher les lèvres à table, pas question. Mais le pire, c'était le mensonge. Carolyn Moore avait promis à ses filles que tant qu'elles diraient la vérité, elle les soutiendrait. « Dame, je ne ne sais pas ce que je vous ferai, une fois que vous serez rentrées à la maison, mais tant que je saurai que vous dites la vérité, je vous soutiendrai. » Et elle tint promesse. Elle y fut obligée bien des fois, car les filles Tucker étaient infernales et l'école était sans cesse en train de téléphoner.

« Ma mère, comment dire, elle était toujours là pour nous, c'est tout. Elle était là pour nous. Jusqu'au jour où elle est devenue accro de la piquouse. »

J'ai une photo d'art de Carolyn Moore à trente-huit ans ; son buste sort d'un drapé de photographe en velours noir ; le portrait a été rehaussé au pochoir et retouché. Ses cheveux tombent en molles ondulations autour de son long visage mince, elle sourit d'un air absent, ses sourcils sont soigneusement épilés et elle porte un médaillon en or. Le drapé lui dégage les seins, qu'elle a assez gros et généreux.

Carolyn Moore vient juste de sortir de l'hôpital où elle a subi une hystérectomie. C'est avant son hépatite, mais elle n'est pas en grande forme.

Sur la photo, Carolyn Moore est encore jolie, mais elle a perdu son éclat. Elle est maigre, pâle, et son sourire est forcé. Tout fiche le camp… sa santé, sa beauté, son dos droit, son énergie… tout s'étiole à vue d'œil.

La première fois que Karla accepta de l'argent pour quelque chose ressemblant à des faveurs sexuelles, elle faisait de l'auto-stop. Un type la prend et lui dit qu'il lui donnera vingt dollars si elle lui montre un nichon. Elle s'exécute. Il paie. Il lui dit qu'il lui donnera encore vingt dollars si elle lui montre l'autre nichon. Elle s'exécute. Il paie de nouveau. De retour à la maison, Karla raconta à sa mère et aux autres femmes ce qui venait de se passer et brandit les quarante dollars. Mama Carolyn empocha une partie de l'argent en disant à Karla que si elle continuait à faire ça, elle aiderait à payer le loyer.

Karla se sent coupable d'avoir appris à sa mère à se shooter. « Elle m'a dit, quand je suis venue vivre avec elle, que la raison pour laquelle elle haïssait l'héroïne, c'est qu'elle savait que si elle s'y mettait, elle aimerait trop ça, qu'elle deviendrait accro et que c'était pour ça qu'elle ne voulait pas le faire. Et puis elle détestait les aiguilles ; mais moi, vous savez, j'étais accro à la piquouse. J'avais autant besoin de l'aiguille que de la drogue elle-même. »

Tout ce qu'elle trouvait à s'injecter, Karla se l'injectait. Elle n'allait tout de même pas aussi loin que certains, ce type, par exemple, qui n'arrêtait pas d'enfoncer la seringue, des douze ou treize fois de suite. C'est ça qui le faisait planer, le fait d'enfoncer l'aiguille. Karla n'en était pas là. Mais « l'aiguille qui s'enfonçait me faisait autant de bien que la drogue elle-même ». Elle se couvre la bouche de sa main. « Ça me donne envie de vomir. »

Un jour, Karla, rentrant à l'appartement, découvrit sa mère, allongée sur le canapé, qui essayait de trouver l'endroit du bras où enfoncer l'aiguille et fourrageait, fourrageait à n'en plus finir. Elle demanda à Karla de l'aider. « Non, je t'interdis de faire ça », lui dit Karla. « Bon, très bien, lui répondit sa mère, je vais le faire moi-même. » Et la voilà qui recommence. Karla se rappela alors la fois où elle était avec des copains, dans un rendez-vous de toxicos ; un type essayait de se shooter mais il ne savait pas s'y prendre, alors il avait touché une artère, son bras avait explosé et le type était mort sur-le-champ. Le tripot s'était vidé en un clin d'œil. Aussi, quand Karla vit sa mère se fourrager dans le bras avec l'aiguille, elle se souvint de cet épisode et dit d'accord, elle allait l'aider ; ce qu'elle fit, et voilà comment Carolyn Moore commença à se shooter à l'héroïne.

« C'est affreux. Après ça, tout s'est déglingué... »

Karla n'eut jamais grand-chose à payer pour se procurer de la drogue. Tout le monde, autour d'elle, se droguait et trafiquait. Les drogues ne manquaient pas. Quand elle trafiquait, il était sous-entendu qu'elle aurait de la drogue pour ses besoins personnels.

C'est à l'appartement de Spring Branch que Karla Faye s'initia, auprès de Scott, le béret vert et petit ami d'Adele, la copine de Carolyn Moore, à la fellation ainsi qu'au karaté.

« Scott m'a montré les coups de pied. On travaillait sur le sac lourd. On s'entraînait ensemble et je suis devenue assez bonne. Et au punching-ball aussi. C'est là que j'étais vraiment bonne, au punching-ball. Je ne me rappelle pas avoir appris ; je savais, c'est tout. Il faut dire que j'ai toujours été assez douée en athlétisme. J'ai toujours su me tenir sur la tête, aussi loin que je me souvienne ; avant de me faire mal aux épaules je marchais aussi un bon bout sur les mains... Dans le premier appartement où j'ai habité seule, j'avais pas de meubles, pas de lit, rien. Juste ma radio, mon punching-ball et quelques fringues. J'étais heureuse. »

J'ai une photo de Karla faisant le grand écart dans les airs, les jambes à angle droit par rapport aux hanches, le bout des doigts dépassant les orteils. Elle ferme les yeux de concentration, ses cheveux volent au-dessus de sa tête, elle est à environ un mètre vingt du sol. Ses jambes sont droites et l'on voit le dessin des muscles de ses mollets et de ses cuisses. Elle appelle ça le grand écart russe. « Il n'est pas parfait, dit-elle, j'aurais dû avoir le dos droit. »

En plus des arts martiaux, le petit ami d'Adele donna à Karla un autre genre de leçons. Elle avait quinze ans. Elle avait vu l'une des femmes de la maison faire une fellation à Scott —

prenant tout le truc dans sa bouche et se l'enfonçant dans la gorge de façon que le sperme coule au-delà des papilles gustatives et qu'elle n'en sente pas le goût — mais Karla ne l'avait encore jamais fait. Le béret vert estima qu'il était temps que Karla apprenne à tailler une pipe. Il le lui enseigna donc. Et cette aptitude était un grand sujet d'orgueil chez les femmes qu'elle fréquentait.

J'ai une photo de l'instructeur de Karla. Il est en treillis militaire, avec un tricot de corps noir. Il tient un pitbull par la poitrine. Il a son béret vert dans sa poche ; sur le nez, des lunettes de soleil style aviateur et il gonfle un biceps. Il a la mâchoire carrée et on dirait qu'il serre les dents.

Puis un jour, Scott et deux autres types décidèrent que le temps était venu, pour Karla, d'apprendre à recevoir ce qu'elle savait maintenant donner. Les femmes n'arrêtaient pas de lui dire qu'elle ne savait pas ce qu'elle perdait, qu'elle n'aurait jamais idée de ce que c'était que de prendre son pied tant qu'elle n'aurait pas été sucée, alors trois types et une femme emmènent Karla dans la chambre et… rien. L'un des types était censé être un expert. Ils lui caressèrent la chatte. Même Adele essaya.

Ce n'est que lorsqu'elle coucha avec Danny Garrett, en janvier 1983, qu'elle apprit vraiment ce qu'était le plaisir. « Avant ça, je crois que j'avais joui deux fois en tout et pour tout. Et les deux fois, c'était par accident. J'étais avec un micheton. Ils se sont plantés, avec moi. »

Dans le domaine de l'éducation officielle, Karla ne fit jamais grand-chose, excepté l'année de son renvoi. Cette année-là, elle réussissait bien — des A partout —, elle avait vraiment envie de faire un effort, mais elle fut renvoyée deux semaines après la rentrée. Plusieurs fois déjà, elle avait été exclue provisoirement avant son renvoi définitif ; sa mère, cependant, avait toujours réussi à persuader le proviseur de la garder. Le reste du temps, c'est simple, elle n'avait jamais fait le moindre effort, ne s'était jamais appliquée. Elle avait raté le passage en

CE2 ; puis deux fois en CM2, on l'avait quand même laissée changer de classe. Les enseignants lui disaient qu'elle avait l'étoffe d'une excellente élève ; ils voulaient, pense-t-elle, l'encourager, mais elle avait la tête à tout sauf à l'étude et il arriva un moment où les enseignants tinrent à la faire passer dans la classe supérieure uniquement pour la voir déguerpir le plus vite possible. Même chose quand elle arriva en sixième. Elle n'avait pas la moyenne mais on la laissa tout de même passer en cinquième.

Elle redoubla deux fois cette classe, fréquenta l'école deux semaines à la rentrée suivante, puis ce fut le renvoi. Elle partit alors en tournée avec les Allman Brothers. Karla, sa mère et toutes les autres filles étaient assez proches d'un groupe de rock appelé Dr. Hook and the Medicine Show, qu'elles fréquentaient assidûment.

« L'école ne m'a jamais intéressée. Je détestais les enseignants, je détestais qu'ils me disent ce que je devais faire ; j'étais toujours défoncée et je m'endormais en classe. J'étais connue avant même d'aller à la plupart des cours et croyez-moi, ils n'ont pas été déçus. »

Je marque un temps et je dis : « Et les Allman Brothers ? »

Ses yeux s'allument comme deux ampoules électriques.

« Quand j'avais douze ou treize ans, on est allées à un concert au Jeppeson Stadium, moi, ma mère, ma sœur et d'autres. Je m'installe juste devant la scène et je me mets à danser, alors le gars arrive… et il me donne un laissez-passer pour aller dans les coulisses. C'était le roadie et il m'a emmenée avec lui, à leur hôtel, dans la limousine des Allman, et tout le monde était là et c'était *chouette* ! Le lendemain soir, j'ai appelé ma mère pour lui dire où j'étais et elle a dit : "Ben, je me suis doutée que c'était quelque chose comme ça quand j'ai vu que tu ne rentrais pas." »

Mon beau-père employait une certaine expression en parlant d'un enfant — généralement une petite fille — à la fois adorable et incorrigible. « Elle est mignonne, disait-il en hochant la tête avec un petit rire, mais c'est une vaurienne. » Et il répétait : « Une vaurienne. »

À la décharge de Carolyn Moore, quand je regarde, de l'autre côté du Plexiglas, cette femme enfant, bouillonnante d'énergie, rire, parler avec animation en faisant des gestes extravagants, j'imagine facilement quelle vaurienne elle devait être quand elle était jeune.

Avec une vaurienne dans la famille, la vie n'est pas facile. À la fin, Carolyn Moore subissait peut-être autant l'influence de Karla que Karla celle de sa mère. Karla était une tête brûlée ; elle ne ressemblait pas aux autres. Carolyn Moore disait qu'elle avait des qualités exceptionnelles parce que c'était vrai. Elle traitait Karla de façon différente de ses sœurs parce qu'elle *était* différente.

Le roadie des Allman Brothers dit donc à Karla qu'ils seraient de retour dans six ou sept mois et que, quand ils seraient rentrés, elle n'avait qu'à venir à tel ou tel hôtel et il lui donnerait un laissez-passer et tout ça. Au retour du groupe, Shawn et Karla se rendirent au concert, mais pas à l'hôtel parce que Karla s'était dit : « Sûr, ils se souviendront pas d'une môme comme moi. » Shawn et elle étaient assises derrière la scène quand le gars qui installait l'équipement lève les yeux et, les voyant, dit : « Tiens, vous voilà ! Bougez pas ! » Il va chercher des laissez-passer et les leur colle, plof !, sur la poitrine. À la fin du concert, elles allèrent à l'hôtel avec le roadie.

Après ça, une fois par an, régulièrement, quand les Allman Brothers venaient à Houston, Karla prenait la route avec eux pendant une semaine ou plus. « Des fois, on partait dans leur bus et, au retour, on prenait l'avion, là où on avait décidé de les quitter. D'autres fois, je les rejoignais en avion. C'est comme ça, en prenant l'avion, que je suis allée à San Antonio ; à Macon, Georgie ; à New York. On est allées dans leur bus à La Nouvelle-Orléans. Dans tous ces voyages-là, Shawn était avec moi, et maman était avec nous quand on s'est rendues à New York. C'est une des impressions les plus incroyables de ma vie ! Je me sentais importante, comme dans une espèce de rêve où tout est tellement parfait que ça ne peut pas être réel. La première fois que j'ai pris l'avion, c'était en 1973, je crois, quand Shawn et moi on est revenues de Kansas City, Missouri, là où on était parties, la première fois, avec les A.B.

« On était un peu comme les mômes du roadie, moi et Shawn. Il avait environ trente ans. Et il s'occupait de nous. Je suis restée à peu près un an sans coucher avec lui. On faisait la fête ensemble et il veillait sur nous. Et puis, je sais pas, au bout d'un an, disons, on avait bu et on était défoncés, et c'est arrivé, comme ça. C'était toujours Shawn et moi avec lui. Pas (elle appuie délibérément sur les mots) Shawn et moi en même temps. » Elle se sert de ses deux index pour indiquer deux personnes côte à côte. « Shawn et moi *avec* quelqu'un. Alors, dans ce temps-là, j'étais avec Dickie Betts — vous savez qui c'est, Dickie Betts, il était vachement mignon — ça, je veux !... Et puis après, c'était juste Dickie et j'étais la nana de Dickie et ils disaient toujours : "Fais gaffe, Dickie te tuera si tu t'approches de sa nana." Et... le truc, quand on part comme ça, avec un groupe, c'est qu'il faut aller avec un seul mec, être sa nana à lui et à personne d'autre. Si on va avec tous les mecs, ils vous crèvent. Les musiciens vous refilent aux roadies et après ils veulent plus de vous. » C'est ainsi que, cette fois-là, Shawn n'avait pas réussi à atteindre La Nouvelle-Orléans avec Karla. Elle s'était retrouvée dans le bus des roadies.

Je lui demande combien de temps il lui a fallu pour comprendre la sociologie de la vie rock and roll.

Elle écarte d'un geste la question. « Je l'ai su dès le premier soir. »

Ses yeux s'allument. « Et même, dit-elle, j'ai couché avec Gregg Allman. Une fois. »

Shawn faisait partie du voyage. « Qu'est-ce qu'on était proches, cette fille-là et moi, dit-elle de Shawn. Il n'y avait rien que je ne puisse pas lui dire. Les deux meilleures copines du monde, les plus intimes, c'était nous. On était collées l'une à l'autre comme des siamoises.

« Shawn rêvait d'avoir un bébé de Gregg Allman. Un garçon. Je me revois dans la baignoire après avoir couché avec lui et Shawn était avec moi dans la baignoire et je lui dis : "Je ne me ferai plus jamais d'injection." Évidemment, dit-elle en riant, ce n'était pas vrai. »

Alors, je lui demande, Shawn a couché avec Gregg ?

« *Non* », répond Karla en secouant la tête. Et c'est tout.

Avoir couché avec Gregg Allman. Avoir fait mieux que sa meilleure amie. Enfin elle *fonctionnait*. Karla Faye avait sûrement comblé les espoirs de sa mère, elle était bien dotée des qualités les plus exceptionnelles.

Et attendez ! Elle n'avait que treize, quatorze ou quinze ans.

Deux autres instantanés de Carolyn Moore. Sur le premier, elle est chez Granny B. avec Ronnie Burrell. Ronnie était alors marié à Kari.

Ronnie a passé son bras autour des épaules de Carolyn Moore. Ils sont tous les deux assis sur un canapé et elle incline la tête contre celle de Ronnie, on dirait deux tourtereaux. Ronnie et elle portent les cheveux longs et flottants et ils sourient. Ronnie Burrell, bel homme à la mâchoire carrée, paraît très épris de Carolyn Moore. Le sourire de Carolyn semble, lui aussi, authentique — peut-être est-elle simplement trop malade pour poser ou pour garder un secret.

« Maman s'était rendue malade à force de se piquer. Et elle ne voulait pas s'arrêter de picoler. On le lui avait ordonné, mais elle ne voulait pas… »

Convalescente de sa première hépatite, Carolyn Moore porte une robe bleue à ramages. Elle a le visage bouffi, les yeux fatigués, et ses cheveux, brunâtres, sont collés en mèches. Elle n'est pas du tout maquillée et je ne l'aurais pas reconnue si Karla ne m'avait pas dit qui elle était. C'est une parodie pathétique de la photo de 1956 où l'on voit Carolyn et son mari blottis l'un contre l'autre dans le canapé couleur rouille à mouchetures argentées.

Le septième et dernier instantané de Carolyn Moore date de novembre 1979, une quinzaine de jours avant son entrée au Ben Taub Hospital où elle mourut au bout de deux semaines.

« Maman n'arrivait plus à tenir debout. On l'a soutenue pour sortir. On est devant l'appartement de Granny B. Moi et Kari, on la soutient. »

Les trois femmes, éclaboussées de soleil, sont devant des arbustes et un bâtiment de brique. Carolyn est vêtue d'un étroit blue-jean délavé et d'un tee-shirt jaune sans manches marqué Eagles[1]. Ses bras reposent lourdement sur les épaules de ses filles.

En pantalon serré à pattes d'éléphant et tee-shirt, Karla, une main sur la hanche, a sa pose de pimbêche habituelle. Kari, elle, porte un pantalon à jambes larges et une chemise blanche unie. Sa chevelure — flottante — ressemble toujours à des cheveux d'ange en verre filé.

Carolyn et sa fille Kari ont la même bouche, le même nez. Elles sourient de la même façon, mais c'est Kari, maintenant, qui a l'air pleine de vie. La tête de Carolyn Ann Moore n'est plus qu'un crâne de squelette. La mort l'habite.

Pour Granny B., Carolyn Moore et ses filles relèvent le menton. C'est une pose courageuse. *Tout va bien*, dit l'attitude des trois femmes. Carolyn Moore laisse pendre ses mains à partir du poignet, comme si elle n'avait pas besoin de s'accrocher aux épaules de ses filles pour se soutenir. *Nous sommes trois amies de toujours, collées les unes aux autres, qui ferons toujours tout pour nous rendre mutuellement la vie agréable, toujours, ou tout au moins jusqu'à — je ne sais pas... jusqu'à Dieu sait quand.*

Il y a une autre femme, mais elle est invisible ; c'est notre photographe, Zelda Donaldson, *alias* la vaillante Granny B.

1. The Philadelphia Eagles. Ligue nationale de football.

« Laissez-moi vous raconter un rêve que j'ai fait, la nuit où ma mère est morte… » Carolyn Moore était au Ben Taub Hospital où vont les indigents du comté de Harris. Elle refusait d'aller à l'hôpital, mais Granny B. ayant fini par lui dire qu'elle ne pouvait plus s'occuper d'elle, Kari, Kathi, Granny B. et Karla vinrent à tour de rôle la veiller. Karla ne parvenait pas à croire que sa mère allait mourir, elle pensait qu'elle serait toujours là pour elle.

Vers l'âge de seize ans, Karla avait épousé un menuisier spécialisé dans la fabrication des coffrages à béton, qu'elle avait rencontré au parc. Steve Griffith était bel homme — tout à fait son genre — et au début, Karla se plut avec lui. Mais le plaisir s'émoussa très vite. Elle était mariée à Steve Griffith quand Carolyn Moore entra à Ben Taub. Steve Griffith n'éprouvait que dégoût et mépris envers la famille de Karla ; Karla, à son tour, détestait le troisième mari de Carolyn Moore — que, jusqu'à ce jour, elle appelle « le Vieux » —, ce qui explique que pendant les deux dernières années de la vie de sa mère, Karla ne la vit pas aussi souvent qu'elle en avait l'habitude.

Le 22 décembre 1979, Karla avait passé la nuit avec elle. Le lendemain matin, quand Kari arriva pour la remplacer, Carolyn Moore demanda à ses filles de l'emmener aux toilettes pour pouvoir s'asseoir normalement aux W.-C., fumer normalement et chier normalement une dernière fois. Les sœurs acquiescèrent et, à elles deux, l'emmenèrent, avec le goutte-à-goutte et son support. En chemin, le sang jaillit de la bouche de Carolyn.

Karla avait commencé à protester quand celle-ci avait dit : « Une dernière fois », mais Kari lui avait fait un signe et Karla s'était tue. Puis, quand le sang s'était mis à dégouliner par terre, elle avait commencé à perdre sérieusement les pédales, mais Kari lui avait de nouveau fait signe de se calmer et elle avait obéi. Elles réussirent à amener leur mère jusqu'à la cuvette, la laissèrent faire ses besoins, puis la ramenèrent au lit et la nettoyèrent.

Karla refusait toujours de croire que sa mère avait fumé sa dernière cigarette. En rentrant à la maison, elle raconta à Steve Griffith ce qui s'était passé à l'hôpital et il répondit qu'il n'y avait sûrement pas à s'inquiéter. C'est cette nuit-là que Karla fit ce rêve.

« Dans mon rêve, j'étais à l'hôpital et je me tenais près d'elle et elle a enlevé la bague que je lui avais offerte (j'avais gagné un tournoi de football et je lui avais acheté une bague pour son anniversaire et nous trois, on la lui avait donnée quand elle était à l'hôpital, après son hystérectomie) et elle me l'a tendue en disant qu'elle voulait que je la garde. Pendant que je la mettais à mon doigt, elle est morte. Le lendemain matin, le téléphone m'a réveillée. C'était Granny B. qui me disait que si je voulais revoir maman vivante, il fallait que je vienne en vitesse à l'hôpital. »

Karla et Steve sautèrent dans la camionnette et s'y précipitèrent ; quand Karla passa la porte, on lui dit que Carolyn était morte. Fonçant à travers les infirmières, elle courut jusqu'au lit de sa mère ; Carolyn était déjà froide.

« Je suis tombée à genoux et j'ai pleuré toutes les larmes de mon corps. Au bout d'un moment, Granny B. m'a tendu la bague en me disant qu'avant de mourir maman lui avait demandé de me la remettre. Ça donne la chair de poule, non… ? »

Quand elle mourut, la veille de Noël 1979, Carolyn Moore avait quarante-trois ans. Karla en avait vingt.

« Quand je rêve de maman, elle est toujours vivante… et je me réveille avec les larmes qui me coulent sur les joues… »

Sur une photo prise peu de temps après la mort de sa mère, Karla est coiffée d'un grand chapeau de cow-boy en paille aux bords crânement roulés sur les côtés et qui lui descend en pointe entre les yeux. Ses lunettes de soleil, perchées sur le chapeau, entourent coquettement le ruban. Elle porte un jean et une chemise à carreaux. Ses cheveux, étalés sur sa poitrine, lui tombent jusqu'aux seins.

Karla n'a plus l'air de s'ennuyer. Elle *enrage*.

Son commentaire : « Moi à vingt ans. Juste avant de quitter Steve. On venait d'emménager dans une maison à nous et on commençait à bien s'en tirer, depuis quelques mois, et puis je l'ai quitté. J'en avais marre. Point. »

J'ai demandé à Karla pourquoi elle avait épousé Steve Griffith puisqu'elle ne l'aimait pas et qu'après la première excitation de la vie en commun elle n'avait plus eu de plaisir à faire l'amour avec lui (« C'était arrivé au point que je lui faisais un pompier et que je me retournais aussitôt pour dormir »), qu'il était d'une jalousie maladive et qu'ils se battaient — à coups de poing — sans arrêt.

Karla mit longtemps à me répondre. « Je n'y ai jamais pensé avant aujourd'hui, dit-elle, mais je crois que je recherchais un foyer. Maman avait commencé à se déglinguer à la vitesse grand V. Elle se piquait régulièrement et… je sais pas, je crois que j'avais besoin d'un endroit où aller… Steve détestait les gens de ma famille, alors je ne les voyais plus guère, à l'époque. C'était lui, ma famille. »

Karla et Steve passèrent la plus grande partie de leur vie de couple chez les parents de Steve Griffith et Karla supporta cela très mal. Steve Griffith aurait dû mieux agir envers elle. Elle cessa très vite de le respecter.

Le seul aspect heureux de sa vie conjugale fut une petite fille de deux ans, Jeannette, que leur avait laissée un père qui ne pouvait s'en occuper — la mère s'étant mise depuis longtemps à faire le trottoir.

Jeannette vécut avec Karla et Steve pendant presque toutes leurs années de mariage. Karla était stricte avec l'enfant, l'obligeant à bien se tenir et lui interdisant de répondre. Elle l'emmenait même au catéchisme. J'ai une photo de Steve, Karla et Jeannette assis devant un arbre de Noël. Steve a une barbe clairsemée et pas de moustache ; il a un air lointain et parfaitement ordinaire ; rien de spécial en lui. Jeannette, qui a peut-être quatre ans, est un petit bout de chou tout potelé, blotti sur les genoux de Karla. Karla, la tête renversée en arrière, arbore un large sourire.

Un beau jour, la mère vint reprendre Jeannette et Karla ne revit jamais plus l'enfant. Elle dit qu'elle se demande parfois ce qu'elle est devenue et si elle sait ce qui s'est passé.

Après la mort de Carolyn Moore, Karla Faye quitta son mari. Puis elle se mit sérieusement, de façon ininterrompue, à mener une vie démente.

Une fois Carolyn Moore partie, personne n'était plus là pour lui taper sur les doigts, ni dire non à quoi que ce soit. Il n'y avait plus de Jeannette pour la forcer à respecter les horaires. Seule régnait Karla-la-Terreur.

Pendant ce temps, il y avait, blottie dans le tréfonds de son cœur, la jeune Karla Faye, le petit garçon manqué plein d'espoir dont la vie, dès l'instant où elle avait giclé du ventre de sa mère, noiraude dans une famille aux yeux bleus et à la peau pâle, n'avait été qu'un mensonge.

Qui aurait voulu, plus que tout au monde, être un *fils* pour son père. Mais comment était-ce possible, à moins de devenir quelqu'un d'autre, quelqu'un qui ne fût pas une fille ?

Ma mère à moi mourut vite ; elle survécut quelques heures à une attaque puis, plutôt que de vivre une non-vie, reliée à des machines, se dit — j'en suis sûre : « Au diable tout ça », et mourut. Pour les mourants, le mieux, c'est un départ rapide, mais pas pour les survivants. Nous n'avions jamais pensé qu'elle s'en irait la première ; c'était mon père dont le cœur battait la breloque.

Elle, cependant, le savait. Depuis longtemps. Nous trouvâmes des mots et des journaux intimes qui le suggéraient fortement, et une lettre adressée à moi, cachée au fond d'un tiroir qu'elle savait que je viderais un jour. Toutes ces histoires. Ma mère, une femme aux noms multiples, une femme, aussi, avec une vie secrète, jusqu'au jour de sa mort.

Après qu'elle eut disparu, à l'exception d'une nièce éloignée que je ne voyais que rarement, la famille, pour moi, se réduisit à moi-même et mes hommes : un père, un mari, deux frères et deux fils.

Mon second frère naquit quand j'avais douze ans. De nouveau, ma mère et moi attendions l'arrivée de Susie.

Pas de Susie.

Des frères, des fils.

Pas de Susie.

III. LES PROCÈS

L'un des grands moments d'émotion de notre civilisation, c'est un procès où une femme encourt la peine de mort.

EDMUND PEARSON,
L'affaire Borden, 1924

Ce que l'on… espérait… c'était que le docteur sentirait… qu'il pouvait… essayer de le présenter de la façon dont ça s'était passé, essayer de dire : ça s'est passé comme ça et comme ça, vous devez me croire parce que je sais, c'était moi, j'y étais.

SYBILLE BEDFORD,
Le procès du Dr. Adams, 1962

Je voulais dire la vérité. Je voulais que la vraie histoire soit racontée. Il fallait que je fasse quelque chose pour expliquer combien on devait être déments pour avoir fait ça.

KARLA FAYE TUCKER, 1984

Les acteurs

1. Kathleen

Je savais que l'une des façons de découvrir ce qui s'était passé en 1983, c'était de lire les comptes rendus d'audience du procès de Karla. Jusqu'en octobre 1989, j'avais évité de le faire. L'histoire qui m'intéressait, ce n'était pas qui avait dit quoi à la barre ni ce qui était arrivé après. Dans un procès, on gagne ou on perd, c'est ça l'important ; ce qui en résulte — ou pas — dépend de cela. Quelqu'un gagne, quelqu'un perd.

Ce qui m'intéressait, c'était la voix de Karla. Ses gestes, ses emphases, ses choix ; quelle information lui avait semblé cruciale et quelle autre, sans intérêt ; l'ordre dans lequel elle avait mentionné certaines choses et évité certaines autres.

Ce qui m'intéressait, c'était ce que je faisais dans le couloir de la mort, quelles questions je lui posais, lesquelles j'évitais, ce que son histoire me faisait et faisait pour moi.

À l'exception de Henry Oncken à qui j'avais rendu deux courtes visites, je m'étais tenue à l'écart des avocats. Il m'a donc fallu un peu plus de temps que je ne le pensais pour avoir accès aux procès-verbaux, mais avec de l'aide j'y suis arrivée.

Au Texas, une fois un procès terminé et les minutes transcrites, c'est le sténotypiste qui garde les droits sur les procès-verbaux et l'argent que rapporte leur vente — comme si c'était lui qui avait rédigé le procès alors qu'il n'a fait que le consigner. Dans une certaine mesure, cela est juste. À partir des données recueillies au cours du procès, le sténotypiste façonne un texte. Il doit prendre certaines décisions : comment ponctuer de façon à rendre le sens du témoignage parfaitement clair, comment épeler certains noms bizarres, saisir ce qu'est vraiment en train de dire le témoin, le juge, l'avocat ou le procureur, quand prêter attention au juge lorsque celui-ci ou celle-ci se trace un trait en travers de la gorge, signifiant : « Ne prenez pas cela en note. »

À la fin d'octobre 1989, j'appelai la 180e cour fédérale de première instance — sous la présidence du juge Patricia Lykos — et demandai à parler au sténotypiste.

Kathleen Powers, me dit-on, était la sténotypiste du juge Lykos ; celle-ci prit la communication.

Le numéro de l'affaire sous les yeux, je me présentai à Kathleen. Je lui dis que je ne savais pas si elle était bien la personne à laquelle je devais m'adresser, mais qu'elle pourrait peut-être m'aider ; je recherchais les comptes rendus d'audience d'une affaire qui avait été jugée au tribunal du juge Lykos environ cinq ans et demi auparavant et je lui citai le numéro de référence, 388 428.

Quel était le nom de l'accusé ? s'enquit Kathleen.

Je le lui donnai.

Silence à l'autre bout du fil.

« Je me demandais quand quelqu'un s'occuperait enfin de cette affaire », dit Kathleen. Elle se tut encore quelques instants. « Je suis étonnée que cela ait pris aussi longtemps. »

Il s'avéra que Kathleen Powers avait été la sténotypiste du procès de Karla, puis s'était mise en congé pour quatre ans, peu de temps après. Elle n'était revenue que la semaine précédant mon appel.

Je lui demandai si elle se rappelait le procès.

« Je voudrais bien l'oublier, me répondit-elle. Je ne pense pas que quiconque y a été mêlé de près ou de loin y parvienne.

C'est moi qui étais chargée de transporter les pièces à conviction. Tous les jours, j'apportais cette pioche. Ainsi que le fusil de chasse et les pièces de moto… À la fin de la journée, je les remportais. » Je crus l'entendre frissonner, à l'autre bout de la ligne.

« Karla et moi avions exactement le même âge. Nous avions grandi au son de la même musique. Le tout premier album que j'ai acheté était *Eat a Peach* par les Allman Brothers. Et, je ne sais pas… Je n'arrêtais pas d'y penser… Je ne sais pas, ça m'a vraiment remuée. »

Quand je commençai à poser des questions, Kathleen fit machine arrière.

« Je ne me sens pas autorisée à vous en dire beaucoup plus. Vous devriez vous adresser à J. C. Mosier, je suis sûre qu'il vous parlera, ainsi que… d'autres gens. Ça a fait beaucoup de bruit, à l'époque. »

Elle refusa de s'engager davantage. Je lui demandai si elle accepterait de déjeuner avec moi, mais elle déclina mon offre.

Quant à acheter les procès-verbaux d'audience, Kathleen me dit qu'à son avis il ne fallait pas y penser ; les comptes rendus coûtaient deux dollars la page et les affaires criminelles étaient souvent très longues — celle de Karla faisait quelque deux mille pages, sans compter la procédure de sélection du jury.

« Toutefois, ajouta-t-elle, vous pouvez venir au tribunal et prendre toutes les notes que vous voudrez. »

Elle m'indiqua qui appeler pour me faire transmettre le dossier. « Si vous avez un problème, dit-elle, rappelez-moi. »

Kathleen Powers fut inébranlable. Son ton indiquait sa ferme intention de m'aider et sa tout aussi ferme volonté de raccrocher et de couper court à tout autre propos concernant l'affaire *État du Texas contre Karla Faye Tucker*.

Au mois de juillet de la même année, je rencontrai enfin Kathleen. Je prenais le café dans le bureau de Patricia Lykos. Kathleen avait été retardée par un chargement de produits chimiques qui s'était répandu sur l'I-10. Elle arriva dans un état d'énervement épouvantable — blonde, jolie, grosses lunettes — et se jeta dans un fauteuil afin de se remettre de son trajet mouvementé. Le juge Lykos me présenta.

En entendant mon nom, Kathleen leva brusquement les yeux.

« Votre nom est inscrit sur mon tableau d'affichage depuis octobre, dit-elle, je me demandais si vous vous pointeriez un jour. Vous ne me sembliez pas très sûre, à l'époque.

— Je ne l'étais pas.

— Je savais, dit-elle en s'adressant à Patricia Lykos, que quelqu'un finirait par écrire quelque chose sur cette affaire. »

Le juge Lykos dit à Kathleen Powers que nous avions discuté de la bande qu'avait faite Douglas Garrett.

« State 56. » De son fauteuil, Kathleen énonça le numéro de la pièce à conviction ; réaction automatique, aussi enracinée en elle que le souvenir d'un vieux numéro de téléphone que l'on essaie en vain d'oublier. « State 26 était la pioche. »

Kathleen se leva et, passant devant moi, alla se verser un verre d'eau.

2. Miss Rebecca

À en croire Ted Bundy, si l'on arrive à supporter les six premiers mois de prison, on supporte le reste. Comme la Floride a fini par exécuter Ted Bundy, il est difficile de savoir s'il incluait l'électrocution dans « le reste », mais enfin…

Karla est d'accord avec cette affirmation selon laquelle le plus dur, c'est le début, mais elle pense pouvoir raccourcir la période en question à environ six semaines.

J'ai une photo de Karla à la centrale, pendant l'automne de 1983, quelques mois après son arrestation. Elle porte une robe de prisonnière sans forme, boutonnée de bas en haut, d'un bleu moyen, avec des manches courtes et cette encolure échancrée peu seyante apparemment obligatoire sur les uniformes de prison. Tout le monde, à la centrale, ne s'habillait pas en bleu ;

mais cette robe allait bien à Karla — en prison, quand on trouve quelque chose qui vous va, dit-elle, on le pique si nécessaire et on le lave autant de fois qu'il le faut —, elle la portait donc tout le temps.

S'il y a un aspect avant-et-après dans l'album de famille épinglé à mon mur, la photo de Karla à la centrale se situe juste au milieu. Elle forme incontestablement une charnière.

Sur les photos d'« avant », Karla paraît telle qu'en elle-même, avec sa moue boudeuse et son air suffisant d'allumeuse allumée. Déjà à sept ans, elle paraît tellement *sûre d'elle*. Ici, elle est pâle, elle a un sourire doux, elle rentre légèrement le menton et ses bras pendent gauchement le long de son corps. Elle apparaît incroyablement, anormalement *hésitante*, pour ne pas dire franchement timide. On a l'impression que pour la première fois de sa vie Karla Faye Tucker fuit l'objectif au lieu de le défier — par ses airs provocants — de s'approcher encore.

Elle a le visage d'une enfant sage, c'est tout. D'une enfant normale qui cherche son chemin dans le monde et qui, sortant timidement la tête de derrière un rideau d'incertitude, se demande : *Serai-je à la hauteur ?*

Elle a grossi, mais ce n'est pas cela. Elle avait arrêté de fumer. Les seuls médicaments qu'elle prenait alors étaient ses hormones et, quand elle allait au tribunal, du Lomotil pour calmer ses intestins. Les gardiens l'emmenaient chaque jour à l'infirmerie prendre ses hormones.

À la centrale de Harris, au début, dit Karla, « je restais pieutée la plupart du temps sur ma couchette, vrai, je sais pas, la déprime, probable. C'était la première fois de ma vie que j'étais seule. J'avais toujours eu des gens autour de moi ».

Séparée de sa tribu — loin des propos musclés de motards, des passes habituelles, des sœurs et des amies à protéger, des types à épater ou — son grand orgueil — à sucer de façon experte —, Karla restait allongée sur sa couchette, écrivait de longues lettres croustillantes à Danny, donnait tous les coups de téléphone auxquels elle avait droit et mangeait de la glace — jusqu'à un litre et demi à la fois.

Son commentaire sur sa photo en robe bleue : « Soixante-deux kilos ! C'était quand j'avais arrêté de fumer. *Un vrai porc.* »

En novembre, elle vécut son premier anniversaire en prison.

À la centrale, en 1983, j'ai eu vingt-quatre ans. Ce jour-là, je me morfondais toute seule, dans ma cellule ; tout d'un coup je m'aperçois qu'il y avait plus de bruit autour de moi, mais j'y ai pas fait attention. Et puis voilà Mary qui s'amène et qui me dit de venir. Je la suis à contrecœur. Elle m'emmène dans la cellule vide du séchoir, et là, toutes (les onze filles) se lèvent d'un bond en hurlant : BON ANNIVERSAIRE ! *et se mettent à chanter. Elles avaient écrit partout sur les murs et tendu du papier toilette dans toute la pièce. Elles avaient rempli un seau à eau de Javel de limonade et un autre de chocolat chaud. Comme gâteau d'anniversaire, elles avaient utilisé des pains aux raisins dans lesquels elles avaient planté des allumettes en guise de bougies. Il y avait aussi des Mars coupés en petits morceaux et des* life savers *sur des plateaux. Elles avaient demandé à Miss Rebecca des livres qu'elles avaient enveloppés dans du papier hygiénique pour me les offrir. J'ai pleuré et la plupart des autres dames, pour ne pas dire toutes, en ont fait autant ! C'est la plus belle fête que j'aie jamais eue, à cause de l'endroit et de la manière. Voilà des filles qui étaient en prison pour allez savoir quoi et qui en avaient rien à foutre de l'anniversaire de quelqu'un d'autre — enfin, c'est ce que je croyais.*

Une fois enfermée, Karla commença à émerger petit à petit du brouillard de la drogue. Il faut du temps. Rusty Hardin, qui engagea les poursuites contre Danny Garrett, dit qu'à son avis Karla avait l'esprit encore un peu confus le jour de son jugement, en avril 1984. Il dit qu'elle avait les idées plus claires quand elle témoigna, en novembre. « Elle était davantage sur terre. »

On le voit bien sur la photo prise à la centrale ; elle apparaît comme un peu floue ; ce n'est plus la gamine aux contours nets à laquelle nous sommes habitués. Ses nerfs sont en sommeil, ses émotions apparentes, mais toujours *là-bas*, comme un prix après lequel elle court sans jamais pouvoir l'atteindre. En un sens, il est heureux qu'on lui ait affecté un numéro car cette fille, j'en suis sûre, ne sait plus qui elle est. Un air de véritable douceur se dégage d'elle. Maintenant qu'elle est loin des palabres, sa douceur — sa vulnérabilité — peut enfin apparaître.

J'ai observé mon père quand, à la fin de sa vie, il a émergé du marécage de l'alcool. Il me faisait penser à une créature de mauvais film d'horreur, toute gluante, dégoulinante de merde. Pendant presque un an, il eut plus mauvaise mine que lorsqu'il descendait la vodka, comme un accro du chocolat se goinfre de M&M's.

Au début de son incarcération, un prisonnier est comme un rat en cage. La seule chose qui le préoccupe, c'est sortir ; peu importe comment, simplement sortir. Il pleure, il tempête, il maudit le sort, il se cogne la tête contre les murs, il se morfond, il s'empiffre de nourriture, puis il arrête de manger... Ce sont les six mois dont parle Ted Bundy.

Karla appelle cela soutenir les murs à soi tout seul. Si on les lâche, ils s'écroulent sur vous. C'est dans cette période-là que se situe le moment crucial : on accepte la situation ou pas, on s'adapte ou pas, on fait ou non quelque chose avec ce qui reste, on commence tout doucement à se créer une nouvelle vie dans le cadre qui vous est offert (si limité et déplaisant qu'il puisse être, quelque effroyables que soient les alternatives) — ou pas.

Après la mort de ma mère, mon père se livra à sa dernière grande saoulerie. Pendant des semaines, il ne mangea pratiquement rien et ne fit que boire, éclusant de la vodka au point de ne plus pouvoir marcher ni parler, ni même signer son nom. Je le fis admettre à l'hôpital pour une cure de désintoxication et d'assistance psychologique de vingt-huit jours. Diabétique, il était dans un tel état de délabrement que la cure dura six semaines au lieu de quatre. L'alcool et le stress consécutif à la mort de ma mère lui avaient définitivement ruiné la santé. Son taux de sucre était considérable. Pour la première fois de sa vie, il dut prendre de l'insuline. Les médecins observèrent des taches de gangrène sur ses gros orteils. Le commencement de la fin.

Au moment où, en juillet 1983, mon père allait se faire amputer de la seconde jambe, le chirurgien lui affirma que l'opération ne serait pas compliquée et qu'il s'en tirerait — promesse facile à tenir, apparemment ; amputer est aussi simple que scier une branche d'arbre. « Qui plus est, ajouta-t-il, je sais que vous n'allez pas me croire, mais un jour viendra où vous serez de nouveau heureux. »

Nous étions dans le couloir, juste devant la porte du bloc opératoire. Mon père — allongé sur le chariot, attendant d'entrer — regarda le chirurgien en silence. Quant à mon frère et moi, nous étions trop abasourdis pour pouvoir dire un mot. La perte d'une jambe est une chose. Mais être suspendu au-dessus de la terre, comme une marionnette ?

Le chirurgien avait raison. Pendant un temps, apprenant à marcher avec un déambulateur à roulettes, à monter en voiture et à en descendre, à se mettre au lit et à se lever, puis plus tard, à aller travailler et à assister à ses réunions des Alcooliques anonymes, mon père était non seulement fier comme un gosse, mais aussi — relativement, *par rapport à quoi* étant ici la seule considération — heureux. Dans le cadre des contraintes imposées, il avait une vraie vie.

Le 6 décembre 1983, moins d'un mois après la fête d'anniversaire donnée en l'honneur de ses vingt-quatre ans, Karla assista à sa première réunion des Alcooliques anonymes, une séance d'une heure sur la drogue, ouverte à tous. C'est aux A.A. que Karla rencontra une femme qui se révéla plus importante pour elle que tous les gens qu'elle avait ou a rencontrés dans toute son existence, je veux parler de l'aumônier Rebecca Lewis, que Karla appelle Miss Rebecca.

Les A.A. devinrent une constante dans la vie de Karla en prison, puis ce furent les cours d'instruction religieuse. Karla avait avec Miss Rebecca des entretiens particuliers. Miss Rebecca écoutait Karla, la conseillait, était attentive à l'histoire de sa vie et à celle de sa mère. Rebecca Lewis finit par éprouver de l'amitié pour Karla Faye Tucker — probablement plus que, pour des raisons professionnelles, elle n'est prête à l'admettre. Pendant l'été 1990, quand je lui rendis visite, elle avait une seule photo sur son tableau d'affichage, un instantané de Karla, accroupie dans la petite cour devant le couloir de la mort.

Avec le temps, Karla perdit l'embonpoint qu'elle avait pris à la centrale. Elle sortit peu à peu de sa morosité et se mit à se faire des amies, encourageant les unes et les autres à assister aux cours d'instruction religieuse et aux réunions des A.A. Finalement elle fut admise dans le corps d'élite de Miss Rebecca, le cours supérieur d'instruction religieuse réservé à un petit groupe de détenues sélectionnées, que l'aumônier forme avant de les envoyer dans le séchoir où elles donnent à leur tour des cours d'instruction religieuse.

La cohérence est ce que recherche Rebecca Lewis. L'aumônier connaît le phénomène des détenues simulant la dévotion. Elle procède à un examen rigoureux de chaque candidate avant de l'admettre dans son cours supérieur. Karla, elle en est convaincue, n'a jamais simulé la dévotion. Elle a toujours été cohérente, tant dans ses croyances que dans son attitude.

Quand je rendis visite à l'aumônier, je m'attendais à avoir en face de moi une fondamentaliste farouche. Ce que je trouvai en fait, c'est une femme extrêmement intelligente et évoluée ayant étudié la sociologie, la psychologie, la criminologie, la théologie et le droit.

L'entrevue eut lieu dans le minuscule bureau de l'aumônerie, à la centrale de Harris. J'étais venue sans rendez-vous.

Les lignes téléphoniques de la prison sont toujours occupées ; on vous met en attente en vous passant une version gazouillante de « Greensleeves » jusqu'au moment où il vous vient l'envie d'étrangler quelqu'un. Je n'arrêtais pas de raccrocher.

Rebecca Lewis est une fort jolie femme d'allure très jeune qui a à peine dépassé la trentaine. Elle a des cheveux blond foncé qu'elle porte longs et flottants, ce qui lui donne un air de petite fille. Elle a la peau lisse et le teint pâle, des lèvres roses bien dessinées et des yeux bleus limpides qui se fixent sur la lumière de Dieu avec une promptitude experte. Le jour de notre rencontre, elle portait une robe bleu pâle à ceinture, ornée d'un grand col de dentelle blanche, de petites boucles d'oreille ; pas de bagues, un très léger maquillage. Elle est ravissante et totalement sans prétention. Si le Bureau central de casting avait besoin d'une nouvelle Aimee Semple McPherson[1], il ne ferait pas mal de venir voir du côté de l'aumônier Lewis.

Comme tous les gens très religieux, elle n'est que certitude. Quand elle dit : « Le Seigneur », pour elle, il est aussi réel que la fenêtre. Quand elle dit : « J'ai été élevée dans une famille chrétienne », elle se tient sur le roc où se tenait Jésus, et son ton est empreint d'une béatifique assurance.

Terriblement impressionnée par sa clarté et sa limpidité, j'avais le sentiment que Rebecca Lewis me réprouvait, je n'aurais su dire si c'était à cause de mes cheveux, de mes chaussures, de quelque chose que j'avais dit ou du livre que j'écrivais. Peut-être à cause de rien. Peut-être me faisais-je des idées.

Quand Karla fut emprisonnée, en 1983, Rebecca Lewis travaillait à la centrale de Harris depuis un an. C'est elle maintenant qui dirige l'aumônerie, une première, pour une femme.

« Les personnes viennent ici, me dit Rebecca Lewis (personnes, dans sa bouche, signifie détenues), parce qu'elles veulent *être* quelqu'un. Elles ne savent pas comment s'y prendre ni

1. Évangéliste célèbre aux États-Unis.

même ce qu'elles veulent vraiment. Elles ne savent travailler ni dans un groupe, ni avec un groupe, elles n'ont aucune compétence sociale ; dans la plupart des cas, elles *ont* un groupe, mais ce à quoi elles croient vraiment, c'est à leur propre indépendance, à leur aptitude à s'occuper d'elles-mêmes et à fonctionner *seules*. C'est là-dessus qu'elles comptent. Cela signifie souvent leur aptitude à manipuler les autres. »

L'aumônier était en colère. Pourquoi ? Difficile à dire.

« Les personnes arrivent ici avec, derrière elles, une enfance malheureuse — les statistiques officielles suggèrent que quatre-vingt-cinq pour cent des détenues ont été victimes de sévices sexuels ; et ce sont là les chiffres *officiels*. Elles cherchent à plaire à quelqu'un, bien souvent à la mère. Elles sont prêtes à faire *n'importe quoi* pour être payées de retour, n'importe quoi. Nous les aidons à devenir des êtres au sens plein, que cet amour soit ou non récompensé — ce qui ne se produira probablement jamais, malgré tous leurs efforts. Nous leur montrons que le *Seigneur*, lui, peut leur apporter cette plénitude. Nous leur disons, vous ne pouvez être plus aimée que *totalement*, et c'est ainsi que Dieu vous aime. *Dieu* vous apporte la plénitude. »

Elle était en colère contre les mères qui ne font pas leur boulot, contre les hors-la-loi qui ont besoin de mères et contre le gouvernement qui donne des chiffres pourris…

« Pour beaucoup d'entre elles, c'est la première fois de leur vie qu'elles s'arrêtent assez longtemps pour se regarder… »

En colère contre les étrangers qui ne se rendent pas compte de la lourdeur de la tâche ?

« J'ignore ce que Karla vous a dit de sa mère, mais, vous savez, c'était une mauvaise mère. »

J'acquiesce d'un signe de tête.

« Karla avait besoin du Seigneur pour atteindre la plénitude. J'ai servi de témoin de moralité à son procès parce qu'elle était *cohérente* dans son attitude et dans ses actions. J'en ai fait état. Mais cela n'aide pas d'avoir un témoin de moralité. C'est même parfois le contraire. Le procureur retourne l'argument en disant : “Mais vous ne la connaissez qu'en prison, dans des circonstances particulières, vous ne la connaissez pas à l'extérieur, vous ne la connaissiez pas au moment où elle a commis son crime.” Et c'est vrai. Étant donné le système, si vous dites la vérité, ils la manipulent. Je l'ai fait pour Karla. C'est la première et la dernière fois que je témoigne pour qui que ce soit. »

Lorsque j'émis l'hypothèse que l'aumônier était un agent du bien dans la vie de Karla, peut-être l'une des rares personnes, voire la seule, à laquelle Karla eût jamais prêté attention, Miss Rebecca fit marche arrière. Rien à voir avec son influence à elle, dit-elle, c'était celle du Seigneur qu'il fallait évoquer. C'était au *Seigneur* qu'en revenait tout le mérite, et à lui seul.

Au moment de choisir une carrière, Rebecca Lewis, adolescente, pencha pour un métier d'altruisme, quelque chose dans le droit, par exemple, elle ne savait pas bien. Et puis…

« Une nuit, j'ai rêvé de femmes enfermées. Pas nécessairement en prison, simplement enfermées. Je voyais comment elles pourraient sortir. Je ne comprenais donc pas pourquoi elles ne le faisaient pas. Je demandai à l'une d'entre elles : “Pourquoi ne sortez-vous pas ?” Elle me répondit que ça ne changerait rien ; “je reviendrais, de toute façon”, me dit-elle. Ce “je reviendrais, de toute façon” ne me quitta plus. »

Rebecca Lewis finit par concilier les deux éléments importants de sa vie, la famille chrétienne et le besoin d'aider les femmes enfermées à ne pas retourner en prison.

Au terme de mon entrevue avec l'aumônier, j'étais lessivée, comme si c'était elle qui avait posé les questions. Dans le couloir, tout en attendant l'ascenseur, Rebecca Lewis se mit à plaisanter avec un collègue, lançant des remarques légèrement acérées et pleines d'esprit auxquelles son interlocuteur répondait de manière quelque peu circonspecte.

En remontant en voiture, je m'aperçus que j'avais laissé mes lunettes de lecture sur le bureau de l'aumônier.

Plutôt que d'avoir de nouveau à subir « Greensleeves », je décidai de lui écrire un mot.

Je ne suis jamais retournée la voir et je parie que mes lunettes sont toujours sur son bureau.

3. Le juge

Le bureau du procureur du comté de Harris annonça ses intentions. Karla Faye Tucker et Daniel Ryan Garrett seraient jugés séparément, Karla pour le meurtre de Jerry Lynn Dean et Danny Garrett pour l'assassinat de Deborah Thornton, chacun pouvant être jugé également pour l'autre meurtre selon le résultat des premiers procès.

Les procureurs se voient souvent comme les défenseurs aveugles de la vertu et de l'ordre public, appliqués à accomplir l'œuvre du Seigneur. Les procureurs peuvent être sérieux à l'excès ; ils se doivent d'être diligents. Ces procureurs sérieux et diligents supportent mal d'entendre parler de la stratégie d'un procès comme d'un jeu. Mais c'est bel et bien d'un jeu qu'il s'agit, dans lequel l'État avance le premier pion. Le bureau du procureur de Houston, bien que généreusement financé, n'ouvre pas souvent sa bourse dans le cas d'un procès capital contre une femme. Les procès capitaux coûtent cher. Les femmes encourent rarement la peine de mort. Le bureau du procureur aime gagner.

Karla fut jugée pour le meurtre de Jerry Dean parce que l'État détenait davantage de preuves contre elle dans cette affaire. Comme Danny Garrett semblait responsable de la plupart des coups portés à Deborah Thornton, l'État décida de le juger pour ce meurtre. Si, dans aucun des deux jugements, le procureur ne prononçait la sentence de mort au premier tour, un autre procureur ferait plus tard une seconde tentative.

L'attribution à un juge d'une certaine affaire est une question de pur hasard. Afin de décider quelle affaire revient à tel ou tel tribunal, le comté de Harris utilise la méthode de la balle de ping-pong, comme au Loto. Un greffier annonce l'affaire et lance la roue ; une balle tombe, portant le nom du juge.

Dans cette loterie, beaucoup de gens pensent que Danny Garrett a tiré le mauvais numéro. Son cas serait jugé par la 232e cour fédérale d'instance, présidée par le juge A. D. Azios. Au Texas, les juges sont élus, ce qui signifie qu'ils sont d'abord — et souvent surtout — des personnages politiques. Connu comme quelqu'un d'accommodant, le juge Azios se concilie les faveurs de ses électeurs en exaltant son passé de héros militaire, en jouant les types sympas — dur pour les criminels, mais affable — et aussi en étant hispano-américain.

La balle de ping-pong de Karla Faye portait le numéro 180, c'est-à-dire celui du tribunal présidé par le juge Patricia Lykos. Aucun de ceux qui ont eu affaire à la 180e cour fédérale du comté de Harris, à quelque titre que ce soit, n'en est sorti neutre à l'égard de Patricia Lykos. Voici quelques-uns des commentaires que j'ai entendus de la bouche de procureurs aussi bien que d'avocats : « Salope »… « tyran grec »… « incohérente »… « imprévisible »… « le parfait animal politique »… « assoiffée de publicité »… « fait du cinéma pour ses électeurs »… « salope ». « C'est mon juge préféré », se contenta de répondre un avocat d'un ton glacial qui en disait long. Un procureur se ferma comme une huître lorsque je l'interrogeai, puis me décocha un sourire suave signifiant : « N'espérez pas tirer quoi que ce soit de moi. »

« Elle fait n'importe quoi » — cela de la part d'un avocat qui avait pris part à plusieurs affaires jugées par Patricia Lykos.

« Quoi, par exemple ?

— Eh bien, elle peut faire attendre la cour une heure et demie, pour entrer ensuite d'un pied léger en disant aux jurés : "Si j'avais des avocats qui arrivent à l'heure, mesdames et messieurs les jurés, nous n'aurions pas tous ces fâcheux retards." Textuel. »

Ces remarques ne surprennent pas du tout Pat Lykos.

« Je n'ai pas la cote auprès des avocats, dit-elle en haussant les épaules. Je m'en fous. Je ne suis plus à l'école. »

La quarantaine largement dépassée, le juge est une femme très séduisante au teint olivâtre, à l'opulente beauté méditerranéenne, aux cheveux noirs coupés court et parsemés de fils blancs, largement rejetés en arrière ; elle utilise un rouge à lèvres grenat assorti à la couleur de sa peau, porte des tailleurs de couleurs vives à la place de la toge, boit du café et fume au tribunal, inhalant profondément la fumée qu'elle rejette vers le ciel via les bouches de climatisation. Elle autorise également les jurés à fumer, avec la recommandation suivante : « Je demande aux fumeurs de s'asseoir au dernier rang, là, me semble-t-il, où ils gêneront le moins les non-fumeurs. »

Tout au début du procès de Karla, pendant l'audience préliminaire, Patricia Lykos, interrompant la procédure, demande à brûle-pourpoint à l'avocat de Karla, Mack Arnold : « Que faites-vous, debout ? »

À ce moment précis, Danny Garrett est à la barre, en train d'invoquer le cinquième amendement[1].

« Je voudrais voir le témoin de face, Votre Honneur, répond Mack Arnold.

— Eh bien, changez de place », suggère Lykos.

Mack Arnold remercie le juge de son conseil. Henry Oncken et lui permutent. Alors Lykos se met à parler :

« Tous les avocats sont avisés qu'ils pourront poser des questions tant qu'ils seront assis au banc de la défense, à moins qu'ils n'aient une raison valable de s'approcher du témoin et qu'ils n'en aient demandé l'autorisation à la Cour. Aucun avocat, dans ce prétoire, n'aura le droit de valser dans toute la salle en jetant des questions par-dessus son épaule. Il devra demeurer assis, à moins d'une autorisation expresse de la Cour. »

Le fait d'ordonner aux avocats de rester assis n'est pas pratique courante. Dans de nombreuses salles d'audience, les

1. Le cinquième amendement à la Constitution autorise l'accusé à ne pas témoigner contre lui-même.

avocats — particulièrement ceux de la défense — sont toujours en mouvement. Il est de notoriété publique que plus d'un a engagé sa carrière sur la qualité de son jeu de jambes, infiniment plus compliqué que le un-deux-trois de la valse.

Une autre fois, quand, pendant une interruption, Mack Arnold disparaît cinq minutes, sans doute pour aller aux toilettes, Lykos lui enjoint de ne pas quitter la salle sans son autorisation.

Ancien flic et membre du Parti républicain, militant farouchement contre le crime, Patricia Lykos sait parfois retourner sa sévérité en faveur d'un accusé. Quand Joe Magliolo s'adresse à Karla en l'appelant par son prénom, le juge lui dit sèchement que toutes les personnes présentes dans son prétoire doivent être appelées par leur nom de famille, précédé de « Miss », « Mr. » ou « Mrs. ». Élevant ainsi le statut de l'accusé.

Je demandai à Patricia Lykos si sa dureté était liée au fait qu'étant femme elle avait dû se battre bec et ongles pour établir son autorité face à des avocats masculins pleins de suffisance.

« Chérie, répondit Pat Lykos avec un soupir, j'ai travaillé dans la police pour payer mes études. Vous voulez un café ? »

Le juge est très susceptible, mais hors du tribunal elle peut se montrer détendue et avenante.

« Il n'y a pas de place au prétoire pour le cabotinage, renchérit-elle. S'appuyer à la barre pendant que le témoin fait sa déclaration, lancer des coups d'œil entendus aux jurés par-dessus son épaule, ça, je ne le permets pas. »

Dans son cabinet, Patricia Lykos est en tenue de travail : tailleur rouge, chemisier crème et double rang de perles ; la seule note discordante, ce sont ses chaussures d'aérobic en cuir noir. Son bureau est exigu, encombré et inconfortable. Nous sommes assises dans ce qui est censé être un hall d'entrée, devant son bureau. Je suis installée sur un canapé bas, et elle dans un fauteuil. Il y a un distributeur à café. Des gens vont et viennent.

Elle ouvre un petit réfrigérateur et, debout dans la porte ouverte, se verse du lait à partir d'un biberon de cent treize grammes.

« Il est à Kathleen », explique-t-elle en me montrant le biberon.

J'accepte le café et, comme je sais que son prétoire est rempli de gens qui attendent qu'elle lise le rôle des affaires en instance, je propose d'abréger notre entretien.

Elle me fait signe de me rasseoir.

« Cool, chérie », dit-elle en tirant une bouffée de sa cigarette.

Patricia Lykos se rappelle parfaitement le procès de Karla. À la différence de Joe Magliolo, elle pense que l'arme du crime n'est pas la seule raison pour laquelle l'affaire fit tant de bruit.

« La violence. Et parce que c'était une femme. C'est plutôt rare qu'une femme soit impliquée dans un meurtre d'une telle violence. L'État réclamait la peine de mort… »

Elle s'arrête un instant, perdue dans ses souvenirs.

« Et puis ce truc sexuel qu'elle avait dit… Quelle était son expression, déjà ?

— S'arracher le copeau.

— Je n'avais jamais entendu ça auparavant. » Elle sirote son café et tire une longue bouffée de sa cigarette. « Je croyais pourtant avoir tout entendu. »

Nous nous taisons toutes les deux, réfléchissant au terme dont Karla se sert pour désigner l'orgasme.

Je demande au juge si elle se rappelle à quel endroit du banc des accusés se trouvait Karla.

« On les place généralement face aux jurés — vous savez, pour faire appel à leur compassion — mais, dans le cas de Karla, je ne me souviens plus bien. Ce qu'il faut que vous sachiez, c'est qu'au moment du procès ma mère était mourante, alors, bien sûr, il y a des choses que j'ai oubliées. Mais en revanche je revois parfaitement Karla. » De l'index, elle dessine une croix entre ses deux seins. « La croix blanche. »

Dans leur description de l'accusée, les journaux mentionnaient chaque jour la croix blanche en plastique délivrée par la prison. Si l'on demande aux témoins de situer Karla dans la salle du tribunal, ils la désignent toujours comme la femme en pull-over rose, en robe bleue, ou en chemisier marron… avec la croix blanche autour du cou.

Quand j'interroge Karla sur les tenues qu'elle portait au tribunal, elle riboule des yeux. « C'est ma grand-mère qui m'achetait mes vêtements. Aïe, aïe, aïe, les foutues manches ballons ! J'étais d'un gêné ! Les gens connaissaient ma vie. J'étais là, à la barre, en train de la leur raconter. Je sais que ma grand-mère essayait de m'aider, mais quand même. »

« Maintenant vous comprendrez, explique Patricia Lykos, que je ne peux pas parler de cette affaire. » Karla doit bientôt comparaître devant le tribunal et le juge Lykos doit statuer sur la requête d'habeas corpus qu'elle vient de présenter.

L'huissier passe la tête par l'entrebâillement de la porte. Quelqu'un traverse la pièce. Le juge éteint sa cigarette.

Je me lève et remercie Pat Lykos de m'avoir consacré une partie de son temps.

Avant d'entrer dans le prétoire, elle prend, derrière elle, dans une pile de boîtes entassées contre le mur, une paire d'escarpins à talons.

« Je me demandais si vous portiez des Reebok sous le grand bureau du prétoire, lui dis-je.

— Oh, Seigneur, non ! » répond-elle, et elle m'invite à m'asseoir sur le banc des jurés pendant qu'elle lira le rôle. Nous nous serrons la main et, quelques instants après, le juge Lykos a passé la porte et tout le monde se lève.

Sur son haut bureau en bois, le juge Lykos a une de ces tasses inchavirables en céramique, au fond lourd et large, à l'ouverture étroite. Assise devant sa machine, Kathleen Powers travaille avec ardeur ; ses cheveux blonds dansent au rythme de ses mouvements et elle fixe un point devant elle tout en tapant l'histoire qui se déroule.

4. Les avocats

Au début, Karla eut son propre avocat, payé par un copain de son ami Scott, le béret vert.

« Gabe Nahas, me dit un autre avocat. Ne le répétez pas, mais bon Dieu… il était au bout du rouleau. » Pendant l'hiver 1991, Gabe Nahas fut révoqué pour incompétence.

Karla n'aimait pas Gabe Nahas.

« Mais surtout, c'était lui qui ne m'aimait pas. Il savait que je ne racontais que des bobards. »

Larry Tucker et les grand-mères dirent à Karla qu'elle devrait se débrouiller seule en matière de défense. De toute façon, le juge nommerait de meilleurs avocats que ceux qu'ils pourraient eux-mêmes lui offrir. Non pas un, mais — comme il s'agissait d'un crime capital — deux.

« On m'a fait sortir de la centrale. Lykos m'a demandé si je voulais une nouvelle représentation et j'ai dit oui et alors elle m'a posé un tas de questions pour savoir si je voulais qu'elle me désigne un avocat et j'ai dit oui et c'est là que j'ai rencontré Mack [Arnold] et Henry [Oncken]. Lykos a dit qu'on pouvait utiliser la chambre des délibérations pour discuter, alors on y est allés et puis, je ne sais pas, je me suis assise à la table et pour la première fois, excepté à mon aumônier, j'ai dit la vérité, la vérité de A à Z. Je ne sais pas ce qu'ils ont pensé. J'imagine qu'ils ont dû être surpris. »

À moins que Patricia Lykos n'ait beaucoup changé en l'espace des sept ans qui se sont écoulés depuis le procès, je doute que Karla s'en soit tirée avec de simples « oui ». Le juge Lykos formule ses questions de telle façon que même si oui *peut aller*, du moment que ce n'est pas la réponse qu'elle attend, elle la refuse.

« Bon, dit-elle, généralement à un inculpé, je vais vous expliquer certaines choses. Si vous comprenez, dites-le. Est-ce que vous comprenez ? » Elle attend la réponse. Si l'inculpé dit

« oui », « je vois », « certainement », « oui, madame », ou toute autre chose que l'obligatoire « je comprends », Patricia Lykos lève la tête, rentre le menton, tend l'oreille en direction de l'inculpé et attend la bonne réponse à sa question. Je l'ai vue un jour renvoyer à la case départ une jeune femme et son avocat commis d'office parce que la jeune femme, de toute évidence, n'avait *pas* compris la question, même si elle y avait répondu correctement, et que son avocat connaissait si mal l'affaire qu'il ne risquait guère de l'aider. « Je ne suis pas en mesure de juger cette jeune femme alors qu'il est clair qu'elle n'a aucune notion de ce qui se passe », avait déclaré le juge Lykos.

Se rendant compte que l'affaire Karla Faye Tucker ferait sûrement un bruit énorme, Pat Lykos, au moment de nommer deux avocats pour la représenter, choisit deux hommes qu'elle considérait comme excellents et riches d'une longue expérience du droit pénal. Généralement, dans une affaire de crime capital, le juge choisit un avocat ayant une grande pratique du prétoire. L'autre — son second — en a habituellement moins. Mais, dans cette affaire, le juge Lykos tenait à prendre un maximum de précautions.

Certains pensent que son raisonnement était erroné : les deux avocats nommés par Patricia Lykos avaient passé la majeure partie de leur carrière à plaider pour l'État. Ils étaient donc considérés comme des procureurs et non comme des avocats de la défense. La plupart des avocats estiment cette distinction aussi fondamentale que leur groupe sanguin.

Je demandai à un avocat général haut placé dans le bureau du procureur ce qu'il pensait de la représentation de Karla. Il me répondit en haussant les épaules : « C'étaient des procureurs. »

En octobre 1983, quand Henry Oncken et Mack Arnold rencontrèrent Karla, celle-ci était toujours sûre d'elle et hostile.

« Je ne pouvais pas la supporter, dit Oncken. Elle était encore imprégnée de drogue. Elle se fichait de tout. Je n'avais aucune envie de me charger de l'affaire. »

Je demandai à Mack Arnold s'il fut surpris lorsque Karla lâcha le morceau sur sa participation aux meurtres. Non, dit Mack Arnold d'un air pensif avant d'ajouter : « On atteint un point où plus rien ne vous surprend. »

Mack Arnold est irlandais et il en joue ; au cours d'un procès, par exemple, il lui arrive de s'excuser auprès du juge de certains emportements qu'il impute à son sang irlandais. Il est également enclin au traditionnel humour noir irlandais, fait de cynisme et de fatalisme, sous des dehors facétieux.

Henry Oncken, lui, est calme et réservé. Figure paternelle dans le prétoire — entretenant les feux, évitant de se salir les mains dans la bagarre —, Henry s'occupe de Karla, joue les seconds rôles, conseille l'accusée, la rassure et travaille en coulisse.

Un procès, c'est du pur théâtre. Comme les acteurs, les magistrats doivent savoir non tant ce qu'ils *sont* que ce qu'ils paraissent être : sages, paternels, emmerdeurs ou militants, que sais-je encore.

Un troisième acteur apparaît ici — ou un quatrième, en comptant Lykos qui, dépendant des voix des électeurs, doit, elle aussi, se concentrer autant sur l'apparence, sinon plus, que sur la réalité —, c'est le procureur Joe Magliolo. Joe Mag est italien et le seul d'une famille de cinq frères et d'un père médecins, à ne pas avoir fait d'études médicales. Prompt à la détente, Joe Mag est futé, ambitieux, intelligent et pressé. Mange vite, avance vite. Il a travaillé comme substitut du procureur quatre ans seulement avant d'être nommé procureur général et n'occupait ces fonctions que depuis trois mois, au moment du procès de Karla. C'était son premier meurtre capital. Pas de problème. Joe Mag était prêt. En tout cas, l'État avait toutes les munitions nécessaires.

Mack Arnold a le sens du théâtre et sait manier les mots, aussi était-il normal qu'il se chargeât du travail dans le prétoire, mais comme c'était Henry qui, à la longue, établirait une relation avec Karla, certains se demandèrent pourquoi ce dernier n'avait pas davantage dirigé la procédure, surtout quand Karla était à la barre.

« Henry ne voulait pas s'occuper de cette affaire, dit Jackie Oncken, mais nous avions besoin d'argent. Et, au bout d'un moment, il s'est pris d'une réelle amitié pour Karla... Il me disait, en rentrant le soir à la maison : "Tu sais, Jackie, il y a une autre fille en elle, et elle commence juste à émerger." Il m'a raconté comme elle s'était bien occupée de cette enfant, je ne sais plus, abandonnée, je crois, par des parents camés et... Le jour où Karla a été condamnée à mort, il est rentré, s'est assis dans le noir, dans son bureau, et a pleuré. »

En 1981, après avoir travaillé un certain temps chez le procureur, Henry Oncken avait été nommé par le gouverneur républicain, Bill Clements, en remplacement d'un juge qui venait de mourir. Quand, en 1982, Oncken se présenta de nouveau sur la liste des républicains, il fut balayé par une vague démocrate et perdit l'élection.

« Dans toute mon existence, je n'ai travaillé que deux ans en secteur privé, déclare tout net Henry Oncken en 1989. C'est à cette époque que le juge Lykos m'a appelé à son tribunal (il replie l'index et l'agite comme une sorcière essayant d'attirer un petit enfant dans un coin sombre) en me disant : "J'ai quelque chose pour vous." Dieu sait que je n'avais aucune envie d'accepter. »

« Henry est un procureur-né », déclare catégoriquement Jackie.

Le fait que le procès de Karla eut lieu avant celui de Danny est une question de hasard liée au rôle, au calendrier et à la disponibilité des avocats. Dans une affaire de crime capital, les avocats interrogent longuement chaque juré potentiel, si bien que la procédure de sélection du jury peut — et c'est souvent le cas — prendre plus de temps que le procès lui-même. Il fallut un mois pour choisir le jury de Karla, composé de huit femmes et de quatre hommes.

Pendant la procédure de sélection, les deux parties pensaient déjà, au-delà de la notion de coupable/innocent, au prononcé du verdict. Pratique courante dans les affaires de crime capital. Le ministère public veilla soigneusement à ce qu'aucun juré potentiel ne se montrât indulgent envers Karla simplement parce qu'elle était une femme. La défense, de son côté, recherchait des hommes ayant des filles de l'âge de Karla. « Nous pensions que le père d'une fille de l'âge de Karla s'identifierait à elle. Il aurait beaucoup de mal à lui infliger la peine de mort. »

« Nous étions contents du jury, dit Henry Oncken. Il nous restait encore plusieurs cartes à abattre. Nous trouvions que c'était un jury de première bourre. »

Le procès dura deux semaines, du 11 au 25 avril 1984. Les procès-verbaux d'audience font environ deux mille pages, divisées en trente-six volumes reliés.

Le procès de Danny Garrett pour l'assassinat de Deborah Thornton devait se dérouler au tribunal du juge A. D. Azios et commencerait fin juillet. La sélection du jury dura du 6 août au 8 octobre, jour de l'ouverture du procès. Celui-ci ne fut terminé et la peine de mort prononcée contre Danny Garrett que le 29 novembre, c'est-à-dire quelque quatre mois plus tard.

Les procès-verbaux de Danny Garrett comptent dix mille pages, divisées en soixante-trois volumes reliés.

La raison pour laquelle le procès de Danny Garrett dura tellement plus longtemps ? Les jeux de jambes et les diversions auxquelles se livra Ray Bass, l'avocat engagé par la famille de Danny pour le représenter.

Ray Bass est un petit bonhomme — il vous le répète toutes les cinq minutes dans les procès-verbaux ; « Petit, demande-t-il au sujet de quelqu'un dont un témoin dit qu'il mesure un mètre cinquante-huit ou soixante, comme moi ? » C'est un homme né pour défendre et frimer sans vergogne. L'attention du public colle à Ray Bass comme les paillettes à la colle. En action, Ray Bass est capable de jongler, de faire la roue, de s'habiller en clown, de lever la jambe. N'importe quoi, en cas de besoin.

Un collègue le résuma un jour ainsi : « Ray Bass est connu pour porter un nœud papillon au tribunal. »

Or, l'une des premières choses que l'on apprend à la faculté de droit, c'est à porter des vêtements de circonstance. Les gens se méfient d'un homme qui porte un nœud papillon. Ray Bass, beurk !

Le juge Azios, c'est clair, concède aux avocats une liberté beaucoup plus grande, en fait de fantaisies chorégraphiques, que Patricia Lykos. Mais finalement le one-step de Ray Bass ne fit pas vraiment crouler la salle sous les applaudissements. Son client fut tout de même condamné à mort.

Contre la paix et la dignité de l'État

11 avril 1984. En audience préliminaire, la bande audio a été admise, Douglas Garrett ayant été jugé assez sain d'esprit pour témoigner. L'État est prêt. La défense dit qu'elle l'est aussi.

Joe Mag résume l'affaire qu'il a été autorisé à présenter par l'État du Texas et la Chambre de mise en accusation du comté de Harris dûment constituée, dans laquelle « le 13 juin, Karla Faye Tucker, ci-après désignée comme l'inculpée, a, de manière illégale, tandis qu'elle commettait et tentait de commettre le cambriolage et le vol de Jerry Lynn Dean, ci-après désigné comme le plaignant, causé volontairement la mort du plaignant en le frappant et en le transperçant avec un pic.

« Contre (nouveau paragraphe) la paix et la dignité de l'État ».

Joe Mag présente donc une introduction imagée dans laquelle il dit aux jurés ce qu'il espère que démontreront les preuves, puis appelle le premier témoin.

1. L'histoire

À sept heures moins vingt, le matin du 13 juin 1983, Gregory Scott Travers, vingt-six ans, attendait son ami Jerry Lynn Dean qui devait passer le prendre dans son El Camino. Gregory

Travers habitait Windtree, à environ une minute et demie de chez Jerry Dean. Les deux jeunes gens travaillaient dans l'entreprise Qube Security comme installateurs de systèmes d'alarme. Censés être au travail à sept heures, ils partaient habituellement de chez eux à sept heures moins vingt, mais ce matin-là pas de Jerry.

Gregory Travers attendit jusqu'à moins dix, puis se rendit à l'appartement 2313, au cas où son chauffeur aurait oublié de se réveiller. Il ne vit nulle part l'El Camino. En arrivant à l'appartement, il constata que la porte de derrière n'était pas fermée à clef. Il frappa. La porte s'ouvrit légèrement ; il appela. Ne recevant pas de réponse, il appela de nouveau. Dans la salle de séjour, la radio déversait du rock à plein volume. Du coup, il entra et…

On ne peut s'empêcher de se demander quel effet peut produire ce récit sur l'auditeur sans méfiance qui ne sait pas ce qui s'est passé au 2313 ; seulement voilà, il n'y a pas ici d'auditeur sans méfiance, car les jurés ont appris de la bouche de Joe Magliolo à quoi ils doivent s'attendre, ils savent ce que va découvrir Gregory Travers. Tout compte fait, leur sentiment d'incrédulité pourrait bien avoir fait place, maintenant, à un état d'intense appréhension imaginaire, non pas malgré mais *à cause* du fait qu'ils savent ce qui va venir, au moment où Gregory Travers revit la scène et nous conduit pas à pas dans l'appartement de son ami. Il n'a pas encore vraiment peur, mais il est inquiet ; il appelle Jerry, de façon à ne pas violer son intimité, avec l'espoir qu'il ne va rien trouver d'anormal, tâtonnant avec la voix comme on tâtonne avec les mains lorsque, se levant en pleine nuit, on traverse la chambre sans allumer la lumière.

Il entre d'abord dans la chambre principale, mais il n'y a personne. C'est la chambre où dormait la petite Jamie Kay, âgée de quatre ans, la fille de Shawn Jackson Dean, du temps où Shawn et Jerry vivaient ici comme mari et femme et où la petite habitait avec eux. Mais il n'y a personne.

Cela laisse supposer que si Gregory Travers connaissait la disposition de l'appartement 2313 — après tout, il habitait Windtree —, il ignorait les habitudes de vie de Jerry Dean et le fait qu'il avait laissé la chambre principale à Jamie, prenant la petite chambre d'amis pour lui-même et sa femme, à l'époque où elle vivait là.

« O.K. » Joe Magliolo est l'Interlocuteur, le Candide. Il encourage le narrateur à poursuivre. « Et ensuite ? »

Alors…

Le temps s'écoule ; il est presque sept heures, à présent, c'est l'été et il fait grand jour. Comme les appartements de Windtree ont des plafonds bas et peu de fenêtres, il devait faire sombre dans l'appartement de Jerry Dean et la lumière devait être diffuse et grise.

Gregory Travers sort de la chambre principale et fait un pas ou deux. Il regarde, de l'autre côté du couloir, par la porte de la chambre d'amis et : « Je vois Jerry dans la chambre, qu'il a un peu de sang sur la tête. » Gregory Travers ne comprend pas ; alors il regarde mieux et…

« Et je vois la fille qu'elle a une pioche dans le cœur. »

Une histoire ne se résume jamais simplement à l'action, une histoire, c'est aussi le langage, le débit et les détails précis, le rythme, l'organisation, le non-dit et l'effet, l'impression produite par les mots sur l'oreille et la sensibilité, tout le poids et le flou qu'ils transportent avec eux, comme la poussière accumulée au fond d'un tiroir.

Dans un procès, le narrateur change constamment, de voix, de jargon, de non-dit. Joe Mag n'est pas le narrateur mais le guide touristique. Il ne peut pas contrôler ce que disent les gens, il ne peut qu'inciter, guider et sélectionner soigneusement ses questions. « Je vois la fille qu'elle a une pioche dans le cœur » est sa récompense — aucun écrivain, vivant ou mort, n'aurait pu faire mieux.

Gregory Travers y va de son « Il était une fois » ; il commence l'histoire telle que l'État la veut ; établit le fait que deux corps, deux personnes sans vie, existaient, découverts par lui, à un certain endroit, à un certain moment, un mec et une fille et que la fille avait une pioche dans le cœur. Gregory Travers le sait parce qu'il était là et qu'il a vu.

Dans ses remarques préliminaires aux jurés, Patricia Lykos a dit qu'en déterminant la réalité des faits ils devront tenir compte de l'apparence, de l'attitude et du comportement de chaque témoin, de l'intérêt que peut présenter pour lui le résultat final du procès, ainsi que de sa relation avec l'une ou l'autre partie et dc la vraisemblance ou de l'invraisemblance de ses déclarations — bref, de sa crédibilité.

Le témoignage de Gregory Travers sonne effroyablement juste ; nous le croyons, nous lui faisons confiance, il ne fournit pas une opinion mais une description et, tandis qu'il nous promène à travers l'appartement 2313, dans sa prose nue, nous en venons à partager son appréhension croissante.

Gregory Travers fournit également le thème et le ton de *L'État du Texas contre Karla Faye Tucker*. Le thème, c'est la brutalité humaine, au-delà de ce que nous considérons comme la compréhension normale. Le ton, c'est celui de l'horreur absolue.

Pour mettre cet aspect en valeur, Joe Mag revient sans cesse sur l'expression « massacrés à coups de pioche ».

Une fois que Gregory Travers a vu les cadavres, il rentre chez lui — « il se tire de l'apart ». Puis il appelle une ambulance et la police.

L'histoire a été exposée à grands traits : nous avons une vision d'ensemble. Joe Mag ramène alors Gregory Travers dans l'appartement 2313 pour obtenir un récit plus détaillé, cette fois avec des supports visuels. Tout d'abord, il conduit son témoin à établir le fait qu'il avait vu un cadre de Harley sur un support en bois, dans la salle de séjour de Jerry Lynn Dean et que, le matin du 13 juin 1983, le cadre de la Harley avait disparu. (Ce point est très important pour Joe Mag s'il veut obtenir la peine de mort pour un crime commis au cours de la perpétration d'un autre délit majeur.)

Les photographies sont présentées à titre de preuves. (Il y a eu de nombreuses discussions, pendant l'audience préliminaire, concernant les photos : lesquelles étaient acceptables, lesquelles étaient inutilement incendiaires. Mack Arnold s'opposa violemment à ce que l'on se servît d'un gros plan de la pointe de la pioche enfoncée dans le tee-shirt et la poitrine de Deborah Thornton.)

Viennent d'abord les photos établissant la preuve des faits : l'extérieur de l'appartement 2313, vu du parc de stationnement. La porte de derrière, puis la porte d'entrée. Ensuite l'intérieur : le séjour et le couloir. Gregory Travers dit : oui, c'est bien l'immeuble ; oui, le séjour ; oui, le support sur lequel était posée la Harley quand j'étais là-bas, la semaine dernière…

La chambre d'amis est un véritable capharnaüm : outils et cartons un peu partout, escabeaux en aluminium, éléments d'échafaudages. Le lit est un mince matelas tiré jusqu'au milieu de la pièce. (Au tout début de l'affaire, un article de journal avait dit que la police ne savait pas si l'appartement de Jerry Dean avait été ou non mis à sac, car il était, de notoriété publique, encombré en permanence.)

Joe Mag fait faire la visite aux jurés. Il avance, il avance. Il se rapproche. Les jurés savent ce qui les attend — les corps, les corps mutilés. Les jurés comprennent aussi qu'ils ne sont probablement pas prêts à voir ce qu'ils vont devoir affronter. Ils doivent être prêts mais ils ne peuvent pas l'être. Pour finir — on tient le bon bout — Joe Mag pique droit sur ce que Gregory Travers a découvert en arrivant à la porte de la chambre d'amis : le mort, Jerry Lynn Dean, nu, sur le dos à moitié sur le matelas, à moitié par terre.

Il a la tête rejetée en arrière et d'un côté — celui opposé au matelas, c'est-à-dire, son côté droit. Ses cheveux blonds lui barrent le visage en longues mèches. Sa jambe gauche est étendue, son genou droit dressé. Son pénis repose mollement sur sa cuisse. Sa main droite est refermée en un poing lâche, sur l'os iliaque. Son bras droit est tendu comme s'il essayait de donner quelque chose à quelqu'un, la main tout près d'un carton soigneusement enveloppé dans du ruban adhésif argenté à usage industriel.

On le croirait endormi. Hormis les traînées de sang et ce qui ressemble à des cafards courant sur sa poitrine, on pourrait penser qu'il rêve. Les cafards sont en réalité les trous de pioche.

Deborah Thornton est à gauche de Jerry Lynn Dean, à moitié sur le côté, légèrement pelotonnée sur elle-même. Elle a les cheveux dans la figure, un bras en travers de la poitrine, l'autre allongé sur le lit près de plusieurs éclaboussures de sang, la paume vers le ciel, les doigts recroquevillés. Elle porte le tee-shirt marqué, sur le devant, du logo « Teller 2 », une bague et une chaîne en or autour du cou. Quelqu'un a coincé le bas du tee-shirt entre ses jambes, si bien qu'elle a le sexe couvert. (Qui a fait cela ? Personne ne se le rappelle ou ne veut le dire.)

Un manche de pioche mesure environ un mètre vingt. La tête de métal, environ soixante centimètres, d'une extrémité à l'autre. La pointe de la pioche est enfoncée sur dix-huit centimètres dans la poitrine de la jeune femme, pile dans le « 2 » de « Teller 2 ». Le reste de l'outil est suspendu au-dessus de son corps, parallèle à lui, l'épinglant, tel un papillon sur un panneau de liège.

Comme les morts ont l'air innocent ! Rien à voir avec des diables peints, plutôt des enfants. Vivants, ils n'étaient ni enfants ni innocents, mais morts… on les dirait lavés, purifiés. Un jury n'est pas censé se permettre d'être bouleversé et exagérément influencé par des tours de passe-passe. Mais ici, il n'y a pas de tour de passe-passe. Et un jury est humain, après tout.

Je n'ai vu Peter mort qu'une fois accompli le travail des pompes funèbres. Il n'était plus alors qu'une version showbiz de lui-même : poudre, couleurs, rembourrage. Mon seul regret est de n'avoir pas, à l'hôpital, quand le chirurgien est sorti de la salle de réanimation en secouant la tête, insisté pour voir mon fils mort et, en cas de résistance de la part du chirurgien, crié, hurlé, fait une crise de nerfs, n'importe quoi, pour me rendre compte de ce qu'était mon enfant, de qui il était — ou de ce qu'il était devenu — à ce moment-là.

Si quelqu'un m'avait demandé : « Voulez-vous le voir ? » j'aurais dit oui. Mais personne ne me l'a demandé et, de mon côté, je ne pensais pas, j'étais à des années-lumière de penser, j'étais sortie de moi-même.

J'étudie les photos des cadavres de Jerry Dean et de Deborah Thornton, mais il n'y a personne, là. « Ils » sont partis : d'eux-mêmes, de leurs pensées, de ces coquilles vides en noir et blanc visibles sur le cliché de la police criminelle.

La dernière photo-cauchemar prise dans la chambre d'amis est un gros plan du trou dans le tee-shirt et la poitrine de Deborah Thornton, une fois la pioche enlevée.

C'est l'auxiliaire de police Pilgrim qui retira la pioche. Pilgrim dit qu'il se chargea de cette besogne parce que d'une part il était impossible d'emmener le cadavre de la jeune femme avec ce truc qui lui sortait de la poitrine, étant donné tous les journalistes qui attendaient dehors, et que d'autre part, en tant que technicien en identification criminelle, l'une de ses tâches était de retrouver toutes les preuves et de préserver les empreintes latentes.

Sale boulot. Il fallait bien que quelqu'un s'en charge.

Joe Mag fait intervenir les policiers, les inspecteurs de la Criminelle et le médecin légiste. Le décor change ; de la scène du meurtre, on se retrouve à la salle d'autopsie où les morts violentes et suspectes sont étudiées, explorées et où sont déterminés avec précision le quand, le comment et le pourquoi de ces morts.

En sa qualité d'adjoint du médecin légiste chef, Aurelio Espinola passe au crible tous les cadavres qui arrivent à la morgue du comté de Harris avant de distribuer les autopsies à ses divers assistants, ne gardant pour lui que les cas les plus difficiles. Au cours de toute sa carrière, Espinola estime qu'il a pratiqué au minimum six mille autopsies.

Ayant vérifié les références de M Espinola, Joe Mag fait faire au médecin légiste adjoint la visite du corps de Jerry Lynn Dean, comme il l'a fait pour l'appartement 2313. Il commence par une description externe — taille, poids, apparence générale, y compris les lacérations, contusions, abrasions et éraflures, c'est-à-dire les vingt-huit entailles et trous. Des photos prises au laboratoire montrent le cadavre de Jerry Dean sur un chariot, avec les cafards sur sa poitrine, le cou enserré dans un anneau de métal pour éviter que sa tête ne chavire d'un côté. Et puis Deborah Thornton, sur son chariot en inox.

Joe Mag demande au médecin une description interne du cadavre — fractures des os, lacérations des organes : foie, cœur, lobes temporaux ; liquides accumulés et sang coagulé. Puis il aborde le cas de Deborah Ruth Thornton et nous fait faire la même visite.

Quand Joe Mag passe le témoin à la défense, Mack Arnold revient sur le sujet des blessures infligées à Jerry Lynn Dean, derrière la tête, le long de l'os occipital, à l'endroit où le crâne rejoint le cou. C'est là, entre la défense et l'accusation, un débat qui ne sera jamais clos.

Karla déclare qu'après s'être assise sur les genoux de Jerry celui-ci lui dit : « Karla, on peut s'arranger. J'ai pas porté plainte contre Shawn. J'ai pas téléphoné à sa mère », puis il lui saisit les bras. Karla se débattit, Danny s'interposa, les sépara et elle se retrouva par terre. Danny, dit-elle, passa ensuite *derrière* le lit et se mit à frapper Jerry à la tête avec un marteau. Karla Faye ne voyait pas tout ; à part la lumière qui filtrait à travers les rideaux déchirés, il faisait sombre dans la pièce ; mais elle apercevait une silhouette, comme une ombre sur le mur, c'était celle de Danny Garrett qui assenait de grands coups de marteau à Jerry Lynn Dean, sur l'arrière du crâne.

Après s'être arrêté, Danny Garrett sortit de la pièce pour aller charger les pièces détachées de la moto. C'est à ce moment-là que Jerry commença à émettre ce bruit de gargouillement — ce qui se tient, dit le médecin légiste, parce que quand quelqu'un reçoit un coup très violent à cet endroit précis du crâne, assez violent pour *disjoindre* la tête et le cou, le sang et le mucus s'échappent et coulent dans les poumons. L'autopsie révéla la présence de six cents centimètres cubes de liquide et de sang dans le poumon gauche de Jerry Dean et trois cents dans le droit.

C'est une fois Danny parti que Karla — elle ne sait pas pourquoi — alla allumer l'éclairage central. Et il y avait toujours le gargouillement de Jerry et Karla ne pouvait supporter ce bruit, elle voulait qu'il cesse, elle est incapable de dire pourquoi ce bruit la rendait folle, mais elle ne pouvait quitter la pièce, elle était là, fascinée, défoncée, cherchant quoi faire, avec ce bruit qui était quelque chose qu'elle ne pouvait pas supporter ; Jerry Dean la poursuivait, quelque chose au-delà de Jerry Dean la poursuivait… et c'est alors qu'elle vit la pioche — « Elle était là, juste devant moi » — appuyée contre le mur et Karla la saisit, la brandit et l'enfonça dans le dos de Jerry de la même manière que Jerry avait lardé les photos de sa mère de coups de couteau.

Pendant cette phase du procès, un jury ne se soucie pas des raisons ; la tâche d'un jury est de se concentrer sur les faits, sur ce qui s'est passé et qui a fait quoi à qui.

La question est de savoir qui a porté le coup fatal. Le coup sur la nuque de Jerry Dean, suffisant pour l'envoyer dans l'au-delà, ne le tua cependant pas immédiatement, le gargouillement en est la preuve indéniable — en plus de quoi un certain nombre de coups sur l'arrière *et* le devant du corps furent portés alors qu'il vivait encore.

Mais. Si Jerry Dean était déjà quasiment mort quand Karla le frappa avec la pioche afin de faire taire le gargouillement —

« Ce bruit, déclara plus tard Karla, tout ce que je voulais, c'est qu'il arrête de faire ce bruit » — comment pourrait-elle être coupable du meurtre ?

Arguties. Sans intérêt, dans l'optique humaine globale de ce qui est tolérable et de ce qui ne l'est pas. Notre répulsion concerne la nature du crime bien plus que le moment exact de la mort. Si Karla ou Danny avaient tué Jerry Dean d'un coup de fusil, personne n'y aurait prêté grande attention. L'assassinat n'aurait été que le résultat d'une dispute entre drogués et motards, auquel cas il est bien difficile de prédire qui finira par se faire descendre ; et finalement qui, en dehors de la famille et des amis, s'en serait soucié ?

Ce n'est pas le meurtre lui-même qui nous révulse, mais son caractère horrible ; ce que Karla appelle la démence nécessaire pour imaginer une telle chose.

Les jurés, si horrifiés soient-ils, doivent néanmoins prêter la plus grande attention aux arguties. La question pertinente, pour eux, n'est pas qui est l'auteur de ce cauchemar ni pour quelle raison il a agi, mais à quel moment précis le plaignant a expiré, du fait de quelle blessure — ou blessures — infligée par qui.

Les joutes oratoires sur cette question dureront tout le temps du procès et des plaidoiries et réquisitoires finaux. Et puis, il y a le problème du marteau : Karla dit qu'elle a vu Danny s'en servir sur Jerry, Danny a dit à d'autres gens qu'il l'avait utilisé, et ceux-là l'ont répété à d'autres, lequel marteau n'a jamais été retrouvé. Comme l'accusation voudrait amener les jurés à penser que c'est Karla Faye et non Danny Garrett qui a porté le coup sur l'arrière de la tête de Jerry Dean, Joe Mag et Aurelio Espinola laissent planer l'hypothèse qu'il n'y a jamais eu de marteau et que c'est Karla Faye qui a frappé Jerry Dean à la tête, probablement avec le talon du manche de pioche. Ils ne le disent pas clairement, car ils n'ont pas d'éléments suffisants pour prouver qu'avec un poids de quarante-sept kilos Karla Faye était capable de faire tout cela sans que Jerry Dean remue le petit doigt ; ils laissent simplement planer l'hypothèse.

Joe Mag en arrive ensuite à la divulgation de l'affaire.

J.C. Mosier se lève pour dire que, le soir du 18 juillet, alors qu'il se trouvait dans le bureau de la Criminelle, il a reçu « un coup de téléphone d'un vieil ami que je connaissais depuis environ huit ans ». Le vieil ami s'avère être Douglas Garrett qui, selon le témoignage de J.C., lui dit qu'il a besoin de lui parler. Le lendemain soir, déclare J.C., il rencontra Douglas Garrett et Kari Burrell qui lui révélèrent qui étaient les meurtriers à la pioche.

(Selon le rapport de police, l'auteur du premier appel téléphonique aurait été « l'informateur personnel » de J.C. Mosier, « celui que j'ai souvent utilisé ». À moi, J.C. a dit que c'était l'une des ex-épouses de Danny qui avait appelé. L'ex-épouse, m'expliqua-t-il, avait grandi à Oak Forest et il la connaissait mieux qu'il ne connaissait Danny ou Douglas. C'est *après* l'appel de l'ancienne épouse que J.C. parla à Douglas au téléphone, puis organisa une rencontre avec Kari et lui chez l'ex-épouse en question. En tout cas, c'est ce qu'il m'a dit.)

J.C. décrit la sonorisation de Douglas, puis l'attente dans la fourgonnette et enfin la scène de l'arrestation.

Mack Arnold s'en prend violemment à J.C. au sujet de Douglas Garrett. Douglas n'avait-il pas aidé Karla à brûler le portefeuille de Jerry Dean ? N'a-t-il pas jeté les pièces détachées de la moto dans la rivière Brazos, le jour même de sa visite ? N'aurait-il pas dû être arrêté ?

J.C. est un excellent témoin ; il ne flanche pas. Un bon témoin n'hésite jamais, ne doute jamais. J.C. répète : Douglas Garrett a livré son frère à la police et accepté de porter un micro parce que : un, il craignait pour sa vie, deux, c'était ce qu'il devait faire.

L'État appelle Jimmy Leibrant. Joe Mag s'empresse d'établir d'avance la chose suivante : l'État sait pertinemment que Jimmy Leibrant a été en taule pour détention de drogue et qu'il gagne sa vie en fabriquant du speed ; il profite de l'occasion pour souligner que l'État n'a proposé à Jimmy, en échange de son témoignage, aucune réduction de peine concernant ses activités de la nuit du 13 juin.

Après cette introduction, Jimmy commence à raconter ce qui s'est passé cette nuit-là, comment Karla et lui et, plus tard, Danny n'avaient pas arrêté de bouffer des amphés, de boire du Jack Daniel's et de la tequila et de se shooter au speed, comment ils étaient pétés — speedés un max —, Karla, agitée, Danny, agité, et lui, Jimmy, arrivé au stade du ouais, O.K., et comment ils cherchaient tous les trois quelque chose à faire, quand Danny Garrett avait fini par dire : « Je sais ce qu'on peut faire. » *Envapé mais cohérent* est l'expression dont se sert Jimmy Leibrant pour décrire son état. En quittant la maison dans la Ranchero de Danny, dit Jimmy Leibrant, il croyait qu'ils allaient chez Jerry Lynn Dean pour lui casser la figure à cause d'une histoire de dette de drogue foireuse. Son boulot à lui, tel qu'il le voyait — ou dit qu'il le voyait — serait de faire de l'intimidation, au cas où il y aurait du grabuge.

Une fois là-bas, dit Jimmy Leibrant, Danny l'envoya en mission de reconnaissance et, le temps qu'il revienne, ça allait déjà très mal, et, quand il franchit la porte de derrière, il n'avait aucune idée de ce qui s'était passé ni de ce qui était en train de se passer dans la chambre d'amis, mais en arrivant à la porte, en fait, *dès* la porte, il avait entendu un bruit « comme celui d'une pompe d'aquarium déglinguée ».

Voici donc Jimmy Leibrant, notre nouveau narrateur, qui nous offre une métaphore. Il aurait pu dire un bruit « fort », un bruit « rauque » ou simplement « inégal ». Au lieu de cela, il fait appel à notre imagination : « Comme », dit-il ; or, nous avons tous entendu le bourdonnement d'une pompe d'aquarium et maintenant nous en entendons une cassée, qui produit un son rauque, au rythme de l'air qui entre, qui sort, qui entre, qui sort…

Jimmy, donc, retourna voir ce qui se passait et, debout sur le seuil de la chambre d'amis, un carton de marchandises volées dans les mains, dit-il, découvrit Karla Faye, un pied sur le corps, les deux mains sur le manche de la pioche, qui tirait dessus de toutes ses forces pour la faire ressortir du dos de Jerry Dean. « Qui la tortillait », dit-il. Une fois qu'elle eut réussi à retirer la pioche, dit Jimmy Leibrant, Karla brandit l'outil au-dessus de sa tête, se retourna, regarda Jimmy, « sourit et frappa encore une fois le mec ».

C'est là que Jimmy Leibrant se caleta et disparut dans la nuit. (Joe Mag l'amène à dire que peut-être l'aube se levait, laissant entendre par là que Karla et Danny auraient dérobé encore d'autres choses dans l'appartement 2313 s'ils n'avaient pas été surpris par le jour.) Karla et Danny étaient furax contre lui pour avoir fui, la queue entre les jambes. Le lendemain après-midi, dit Jimmy, l'après-midi du 13 juin, au 2205 McKean, ils regardèrent tous les infos télévisées et, quand on montra le corps de Jerry Lynn Dean qu'on sortait de chez lui dans une housse à cadavre, Karla, dit Jimmy Leibrant, s'exclama : « Tiens, voilà l'enculé. »

Dit Jimmy Leibrant. C'est tout ce que nous avons. Il n'est pas un témoin crédible ; dans son réquisitoire final, Joe Mag le reconnaît. L'État répète qu'aucun marché n'a été conclu avec Jimmy Leibrant, mais nous savons comment les choses se passent, nous savons que ce qui importe, dans un procès, c'est le fait de gagner ou de perdre, et ce qui comptait, pour l'État, c'était plus de voir Karla Tucker et Danny Garrett condamnés à la peine capitale que de mettre Jimmy Leibrant à l'ombre pour une durée déterminée. De toute façon, Jimmy Leibrant est comme les femmes enfermées, dans le rêve de Rebecca Lewis. Il retournera en prison. Tôt ou tard, pense l'État, on pourrait bien s'occuper de lui en tant que récidiviste. Pour le moment, le but, c'est de gagner le procès.

Jimmy Leibrant était là. Il a vu, il a entendu. Il parle à la première personne. Rien de tel. Que l'on discrédite une moitié de son témoignage, l'autre suffira. L'État passe le témoin à la défense.

« Au sujet du sourire », dit Mack Arnold. Le soir où vous avez fait votre déposition, vous n'avez mentionné aucun sourire, et pourtant c'est une chose que vous ne pourrez jamais oublier, n'est-ce pas, l'instant où Karla s'est retournée vers vous en souriant, puis a frappé encore une fois le mec ?

Jimmy Leibrant se dandine d'un pied sur l'autre. Et l'on sait, si on a lu toute l'histoire, pourquoi Mack insiste sur ce point. Si Karla admet — elle l'avouera bientôt publiquement — qu'elle a commis des actes abominables, inimaginables, avec une pioche, elle reste inébranlable sur certains points, à savoir, entre autres, qu'elle n'a jamais *tortillé* la pioche pour l'extraire du dos de Jerry Dean, ni regardé Jimmy Leibrant *en souriant.*

Mack Arnold harcèle également Jimmy pour savoir quel marché il a bien pu conclure avec le procureur pour réduire sa peine.

Jimmy Leibrant connaît la réponse à cette question : aucun.

Pendant ce temps-là, Karla, assise, attend, attend, attend, dans sa robe de petite fille à manches ballons avec, sur la poitrine, la croix blanche de la prison. Je lui ai demandé quel effet ça lui faisait d'être là. C'était horrible, m'a-t-elle répondu, de ne pouvoir rien dire ; en outre, Mack et Henry lui avaient donné pour consigne de ne pas prendre de notes pendant le déroulement du procès. « Je déteste, avait dit Henry, voir un accusé passer son temps à prendre des notes. » Henry lui avait dit d'avoir l'air digne et calme, elle essaya donc de paraître indifférente à la procédure et on l'accusa d'être froide ; quand elle sourit à Larry Tucker, assis dans la salle d'audience, la presse dit qu'elle souriait à quelqu'un d'autre, aussi ne regarda-t-elle plus jamais vers la salle d'audience.

Joe Mag appelle Kari Burrell — maintenant Garrett, Douglas et elle s'étant mariés quelques semaines avant le début du procès de Karla.

Kari a une façon bien à elle d'utiliser le langage. C'est Kari qui dit que Karla a « crocheté » Jerry. C'est Kari qui emploie l'expression de Karla « s'arracher le copeau » ; qui dit que Karla a dit à Jerry Lynn Dean : « Fais un geste et t'es mort, enculé. » Kari qui dit qu'ils ont « castagné » Jerry Lynn Dean « sur le haut de la tête avec le fusil de chasse » et que Karla « a enfoncé la pioche un max ». Lire le témoignage de Kari, c'est découvrir le langage d'une jeune femme qui parle comme les motards mais change de registre et imite la télévision afin de paraître crédible aux yeux d'un public respectable et bourgeois.

« C'était une scène de carnage », dit-elle.

« Je ne peux pas dire parce que, vous savez, je ne sais pas, mesdames et messieurs les jurés… »

« Laissez-moi essayer de dire ce que j'essaie d'expliquer, commence-t-elle… et ainsi de suite et de suite, vous savez, ce genre de chose. »

Kari est comme l'eau. Elle fuit, elle vagabonde, elle sort du sujet. Et puis, c'est très clair, Kari n'oublie pas une seconde pour le compte de qui elle vient témoigner.

Habituée à de courtes séances de travail, elle s'acquitte aisément de sa tâche. Pendant toute la durée de son témoignage, Kari Garrett sera la parfaite auxiliaire de l'accusation. Elle donnera à l'État et à Joe Mag toute son attention et toute sa compétence. Elle sera là, aussi complètement que si elle appartenait au procureur.

Alors elle rend l'histoire aussi ignoble que possible. Karla, dit-elle, a pris son pied après les meurtres. Karla voulait les pièces détachées de la moto « pour le simple fait de s'en fabriquer une ». Karla a dit : « La salope a été foutrement dure à tuer. » Et qu'ils l'avaient tuée « parce qu'elle était là et à cause de ce qui avait été dit ». Quant au fait que Karla était soi-disant défoncée, Kari dit que si quelqu'un bouffait du speed ou se shootait ce soir-là, « moi, j'en savais rien ». À sa « reconnaissance », il n'y avait pas de speed, ce soir-là. Ou juste un chouïa. Et un peu de whisky.

Kari connaît les drogues, elle sait de quoi elle parle. L'État veut absolument prouver que Karla Faye n'était pas speedée, cette nuit-là. Droguée, certes, mais pas défoncée. L'État refuse de voir les meurtres atténués par l'effet de stimulants dans l'organisme de Karla Tucker. À maintes reprises, Joe Mag revient sur ce point. Des drogues, oui. Du speed ? « Pas à ma reconnaissance », dit Kari.

Quand Mack Arnold tente de la faire parler de la petite fille dont Karla s'est occupée avec son mari d'alors, Steve Griffith, Kari réduit le nombre d'années à, disons, oh, peut-être, deux. En réalité, Karla servit de mère à l'enfant pendant presque cinq ans.

Quand je dis à Karla que le témoignage de Kari n'a peut-être pas eu beaucoup de poids, étant donné ses hésitations et ses revirements incessants, elle n'est pas d'accord avec moi.

« La sœur témoignant contre la sœur, remarque-t-elle seulement. Kari m'a désignée du doigt en disant de cette voix horrible : *C'est elle, c'est bien elle*. Comme elle aurait dit : *Brûlez-la, c'est elle, c'est bien elle*. J'ai tellement pleuré que j'ai cru que j'allais vomir. »

Le poids. Les photos. L'horreur. Si douteux que soit le témoignage, si récusable le témoin, les photos restent dans la mémoire. Les morts innocents. L'homme avec les cafards sur la poitrine. La jeune femme avec une pioche dans le cœur.

La brigade criminelle fit une bande vidéo de la scène du meurtre — en couleurs —, l'une des premières réalisées par la Crim. Joe Mag ne l'utilisa pas. Elle était épouvantable, dit-il avec délectation. Mais il n'en avait pas besoin. On peut parfois aller trop loin et dégoûter le jury. Et il avait assez de preuves sans elle.

La plupart du temps, quand je parle à Karla, j'oublie. Elle est ce qu'elle est à présent pour moi, cette jeune femme chaleureuse et affectueuse, mon amie. Les meurtres font penser à un chapitre de quelque vieux bouquin poussiéreux.

C'est Karla elle-même qui ravive mon souvenir : *Ce que j'ai fait était horrible. Horrible*.

C'est une partie de sa vie ; la raison pour laquelle je la connais.

2. La bande

Joe Mag appelle Douglas Garrett. Le jury entend State 56, c'est-à-dire la bande. Joe Mag arrête de temps en temps le magnéto pour poser des questions à Douglas Garrett : « Qui est-ce qui parle ? » ou « Qu'est-ce qui se passe, là ? ».

Douglas Garrett est nerveux, émotif ; sur une photo que j'ai de lui, il apparaît égaré, bouffi, assez pitoyable. Sur ses lèvres flotte un drôle de sourire factice et derrière ses lunettes il a l'air de loucher. Comme Danny, il est bien en chair. Mais, tandis que Danny est lisse — sa peau a un aspect uni, presque moite —, Douglas, lui, est tout bosselé et flou. Plusieurs personnes m'ont dit que Douglas tabassait Kari. Ça ne m'étonne pas. C'est un baril de poudre.

State 56 — la bande — agit parfaitement sur le jury, sans oublier le moment où l'on entend Douglas demander à Karla si elle a joui sexuellement en tuant Jerry et la réponse de Karla, effrontée et rauque : « Ah, merde, oui, alors ! »

Puis Douglas est interrogé directement. Il est imprévisible mais pas superficiel. Excentrique, peut-être déglingué. Mais il fait des efforts. Pour dire la vérité. Pour la cerner. Pour entrevoir ce qui s'est réellement passé. Tout se déroule *en même temps* qu'il témoigne. « J'ai essayé de ne pas les écouter, dit-il en parlant de Dan et Karla pendant les jours qui suivirent les meurtres. Ils venaient tout le temps me voir et ils me racontaient des choses, comme si je devais approuver ce qu'ils avaient fait. Mais je n'y arrivais pas. »

Douglas Garrett dit qu'il croit à l'existence du diable et que le diable peut prendre bien des formes et que, quelle que soit celle qu'il avait prise, ce matin du 13 juin 1983 — et peut-être que le diable, c'était Ronnie Burrell —, il était en Karla et Danny quand ils se rendirent à Watonga Street ; pour lui, il n'y a pas d'autre explication. Après avoir vu les photos de l'homme avec les cafards sur la poitrine et dans le dos, de la fille avec la pioche dans le cœur, assis en face de cette jeune femme brune au visage doux, avec sa robe à manches ballons et sa croix blanche de la prison, les jurés furent peut-être tentés d'accepter cette interprétation. C'est là que Douglas dit qu'à son avis Ronnie Burrell pourrait bien être le diable. Il ne sait pas si les drogues le sont, mais tout ce qu'il sait, c'est que Karla et Danny n'auraient jamais fait ce qu'ils ont fait cette nuit-là s'ils n'avaient pas été sous l'influence du diable. Point.

À la barre, Douglas Garrett ne roule pour personne — personne, vraiment, ne tire bénéfice de sa théorie sur le diable —, tout ce qu'il fait, c'est creuser, chercher, essayer de comprendre.

Il poursuit. Et ni la défense ni l'accusation ne savent que faire, excepté le laisser continuer. Danny et Karla, dit-il, vannaient, cette nuit-là. Selon toute probabilité, aucun n'aurait commis un tel crime s'ils n'avaient pas vanné. Et aucun des deux n'était assez fort pour sortir l'autre de là.

Avec précaution, Mack Arnold demande à Douglas Garrett d'expliquer aux membres du jury ce qu'il veut dire par « vanner ».

Douglas s'embourbe. « Quand on vanne, on n'est plus tout à fait conscient de… les perceptions sont un peu différentes. Autrement dit, quand on se met en colère, on a une poussée d'adrénaline, alors on vanne et on risque de faire quelque chose. Vanner, c'est comme… la jalousie, c'est vanner. L'envie, c'est vanner. La haine, c'est vanner. Je crois que le diable peut pousser quelqu'un à vanner, l'entraîner plus facilement à vanner, et le rendre plus faible. Tellement faible qu'on peut pas s'en sortir. »

Il sait ce qu'il veut dire, mais pas comment le dire.

Karla affirme qu'elle comprend pourquoi Douglas a accepté de porter un micro et de témoigner. « J'aime beaucoup Douglas, dit-elle. Il a fait ce qu'il pensait devoir faire. »

Comme Douglas l'a déclaré aux jurés : « Je ne connais personne au monde qui voudrait être à ma place, en ce moment. »

S'il avait les jambes flageolantes, s'il était plutôt fragile, il n'en était que plus humain ; différent du couple de tueurs.

« Douglas est un drôle de type, dit aujourd'hui Mack Arnold. L'un de ces individus que l'on n'arrive pas à cerner. À certains moments, je le trouvais génial, à d'autres il me paraissait complètement perdu — ou même pire. » Quand on lui demande si la police criminelle a proposé un marché à Douglas Garrett en échange du port du micro, Mack répond simplement : « Garanti ! »

Joe Mag fait revenir Aurelio Espinola afin qu'il confirme le fait que Jerry Dean vivait encore quand Karla l'a frappé. Afin de souligner une nouvelle fois le « massacrés à coups de pioche » : vingt-huit coups portés à la victime, dont treize potentiellement mortels. Au moment du contre-interrogatoire, Mack exécute un timide numéro de claquettes et c'est fini.

L'État conclut.

La défense essaie de présenter un témoin pour lui faire dire qu'elle a entendu Jimmy Leibrant passer un marché avec un procureur. Témoignage refusé.

La défense conclut. Pas de témoins.

Henry Oncken : « Ce fut horrible. »

3. Plaidoiries et réquisitoires finaux

Rien de nouveau du côté de l'accusation. Du côté de la défense, Mack Arnold créa une certaine sensation.

Se levant, il dit qu'il était d'accord avec l'accusation et pensait que les jurés se devaient de déclarer sa cliente coupable.

« Les preuves démontrent de façon accablante que ma cliente est coupable d'un crime capital, dit-il, et j'estime qu'il serait injuste que vous arriviez à toute autre conclusion. » Puis, plus tard : « Je ne crois pas qu'il subsiste le moindre doute dans mon esprit, dans celui de Henry Oncken ni dans celui de Karla Faye Tucker sur ce que sera le verdict. » Et il demanda au jury

« de parvenir à la vérité » car même si c'était Danny Garrett qui avait porté le premier coup, Karla était « coupable, quelle que soit la façon dont les choses s'étaient déroulées ». Quant à la question de la drogue, même « si elle est arrivée là-bas défoncée au point de ne pas savoir ce qu'elle faisait, elle est tout de même coupable d'un crime capital ».

Mack dit que, jusqu'à ce jour, il n'a cessé d'être sévèrement critiqué pour cette intervention. Il hausse les épaules de son air d'Irlandais furibard. « J'essayais de gagner la confiance des jurés. Comme nous ne pouvions invoquer l'erreur rattrapable, nous avons adopté cette tactique. »

Certains disent que le stratagème pouvait marcher : il consistait à ne plus rien attendre de la proposition culpabilité/innocence, à se projeter vers la phase du prononcé de la peine et à baratiner, d'entrée de jeu, pour tenter de sauver la tête de l'accusée.

D'autres affirment que cela ne se fait pas, que cela revient à jeter l'éponge et que, si l'on avait l'intention de plaider l'innocence sans pour autant contester les preuves de la culpabilité, il fallait le dire d'avance aux jurés. Sinon, percevant un changement de tactique en plein milieu du gué, ceux-ci ont le sentiment d'avoir été dupés.

Bien sûr, Mack et Henry avaient discuté de cette idée entre eux ; ils en avaient aussi débattu avec Karla. C'était Mack qui se chargerait de parler, dans la salle d'audience, car c'était lui qui avait — espéraient-ils — établi une certaine relation avec le jury ; ce serait donc lui qui, à la fois, prononcerait la plaidoirie finale et essuierait ensuite les critiques. Mais c'était une décision commune, prise par les deux avocats après consultation de leur cliente.

Cependant, le baratin de Mack fut loin d'être éblouissant ; or, pour qu'une tactique aussi risquée réussisse, il aurait fallu qu'il le fût. L'une de ces superbes péroraisons dont l'on sait qu'elles vous conduisent sur le chemin de la facilité et vers lequel, malgré tout, on ne peut s'empêcher de s'engager. Dans sa plaidoirie, Mack dit qu'il ne comprenait pas pourquoi l'accusation refusait si farouchement d'admettre que Danny Garrett ait pu porter le premier coup. Il avait l'impression que le ministère public essayait de convaincre les jurés de la complète innocence de Danny Garrett, alors que celui-ci était déjà accusé de crime capital. Mack dit qu'il ne comprenait pas non plus pourquoi l'État se donnait tant de mal pour prouver que Karla n'avait pas pris de speed ce soir-là.

Il geint, il en demande trop. Et puis le point de vue adopté paraît trop réaliste. Tout se passe comme si, au dernier stade du jeu, maintenant qu'il a fini par se ranger à son avis, il demandait au ministère public d'être fair-play, de lâcher du lest au lieu de chercher à avoir la peau de l'accusée, et de jouer selon les règles de la vie réelle — rétroactivement.

Mack continue aujourd'hui à soutenir que c'était la seule chose à faire. Il essayait de sauver la vie de sa cliente. Et c'est cela, dès le début, le sens d'un procès capital, avant même la sélection du jury. La défense tente de sauver la tête de l'accusé. Pour gagner — pour justifier le fait de juger l'affaire comme capitale —, l'accusation, elle, se doit de convaincre les jurés du contraire. Même si Karla était déclarée coupable, Mack et Henry considéreraient une condamnation à perpétuité comme une victoire. Mack dit que s'il voulait voir les jurés lui accorder leur confiance pendant la phase de prononcé de la peine et voter peut-être pour la prison à vie, il devait faire ce qu'il a fait.

À l'époque, il déclara aux journalistes que l'on saurait, la semaine suivante, s'il avait ou non adopté la bonne tactique. « Si Karla est condamnée à la prison à vie, dit-il, je ne serai plus obligé de me justifier. »

Les jurés agirent selon les vœux de Mack Arnold ; ils délibérèrent pendant soixante-dix minutes — plus longtemps que la plupart des gens ne l'avaient prévu — et regagnèrent la salle d'audience avec un verdict de culpabilité.

Puis la Cour suspendit les séances pour la durée des vacances de Pâques ; les délibérations reprendraient le lundi 23 avril.

4. Le verdict

Au Texas, quand un accusé est déclaré coupable de crime capital, il n'y a que deux sentences possibles, la prison à vie ou la mort. Le jury lui-même ne condamne pas directement le meurtrier, c'est le juge qui le fait. La tâche du jury, c'est de voter sur deux questions fondamentales. La première : les actes qui ont provoqué la mort de la victime furent-ils commis délibérément, en sachant qu'il existait un pourcentage raisonnable de chances pour que mort s'ensuive ? La seconde : l'accusé est-il susceptible de commettre des actes de violence constituant une menace pour la société ?

Le vote sur chaque question se fait séparément. Pour voter oui, un juré doit être persuadé qu'il s'agit d'une question fondamentale, sans le moindre doute possible. Après le vote, le juge n'a aucune marge de manœuvre concernant le verdict. Oui aux deux questions fondamentales équivaut à la peine de mort. Non à l'une d'elles ou aux deux signifie la prison à vie.

Au premier tour du prononcé du verdict, Joe Magliolo cite deux témoins, Kari Garrett et Douglas Garrett.

Tous deux témoignent de la nature violente de Karla, évoquent ses bagarres à coups de poing avec des gamines, puis avec d'autres femmes et avec des hommes aussi ; ils racontent comment elle a flanqué un gnon dans l'œil de Jerry Dean, combien elle savait se servir de ses poings, comment elle s'entraînait au punching-ball. Ils disent, chacun de leur côté, combien ils craignaient pour leur vie, au point qu'ils ne dormaient plus qu'à tour de rôle et que Douglas avait toujours un revolver dans la poche de sa robe de chambre. Douglas dit que Dan et Karla n'arrêtaient pas de se demander à haute voix qui d'autre ils allaient bien pouvoir tuer, maintenant qu'ils avaient commis impunément les meurtres à la pioche, et que Danny lui avait même parlé d'un plan pour assassiner Ronnie Burrell. Comme Ronnie était déjà en rogne contre Douglas pour avoir enfoncé sa porte à coups de pied, Douglas arriverait au 2205 McKean, un soir où Danny y était, et provoquerait Ronnie ; du coup, Danny pourrait tuer Ronnie pour défendre son frère. Ça, dit Douglas, « ça a été comme qui dirait la goutte d'eau. Je n'avais pas envie, en ouvrant un journal, des années plus tard, d'apprendre qu'on avait découvert un charnier ».

L'État n'a rien à ajouter.

Mack Arnold cite la famille de Karla, puis une psychiatre, Barbara Felkins, qui, interrogée directement, témoigne de l'aptitude de Karla à se réformer dans un environnement complètement contrôlé — autrement dit, en prison — et à devenir, pour la première fois de sa vie probablement, une citoyenne utile. Tant que Mack Arnold la guide, Barbara Felkins est parfaite. Elle parle de la dépendance de Karla à la drogue et de ses effets sur l'enfant qu'elle était alors.

Puis c'est au tour de Joe Mag. Les experts, il faut le savoir, sont achetés et rémunérés. Ils témoignent pour le compte de l'une ou l'autre partie. Mais, entre les mains de Joe Mag, la tranquille certitude de Barbara Felkins fond comme neige au soleil. Elle suinte, elle se liquéfie. À écouter son témoignage au moment du contre-interrogatoire, on se dit qu'après tout c'est peut-être vrai que certains individus naissent mauvais, et que Karla en est un exemple.

Mack : « Un désastre. Avant de venir à la barre, c'était un vrai brandon. Au contre-interrogatoire, elle s'est éteinte. Un désastre. »

Impossible de dire si, à supposer que Barbara Felkins ait gardé son sang-froid à la barre et qu'elle soit restée le brandon qu'elle était au départ, le résultat du procès de Karla aurait été différent. La défense s'était vu allouer une somme de quatre cents dollars pour l'évaluation psychiatrique de sa cliente. Quatre cents dollars. Mack Arnold demanda plus ; Lykos refusa. Dans le domaine de la psychiatrie, quatre cents dollars ne mènent pas loin. L'État, en revanche, pouvait dépenser autant qu'il l'entendait et, une fois que le procureur eut accepté de juger Karla pour crime capital, il ouvrit tout grands ses coffres au ministère public.

Miss Rebecca vient à la barre, ainsi que plusieurs autres femmes qui travaillent à la centrale. Réclamant la clémence. Décrivant le changement qu'elles ont vu s'opérer chez Karla.

Mais le cœur de la défense repose sur le témoignage de l'accusée elle-même, de Karla Faye. Elle fait au jury le même récit qu'à moi, le même que lorsqu'elle témoignera, plus tard, contre Danny, le même qu'elle fit à ses avocats. Son histoire ne change jamais. Elle peut développer, affiner les détails, mais l'histoire ne change jamais ; à la différence des gens qui mentent, elle ne se trouve jamais dans une impasse, devant un mur auquel se heurte l'imagination.

Mack avoue qu'ils voulaient garder Karla à la barre aussi longtemps que possible. Henry, de son côté, dit que leur seule chance, c'était de la rendre humaine et que le seul moyen d'y parvenir, c'était de la laisser raconter son histoire.

Les drogues, les passes, sa mère. Leurs rêves déments, à Danny et à elle, de buter les gens dans la nuit. Les Allman Brothers, son mariage. La nuit du 12 juin 1983, le matin du 13.

On est fasciné. Même Joe Mag est incapable d'ébranler l'équanimité de Karla Faye ou de la faire dévier dans son récit. Elle répond à chaque défi avec conviction et honnêteté.

Dans la presse de Houston, les articles sur « la meurtrière à la pioche » passent de la page judiciaire en première page de la section ville/État aux toutes premières pages et finalement, au fur et à mesure que le témoignage de Karla se fait plus sensationnel, carrément à la une.

Lorsque son avocat demande à Karla si elle pense qu'elle aurait constitué une menace pour la société, avant les meurtres, étant donné la façon dont elle vivait, Joe Mag objecte, considérant la question comme intéressée.

Lykos rejette l'objection.

Karla dit oui. « À l'allure où j'allais, je pense que j'en étais une. »

Elle dit qu'elle ne mérite pas la clémence pour ce qu'elle a fait et qu'elle ne sait pas quelle peine on pourrait lui infliger qui soit suffisante pour la faire expier. Lorsque Joe Mag lui demande si cela signifie qu'elle réclame la peine de mort, Karla, se rendant compte jusqu'où elle est allée, répond qu'elle ne sait pas.

Mack Arnold et Joe Magliolo prononcent leurs plaidoirie et réquisitoire finaux. Mack réclame la clémence. À la fin de son résumé, Joe Mag dit : « Karla Tucker mérite-t-elle la peine capitale ? Je la laisse répondre elle-même à la question. » Et il met le magnétophone en marche ; alors on entend la voix de Karla, effrontée et enrouée par la drogue : « Ah, merde, oui, alors ! »

Le jury délibéra pendant trois heures, puis revint avec un oui unanime aux deux questions fondamentales. En privé, plusieurs jurés avouèrent à Joe Mag qu'ils n'auraient pas voulu infliger la peine de mort à Karla, mais qu'ils n'avaient pas su comment procéder, dans le cadre de la loi.

Karla retourna à la centrale. Elle devait y rester enfermée jusqu'à la fin du procès de Danny, en décembre 1984, date à laquelle elle fut transférée à Mountain View où, pendant quelque temps, elle fut la seule femme, au Texas, dans le couloir de la mort.

IV. LE COULOIR DE LA MORT

J'ai une vie, ici. Je ne dis pas que la prison me rend heureuse, mais… Je vais à l'école, j'apprends des choses. Au lieu de stagner, j'avance.

KARLA FAYE TUCKER,
dans le couloir de la mort de Gatesville

J'ai eu quatre ou cinq copains de cellule qui ont été exécutés. C'est déprimant. C'est… *déprimant.*

DANNY GARRETT,
dans le couloir de la mort de Huntsville

La couture… aide à se concentrer encore plus merveilleusement que l'attente de l'exécution.

CHRISTOPHER BURNEY,
Au cachot

Rites tribaux

La dernière fois que j'ai vu Peter vivant, il partait raccompagner ses copains chez eux.

La fois suivante, il était dans son cercueil. Nous en avions choisi un en métal noir et argent, aux couleurs de son équipe de foot favorite, les Raiders. Peter aimait tout chez les Raiders, leurs couleurs, le pirate[1], leur rudesse et leur voyou de propriétaire. Ils étaient encore à Oakland, à l'époque. Il aimait la mauvaise réputation d'Oakland. Il s'était rendu à Houston avec son copain, Sugar Bear, le dimanche avant sa mort, pour voir les Raiders jouer contre les Oilers. Oakland avait gagné. Et puis, après tout, comment choisir un cercueil ? *Peter aurait pris celui-là*, nous sommes-nous dit, alors. On pense à tout ça, on se demande ce qu'il aurait fait, on respecte ce qu'il aimait et ce qu'il n'aimait pas. Ça occupe.

Le soir qui suivit la mort de Peter, ses amis commencèrent à venir à la maison. Hispano-Américains pour la plupart, ils avaient été élevés dans une culture centrée sur la mort et savaient comment se comporter. Ils nous faisaient des déclarations cérémonieuses d'un style extrêmement fleuri, nous envoyaient des bouquets, apportaient des cartes et puis restaient assis, sans rien dire, de longues heures. Je les laissais aller dans

1. Emblème du club.

la chambre de Peter, pour visiter, pour être là, simplement. Ils regardaient ses photos ; c'était un défilé continu.

Finalement l'un d'eux, Eloy Barrera, s'adressa à moi. Plus âgé que Peter, il avait toujours été celui de ses copains qui s'exprimait le mieux, mais il s'était passé quelque chose entre eux, je ne sais quoi, et ils s'étaient brouillés. Il me dit : « Pouvons-nous voir Peter ? Nous voudrions le voir. »

Eloy est un garçon superbe, très persuasif. Il s'assit et attendit.

« Nous » signifiait ses amis, sa tribu. J'avais fixé les obsèques à quatre heures, le jeudi après-midi, de façon que les jeunes encore à l'école puissent y assister.

Je devais aller, le lendemain matin, au funérarium pour voir Peter. Apparemment, il était bien, ni marqué ni défiguré. Glenn n'avait pas voulu venir ; il préférait se rappeler Peter vivant et craignait, en le voyant ainsi, d'oublier ce qu'il était avant. Colin était arrivé de Californie, mais lui non plus ne voulut pas venir. Quant à moi, il fallait que je m'assure, je ne sais pas... que c'était bien lui, j'imagine. Je regrettais déjà de ne pas avoir demandé à le voir, à l'hôpital. Je devrais maintenant me contenter de la version des pompes funèbres. Ma belle-sœur et une vieille amie de Houston avaient accepté de m'accompagner. Mon amie me dit que les morts ne la gênaient pas, ils n'étaient même pas là.

Eloy et moi étions assis sur le canapé quand il me posa cette question. Plusieurs autres jeunes étaient présents, des filles pour la plupart ; l'une était à côté de moi, deux autres par terre, à mes pieds. Très tôt, Peter avait eu de nombreuses petites amies. Au moment de sa mort, il en avait deux officielles, Tina Gonzales et Cindy Rodriguez. Tina était là, ce soir-là.

En voyant leurs jeunes visages sérieux et tristes, je me dis : *Sa vie n'était pas avec nous. Sa vie était avec eux, avec Eloy, Bobby, Cindy, Tina.* Je ne comprenais pas Peter ni ce qu'il recherchait, mais il était ce qu'il était. Assise là, avec Eloy, je sus soudain ce que je voulais faire. Je voulais que les obsèques soient pour eux, pour ses camarades, ses petites amies, ses copains de sport, semblables à la petite réception qu'il avait donnée le jour de la fête du Travail.

Je dis à Eloy que je devais aller le lendemain matin voir Peter au funérarium et que, s'il était bien, je demanderais que le cercueil reste ouvert, mais pas dans le cas contraire. Je n'avais pas envie de trahir leur souvenir de Peter ni de livrer son corps aux regards s'il ne lui ressemblait pas. Eloy me demanda si, au cas où l'on laisserait le cercueil ouvert, ils pourraient y placer certains objets. Je répondis que oui.

Le directeur du funérarium m'attendait à l'entrée. Peter était exposé dans la petite salle où ma mère avait elle-même été exposée. Où, dans quelques années, mon père reposerait aussi. Le directeur passa devant nous et ouvrit le cercueil.

À la vue de Peter, je tombai sur un genou. Les deux femmes me relevèrent ; nous nous approchâmes. J'avais fait parvenir des vêtements pour les obsèques : une chemise neuve que Tina m'avait aidée à choisir, une chemise classique à manches longues et à boutons, destinée à marquer sa volonté de se ranger et de finir ses études ; une ceinture neuve. Il s'était mis à porter un foulard à pois autour du cou, dans son col de chemise. Celui-ci avait été noué correctement. Sa lèvre supérieure était légèrement ombrée. Il avait décidé récemment de porter la moustache.

C'était bien lui. Lui et pas lui.

Quand Lady Macbeth dit que les morts sont des diables peints et « comme des images », elle se trompe. Lady Macbeth, il est vrai, parle de culpabilité et de peur, pas des corps, mais elle se trompe tout de même. Les morts ne sont pas des diables peints, ils sont peints, c'est tout. Ils ne sont pas *comme* des images, ce *sont* des images.

Je restai là assez longtemps pour saisir l'ennuyeuse réalité de ce qui gisait là ; je touchai son visage dur et froid, dis : « Il est bien » et demandai au directeur de laisser le cercueil ouvert.

Dans ce cas, répondit-il, il transporterait Peter dans la chapelle, plus vaste, parce que quand un jeune meurt, les gens — enfin, les jeunes — se pointent. Bien, bien, acquiesçai-je, sans comprendre vraiment. Je ne pensais pas qu'il y aurait beaucoup de monde.

J'avais oublié l'aura poétique qui entoure, pour les jeunes, une mort prématurée. Quand j'arrivai dans la chapelle, elle était bondée. Cindy se tenait près du cercueil, soutenue par sa mère. Cindy pleurait, gémissait, murmurait ; finalement sa mère — pour laquelle, à l'occasion de son anniversaire, j'avais signé un livre, quelques heures seulement avant l'accident de Peter — l'emmena aux toilettes, et là, Cindy, s'abandonnant à son chagrin, poussa un long hurlement strident. Je me demandai si elle s'en remettrait jamais.

À peine le cri s'était-il tu que j'entendis une plainte aiguë, à l'autre bout de la salle.

« *Peeee-ter !* »

Tina était sur le seuil de l'église, soutenue, elle aussi, par sa mère. À la vue de Peter dans son cercueil, elle s'effondra comme un sac de pommes de terre.

Pendant un moment, je fus réconfortée de les voir faire tout ça. On eût dit que j'avais organisé une cérémonie de deuil à laquelle, pour l'instant, je ne participais pas. Je devais tenir le coup pour les gosses. Ce furent eux qui, pendant quelques heures, se chargèrent des pleurs et des gémissements.

J'avais placé des porte-bonheur et des souvenirs autour de son corps — des photos de notre famille, une mèche de poils de son chien Maxine, un galet de la rivière, les enregistrements de Foreigner, de Rush et de Bad Company qu'il avait passés, le jour de la fête, un exemplaire de *Taxi Driver*, le seul livre dont je suis certaine qu'il l'ait lu jusqu'au bout, des talons de billets de concert qu'il avait gardés, une photo de Tina, une de Cindy.

Alex Navarro avait joint la bible donnée à Peter par sa grand-mère ; je ne sais vraiment pas comment elle avait atterri dans les mains d'Alex Navarro. Les gosses laissèrent surtout des petits mots écrits à la main sur des morceaux de papier : « Tu vivras toujours. » « La belle vie pour toujours. » « Je t'aimerai toujours, Peter. »

Ils touchaient son visage, ses mains. Moi, je me tenais au pied du cercueil, accueillant ses amis comme la mère de la mariée. Tous ces rockers. Je n'avais jamais vu aucun d'eux autrement qu'en tee-shirt noir de concert. Aujourd'hui, ils étaient sur leur trente et un, en costume, bien peignés et venaient me dire : « Je vous présente mes plus sincères condoléances. » Ils savaient ce qu'il fallait faire et c'était magnifique, ce réconfort du rituel.

Son cercueil était porté par sept amis et son frère : Alex Navarro, Eloy Barrera, Jesse « Poppo » Machado, Arthur Contreras, Steve « Sugar Bear » Williams, Danny Longoria, Stephen Hurtado et Colin. Bobby Numbrano, le copain de toujours, celui avec lequel il faisait du sport, devait porter son cercueil ; Bobby arriva trop tard au funérarium. On l'avait vu faire plusieurs fois le tour du pâté de maisons au volant de sa voiture, incapable d'entrer.

Quand nous arrivâmes au cimetière, je vis tellement de voitures que je pensai qu'il y avait un autre enterrement, mais non. Nos amis étaient venus de Houston, d'Austin, de San Antonio. Des gens de notre ville étaient là. Et tous ces jeunes.

Je fis de ces obsèques quelque chose d'aussi conforme à la vie de Peter et d'aussi dénué de clichés qu'il fut en mon pouvoir. J'avais prévu que certains de ses amis prononceraient quelques mots. Bobby, enfin arrivé, essaya de parler mais n'y parvint pas. Sugar Bear — un Noir avec un diamant dans l'oreille (chose beaucoup plus rare à l'époque qu'aujourd'hui) — dit : « Peter était comme mon frère », et ne put continuer. Eloy Barrera parla avec éloquence. Jim Pape, notre avocat, prononça une petite allocution dans laquelle il évoqua le souvenir de Peter. Mon frère joua de la guitare et la sœur de Glenn entonna « Amazing Grace » et « In the Sweet Bye and Bye » sur un rythme rapide genre country. Nous chantâmes en chœur le dernier couplet. C'était magnifique. Les lamentations des gosses montaient jusqu'au ciel. Ils hurlaient. Ils pleuraient. Ils gémissaient. Ils se soutenaient les uns les autres.

Je ne sais pas comment mes amis ont fait ce qu'ils ont fait, mais ils ne nous ont jamais laissés tomber. Les obsèques étaient la partie la plus facile.

Mort, c'est mort. Il me fallait apprendre à digérer cela.

Le couloir de la mort 1

Le soir où Karla réintégra la centrale, après sa condamnation, elle trouva son cagibi vide, dans le « séchoir » contenant douze cellules. Le jour où elle avait été condamnée à mort, ses affaires avaient été emballées et transportées dans la section où la centrale place les irrécupérables et les condamnées à mort. Ce quartier d'isolement s'appelle seg, un raccourci de ségrégation.

Les règles qui gouvernent la vie des détenus du couloir de la mort varient d'un État à l'autre, mais tous les États séparent ceux qui ont été condamnés à la peine capitale de l'ensemble de la population carcérale. On invoque pour cela un certain nombre de raisons parmi lesquelles celle qu'un condamné à mort est présumé plus dangereux que les autres prisonniers. L'isolement est aussi une espèce de châtiment. Mais surtout, les règles sont les règles, point. Les rites qui entourent les exécutions, très formels, sont respectés à la lettre.

La mort — même à venir — exige de la solennité.

Karla avait été heureuse avec ses amies, dans le séchoir. Elle avait ses cours, ses études bibliques et l'enseignement qu'elle dispensait aux autres détenues. Une fois dans la cellule d'isolement, elle demanda s'il existait pour elle un moyen de rejoindre ses amies, là où elle se sentait indispensable ; d'ici peu de temps, de toute façon, elle serait transférée dans le couloir de la mort. La gardienne lui dit qu'elle verrait ce qu'elle pouvait faire et, le lendemain matin, une psychologue vint évaluer l'attitude de Karla.

Karla Faye fut autorisée le jour même à regagner le séchoir où elle resta jusqu'à ce que des travaux de réparation forcent les détenues à déménager — moment auquel on lui demanda où elle voulait vivre ensuite. Elle répondit, dans le séchoir, où elle se sentait en sécurité. On lui en donna l'autorisation. À propos de cette cellule, Karla écrivit un jour qu'elle ressemblait à « la plus belle sweet[1] du plus bel hôtel ! »

À la centrale, Karla avait chaque jour accès au téléphone, aussi appelait-elle chaque jour les uns et les autres. Sa famille venait assez souvent la voir, une fois par semaine. Elle décrit sa vie, à ce moment-là, comme globalement satisfaisante et comme encore meilleure, par la suite.

En novembre 1984, certaines personnes lui tombèrent dessus, l'accusant d'avoir cafardé Danny. C'était quelque chose, pensaient-elles, qui ne se faisait pas, un point, c'est tout. Mais Karla avait à présent d'autres allégeances. Son pacte, désormais, était avec Dieu, non plus avec la tribu — prison, famille ou motards. Elle faisait ce qui lui semblait juste.

Derrière le Plexiglas, Karla lutte contre les contraintes qui lui sont imposées. Désireuse de faire plus, encore plus, toujours plus, elle écrit des cartes à mes nièces, tricote des cache-nez, me crochète une visière de soleil aux couleurs extravagantes et en envoie une à l'une de mes amies. Écrit aux jeunes qui ont des problèmes de drogue. « Vous ne pouvez pas savoir, me dit-elle, comme j'ai envie d'aider les gens. Vous ne pouvez pas savoir le besoin que j'ai d'aider les gens, ça me noue les entrailles… »

Karla témoigna deux fois au procès de Danny, la première, pendant l'instruction à charge et à décharge, la seconde au moment du prononcé de la peine. Le 29 novembre, Daniel Ryan Garrett fut condamné à la peine de mort par injection

1. Karla confond l'orthographe de « sweet » (doux) avec celle de « suite ».

létale. Danny Garrett représente un cas rare en ce qu'il est l'un des quelque six pour cent environ des détenus du couloir de la mort, dans tout le pays, à se faire représenter par un avocat engagé à titre privé.

Après son témoignage, Karla savait qu'elle irait à Gatesville, mais personne ne lui avait dit quand, ni qui viendrait la chercher. Elle resta à la centrale, dans sa « belle sweet », jusqu'à l'aube du 18 décembre 1984, date à laquelle, entre deux et trois heures du matin, elle fut tirée du sommeil. « Allons-y », dit une voix. Karla n'avait aucune idée de l'endroit où on l'emmenait. Elle savait qu'elle serait transférée, un jour ou l'autre, mais personne ne l'avait avertie.

Allons-y. Deux détectives, des hommes. Karla demanda où, et l'un d'eux lui répondit, à l'hôpital ; elle ne posa pas d'autre question, attrapa ses clopes, son peigne et sa bible, et partit. Dans l'escalier, elle apprit la vérité. Elle était, lui annonça l'un des privés, en route pour la Grande Maison.

(Elle rit en disant « Grande Maison ». Personne ne dit « Grande Maison », excepté dans les films.)

Au début, les détectives étaient bien décidés à se montrer froids et vaches. Ils savaient qu'elle était la meurtrière à la pioche ; elle allait voir. En réaction, l'astucieuse Karla fut douce comme un agneau. Lorsqu'elle insista pour retourner à sa cellule afin de prendre ses affaires — elle savait qu'elle en avait le droit —, les privés ne cédèrent que parce qu'ils y étaient obligés. Deux sacs-poubelle furent nécessaires pour tout contenir. Les privés lui dirent qu'elle devrait porter les sacs elle-même et elle s'exécuta ; elle essayait de traîner les sacs dehors, mains menottées dans le dos, quand les détectives, pris de pitié, transportèrent ceux-ci à la voiture.

Il y a environ trois cents kilomètres de Houston à Gatesville. Pendant le trajet, Karla, assise à l'arrière, engagea la conversation avec les privés, qui finirent par se radoucir un peu. Puis elle s'assoupit. Quand elle s'éveilla, elle entendit l'un des deux hommes, à l'avant, qui disait à l'autre : « Je crois qu'elle se réveille, on pourrait peut-être monter un peu la radio. »

Quand ils lui demandèrent si elle avait faim et désirait s'arrêter pour prendre un petit déjeuner, elle répondit naturellement oui, à l'idée d'un vrai repas sur une vraie assiette. Elle portait ses propres vêtements. Sur l'aire de stationnement d'un café ouvert la nuit, les privés lui dirent qu'ils avaient décidé de lui faire confiance et que, si elle leur promettait de ne pas chercher à s'enfuir, ils lui enlèveraient ses menottes.

Karla : « Je leur ai assuré que je ne le ferais pas et je me suis retrouvée tout à coup *libre* ! C'était SUPER. J'étais en jean, avec un pull bleu pastel et mes bottes en lézard. Pas de menottes, debout à côté d'une voiture banalisée avec deux types à l'air sympa, devant un restaurant ! Ça faisait longtemps que je m'étais pas sentie aussi libre, physiquement. »

Ils s'installèrent aussitôt dans un box. Karla commanda des œufs frits au bacon, des pommes de terre sautées, des toasts et du jus d'orange — nourritures qu'elle n'avait plus consommées depuis dix-neuf mois — et se mit à *véritablement* s'empiffrer. Elle avait toujours eu un bel appétit. Ce jour-là, elle nettoya carrément son assiette, allant jusqu'à finir ce dont les privés *eux-mêmes* ne voulaient pas. Ceux-ci déclarèrent qu'ils avaient pris plus de plaisir à la regarder manger qu'à beaucoup de leurs rendez-vous galants.

Ensuite, Karla dut aller au petit coin. Pendant que l'un des privés jetait un coup d'œil aux toilettes, l'autre régla la note. Karla se soulagea et ils repartirent ; elle savait qu'elle ne tiendrait pas longtemps. Avec toutes ces fritures et l'excitation du voyage... s'ils l'avaient prévenue, elle aurait demandé du Lomotil à l'infirmerie ; maintenant son seul espoir, c'était de pouvoir tenir jusqu'à Gatesville sans se retrouver dans une situation embarrassante. Les privés lui assurèrent qu'ils ne lui remettraient pas les menottes avant d'arriver à Gatesville et ils tinrent promesse. En chemin, Karla dut faire deux autres arrêts-chiottes. Les privés commençaient à se poser des questions, alors Karla leur parla de ses intestins fragiles et du Lomotil.

Une fois à Gatesville, aux admissions, là où l'on enregistre les détenus, les privés remirent les menottes à Karla, l'aidèrent à porter ses sacs-poubelle, lui souhaitèrent bonne chance et remontèrent en voiture.

Karla ne les revit jamais plus.

« Je me suis sentie triste parce que j'avais l'impression de perdre deux nouveaux amis. »

Pendant un certain temps, Karla fut la seule femme dans le couloir de la mort. Une autre détenue, du nom de Pamela Perillo, avait été condamnée à la peine capitale avant elle, mais elle se trouvait alors à Houston, sous le coup d'un mandat d'arrêt, quand Karla arriva à Gatesville. Toute seule dans le bloc de béton situé à l'écart du reste de la population carcérale de Mountain View, Karla, au début, fut assez déprimée. Puis, quand Pamela revint, elle retrouva son entrain.

Le couloir de la mort, à cette époque, était installé dans des locaux provisoires. La prison des femmes avait très récemment déménagé de Huntsville à Gatesville et les autorités n'avaient pas encore réservé d'espace définitif aux condamnées à mort. Quand Karla Faye et Pamela Perillo arrivèrent à Gatesville, on les logea dans des locaux jouxtant le centre de traitement psychiatrique dont elles n'étaient séparées que par des barreaux. Karla et Pamela pouvaient donc parler avec les femmes qui s'y trouvaient. Souvent, la nuit, l'eau s'infiltrait dans le couloir de la mort et l'inondait quand une patiente agitée avait ouvert les robinets du lavabo ou avait fait déborder les toilettes. Et il y avait *beaucoup* de bruit : claquements de portes et de fenêtres, hurlements ; des femmes cassaient du verre, mettaient le feu ou essayaient de se pendre ; d'autres se lacéraient — *beaucoup* se lacéraient. Et, tout le temps, des hurlements.

Pam et Karla appelaient les secours. Les détenues en traitement, disaient-elles, recommençaient leur cirque.

Karla et Pam ne se plaignaient pas du chahut ; cela leur donnait quelque chose à faire, elles se sentaient utiles ; et puis ça signifiait qu'elles étaient proches d'autres gens. De jour, alors que les règlements du TDC spécifient que les détenues du couloir de la mort ne doivent avoir aucun contact avec le reste de la population carcérale, Karla et Pam communiquaient à travers le grillage avec les femmes de l'unité psychiatrique qu'elles écoutaient parler de leurs problèmes et essayaient de réconforter moralement. Un jour, elles sauvèrent même la vie à l'une d'elles en signalant sa tentative de suicide.

Personne, dans une prison, n'oublie un seul instant l'existence du couloir de la mort. La proximité d'êtres humains entreposés comme des denrées jusqu'au jour où on les emmènera à la mort affecte quiconque les approche ou connaît simplement leur présence.

J'ai vu des détenues saluer Karla de la main en passant. Un jour, j'ai entendu dire à une femme de l'équipe de sarclage qui partait au travail en camion : « Une condamnée à mort », en voyant Karla. D'un ton de voix particulier, fait de crainte et de respect. Avec, sous-jacent, le frémissement de quelque chose qu'elle ne pouvait s'empêcher d'éprouver, comme un sentiment de soulagement, celui que nous éprouvons tous en voyant quelqu'un arrêté par un policier pour excès de vitesse, non-respect d'un feu rouge, n'importe quoi. *Je suis désolé pour lui, mais, que Dieu me pardonne, je suis heureux que ce ne soit pas moi.*

Les détenus du couloir de la mort n'apprennent pas de métier. N'essaient pas d'acquérir des compétences pour pouvoir se réinsérer, au moment du retour à la civilisation. Ils ne sont là ni pour acquérir des compétences ni pour s'éduquer ou espérer retourner à la civilisation. Ils sont là pour attendre qu'on leur ôte un jour la vie.

Au Texas, les condamnées du couloir de la mort passent six heures par jour à confectionner des poupées — de gros garçons et filles tout mous et rembourrés, au visage et aux genoux potelés. Les poupées sont commandées par les gardiens de la prison selon le sexe, la couleur des cheveux, des yeux et de la peau ainsi que le style de vêtements désiré. J'en ai une, qu'un employé des services pénitentiaires a obtenue pour moi. Ma poupée a des cheveux et des yeux marron comme moi. Comme moi, elle porte des couleurs éclatantes — une robe écossaise aux teintes vives et un tablier lavande. Les poupées s'appellent des potes-parole. Les potes sont livrés avec un certificat énumérant les termes de leur libération sur parole. Karla les appelle ses bébés, comme elle le faisait pour ses chiens.

Les condamnées du couloir de la mort peuvent cependant, si elles le désirent, suivre un enseignement du second degré et/ou supérieur par correspondance. L'État ne finance qu'un cours à la fois ; les détenues paient le reste. Après avoir obtenu son diplôme de fin d'études secondaires, Karla entama des études universitaires — deux cursus à la fois, le premier payé par l'État, le second par Granny B. — ou quiconque envoyait de l'argent.

Les femmes lisent, cousent, tricotent, font du crochet, écrivent des lettres. Karla pratique l'aérobic, le yoga et fait vingt-deux kilomètres à pied par jour. Je l'ai abonnée à plusieurs revues. Elle découpe les photos de vêtements qui lui plaisent et me les expédie. Elle imagine des maisons dans lesquelles elle aimerait vivre ; pour cela, elle découpe des photos et les colle sur du papier. Les détenues jardinaient autrefois, mais la cour étant censée servir exclusivement à des fins récréatives, quelqu'un, l'année dernière, a décidé que le jardinage n'était pas récréatif, aussi, au printemps, cette activité a-t-elle été interdite. Au bout d'un certain temps, on finit par comprendre le système : non seulement le règlement, c'est le règlement, mais il change périodiquement. Pas question de traîner les pieds, pas question de gémir ni de demander pourquoi. Ici, il n'y a pas de pourquoi. Et gémir rend fou, c'est tout.

Étant donné le petit nombre de condamnées à mort — au Texas ou ailleurs —, les femmes de Gatesville jouissent d'une existence plus ouverte et plus riche sur le plan social que les hommes de Huntsville. Quand on demande aux gardiens la différence entre les détenus masculins et féminins, ils répondent pour la plupart que si les détenues geignent et critiquent plus que les hommes — « Elles vous rendent dingues, m'a dit l'un d'eux, et pia-pia-pia et pia-pia-pia » —, elles sont en revanche moins violentes. Il y a moins de meurtres, moins de coups de couteau et de tentatives d'évasion. Jamais de viols. Aussi les autorités peuvent-elles se permettre d'être quelque peu laxistes envers les femmes du couloir de la mort et de les laisser vivre leur vie, voire de l'embellir un tantinet. Karla dit qu'elle n'a pas une seule fois été maltraitée, à Gatesville, et que, du moment qu'elle se tient bien, on la traite avec respect — comme un être humain et non comme un animal ou un gosse.

En semaine, chaque détenue du couloir de la mort est bouclée pour la nuit dans une cellule individuelle, à vingt-deux heures trente, en semaine, à une heure trente du matin, pendant le week-end. La cellule est déverrouillée à six heures trente, le lendemain matin. Chaque cellule — qui mesure environ deux mètres cinquante sur trois avec, encastrés dans le mur, un W.-C., un évier et des étagères — donne directement sur une salle commune que les femmes appellent la salle de jour et qu'elles voient de leur couchette. Dans la salle de jour, les femmes mangent, cousent, regardent la télévision — en un mot, vivent. La salle est décorée de leurs travaux : fleurs au crochet, nappes au crochet, couvre-lits à motifs jetés sur un banc de jardin, elles crochètent tout ce qu'elles peuvent imaginer pour donner à la pièce un air accueillant.

Juste à côté de la salle de jour se trouve l'atelier où, assises à une table, les femmes confectionnent les potes-parole.

Chaque femme a sa radio. Trois d'entre elles possèdent une machine à écrire. Il y a un poste de télévision, des étagères, des livres et des magazines.

Elles font la cuisine à l'aide d'un petit appareil électrique qu'elles appellent une méduse ; c'est une résistance conçue pour chauffer l'eau d'une tasse de café ou de thé instantané. Elles emplissent un bol d'eau, y plongent une ou deux méduses, placent un plat sur le bol et voilà un bain-marie improvisé.

Une fois par semaine, les femmes rendent visite à l'intendance où elles achètent divers articles et de la nourriture. En fait, elles ne s'y rendent pas, mais cochent simplement des noms sur une liste ; cela leur donne l'impression d'y aller, alors elles appellent ça comme ça. Même chose pour la bibliothèque. Les femmes commandent aussi de la glace à l'intendance et, ne possédant pas de réfrigérateur, doivent la manger immédiatement. Karla attend la glace avec la plus grande impatience. Elles achètent du rouge à lèvres, du shampooing, des articles personnels, des cigarettes pour Pam — les choses nécessaires à la vie quotidienne —, des cadeaux d'anniversaire ou de Noël pour les unes et les autres. Quant aux matières premières nécessaires à leurs travaux artisanaux, elles les commandent surtout aux fournisseurs.

Quand je demandai à Karla ce qui lui manquait le plus en prison, elle répondit aussitôt : « Ma famille. » Après avoir réfléchi un instant, elle ajouta : « Et puis la nourriture. »

En dehors des employés de la prison et de l'État, les seuls visiteurs autorisés à pénétrer à l'intérieur du couloir de la mort sont les invités officiels du TDC ainsi que les gens chargés d'un message religieux (chrétien) et de programmes d'aide spéciale aux prisonniers : conférenciers, chanteurs, marionnettistes, prosélytes chrétiens de toutes sortes.

Quand il leur arrive de recevoir des visiteurs, les femmes du couloir de la mort leur servent parfois un repas. Elles font aussi de grands déballages de mangeaille à l'occasion des anniversaires et des fêtes légales, à Halloween et à la Saint-Valentin. Elles ponctuent leur longue peine de ces petites mais très protocolaires festivités.

Les recettes du couloir de la mort reposent essentiellement sur le fromage blanc. Pour le plat principal, le poulet en boîte a beaucoup de succès, ainsi que le rosbif en boîte avec sa sauce, accompagné de fromage blanc. Pour les desserts, elles font appel à la boisson en poudre Wyler's Cool-off… et au fromage blanc. Elles utilisent les nouilles de la préparation pour soupe Ramen Pride qu'elles ajoutent à une boîte de rosbif en sauce pour confectionner du bœuf Stroganoff TDC dans lequel, au dernier moment, elles versent du fromage blanc (six paquets pour une boîte de bœuf) allongé d'un filet de vinaigre en guise de crème aigre. Les enchiladas[1] de poulet TDC (leur plat favori) nécessitent une boîte de poulet en morceaux, quatre petits paquets de Fritos écrasés, un quart de litre de lait, dix paquets de fromage blanc, un tube de fromage en pâte, un autre aux piments jalapeños, un paquet de tortillas de froment, quatre petites boîtes de chilis et un bâtonnet de beurre. Elles font également des burritos[2] au bœuf avec dix paquets de fromage blanc pour une boîte de rosbif en sauce.

Les desserts sont soit du flan au fromage blanc TDC : deux paquets de crackers écrasés, un bâtonnet et demi de margarine fondue, dix-huit paquets de fromage blanc, un tiers de tube de confiture à la fraise, soit le dessert de Julia : six barres de muesli émiettées, un paquet de gaufrettes à la vanille, huit paquets de fromage blanc, deux boîtes de mandarines au sirop et deux paquets individuels de Wyler's Cool-off, parfum citron. Ou bien encore le Délice de Karla : prenez un demi-paquet de Wyler's Cool-off, parfum punch, mélangez-le avec quatre paquets de fromage blanc, remuez jusqu'à ce que le mélange soit lisse. Étalez-le sur un Moon Pie[3] au chocolat, posez un autre Moon Pie par-dessus et glacez le tout. Placez enfin quelques M&M's multicolores sur le sommet pour décorer et donner plus de goût.

« Et dégustez ! dit Karla. Mince, qu'est-ce que j'aime ça ! »

1. Crêpes fourrées recouvertes de sauce au piment. Plat hispano-américain.

2. Crêpes fourrées avec un mélange de viande, haricots, etc. Plat hispano-américain.

3. Gros biscuit sec généralement enrobé de chocolat.

Une année, elles célébrèrent Halloween. Karla, Pam et Frances confectionnèrent des masques en tapisserie au petit point — une souris, un lapin, un tigre et un chat — et Karla lança les invitations, priant ses compagnes de se rendre à une fête de Halloween tout à fait effrayante, entre deux et cinq heures de l'après-midi, le 31 octobre, R.S.V.P. Elle glissa les invitations dans des enveloppes qu'elle donna à une surveillante en lui demandant de les remettre aux intéressées. La surveillante s'absenta un moment puis revint en disant qu'elle avait du courrier pour Pam et les deux autres mais pas pour Karla.

Du courrier ? Ce n'était pas l'heure du courrier. Elles étaient toutes au courant de la fête, bien sûr. Mais elles savaient jouer les ignorantes. Si la prison vous apprend quelque chose, c'est à toujours avoir la bonne réaction.

Tout le monde répondit à l'invitation. Karla prépara des enchiladas de poulet TDC et le Délice de Karla. Chacune devait inventer un jeu. Pam dessina un âne et elles s'amusèrent à fixer, à l'aveuglette, une queue sur l'animal. Une autre organisa un concours à qui traverserait la salle en portant le plus grand nombre de rouleaux de papier hygiénique sur la tête. La fête dura tout l'après-midi et toutes jouèrent *avec le plus grand sérieux*, essayant de gagner — se démenant comme de beaux diables, levant le pouce comme les footballeurs au moment de la victoire. Quand on avait gagné, on tendait le bras par-dessus son épaule et l'on prenait des bonbons dans une coupe, les yeux bandés, tandis que les autres femmes vous criaient de ne pas prendre ceux qu'elles aimaient et d'en choisir d'autres. Elles avaient joué comme des enfants et s'étaient, me dit Karla, marrées comme des folles. « C'était tout à fait particulier, dit-elle, à cause des circonstances. On apprécie beaucoup plus les choses, et de façon différente, quand on est enfermée ici et que l'on sait ce que c'est que d'être privée de tout ça. »

Aux anniversaires, elles préparent des plateaux de nourriture : canapés — dont elles ont *enlevé* la croûte — joliment disposés de façon géométrique et chips en guise de décoration. Elles coupent des barres chocolatées en fines lamelles pour donner à l'assiette un air festif.

Pam excelle dans le tricot et le crochet. Elle confectionne des tas de cadeaux pour ses compagnes et, lorsque l'une d'elles doit comparaître au tribunal, c'est Pam qui lui tricote sa robe.

Karla, Pam Perillo et les deux autres femmes, Betty Lou Beets et Frances Newton, ont toutes été condamnées pour la même chose, un crime capital. Ce ne sont pas des crimes anodins. Ce ne sont pas des crimes passionnels. Personne n'est envoyé dans le couloir de la mort pour avoir tiré sur un assaillant, et, lorsqu'il s'agit d'une femme — dans les procès en assises, le double critère existe toujours —, il faut que le crime soit particulièrement atroce.

En 1980, Pam Perillo, en compagnie de deux amis — un homme et une femme —, faisait de l'auto-stop non loin de l'Astrodome quand deux hommes s'arrêtèrent et les prirent en voiture. Ils emmenèrent les trois amis chez eux et leur dirent qu'ils pouvaient, s'ils le voulaient, passer la nuit là ; après quoi ils sortirent acheter du café et des beignets. Ayant découvert des fusils dans la maison, les trois décidèrent de cambrioler leurs hôtes. Quand les deux hommes rentrèrent, Pam et son copain les tinrent en joue avec leurs propres armes, enfermèrent l'un d'eux à clef et passèrent une corde autour du cou du second ; puis, tirant chacun de son côté sur un bout de la corde, ils l'étranglèrent lentement. Ils firent ensuite sortir l'autre et l'étranglèrent à son tour.

Un mois plus tard, Pam se livrait à la police. Par la suite, son ami et elle furent tous deux jugés et condamnés à la peine de mort. Pam Perillo a eu deux procès dont chacun s'est terminé de la même façon. Après son second procès, l'avocat de Pam l'adopta officiellement. Sa femme et lui élèvent son petit garçon. Pam Perillo est blonde et mince. Elle a un tatouage qui date du temps de sa vie de débauche. Ce tatouage l'ennuie beaucoup. Elle a tenté de persuader le service médical du TDC de le lui enlever, mais en vain. Pam est toujours en train de changer de coiffure. C'est elle qui a appris le tricot, le crochet et la tapisserie à Karla.

À cinquante-deux ans, Betty Lou Beets est la plus vieille détenue du couloir de la mort. Betty a été mariée cinq fois, à quatre maris différents, elle a six enfants et plusieurs petits-enfants. Plantureuse, grisonnante et sexy, Betty arbore des coiffures gonflantes, se peint les ongles de pied, porte de gros colliers et des foulards noués en lavallière ; elle pourrait fort bien tenir le rôle de Miss Kitty, la tenancière de saloon, dans n'importe quel western. Betty est originaire de l'est du Texas — la seule détenue du couloir de la mort à ne pas avoir été jugée dans le comté de Harris. Elle a été accusée d'avoir tué son cinquième mari d'un coup de fusil dans la nuque, puis de l'avoir enterré dans un faux puits miraculeux pour empocher l'assurance. Il y a également, en instance, une autre accusation de meurtre liée à la mort de son quatrième mari dont le corps a été retrouvé dans son jardin à elle, enterré derrière une cabane, peu après la découverte du cadavre du cinquième. Celui-ci aussi avait été tué d'une balle dans la nuque. Son troisième mari a disparu il y a longtemps et personne ne sait ce qu'il est devenu. Betty dit que c'est son fils qui est responsable des meurtres.

Frances Newton, vingt-quatre ans, est la plus jeune détenue du couloir de la mort, la seule Noire aussi, et la dernière arrivée. Sur ses photos, on lui en donnerait douze. Frances a le visage d'une adorable gamine dont le regard chaleureux rayonne de douceur. Frances a été accusée d'avoir tué son mari, trafiquant de drogue, d'une balle dans la tête après l'avoir trouvé au lit avec le frère de celui-ci, une fille de quinze ans et une autre femme. Frances n'aurait pas été condamnée à grand-chose pour cela, pas au Texas, en tout cas, mais après avoir tué son mari l'accusation affirme que Frances Newton tua ses enfants — un garçon de sept ans et une fillette de vingt et un mois — d'une balle en plein cœur. Un contrat d'assurance-vie de cent mille dollars établi au nom de son mari et de sa petite fille a transformé ces meurtres en crime capital.

L'accusation et la condamnation de Frances ont rapporté à Joe Magliolo une autre victoire. Comme Betty, Frances dit qu'elle n'a tué personne, attitude qui, historiquement en tout cas, rapproche les deux femmes et les distingue quelque peu des deux tueuses punk qui ont avoué leur crime.

Karla et Pam ont avoué ; Betty et Frances, elles, clament leur innocence. Extérieurement, Karla et Pam ont mené des vies de punk — sexe, drogue, débauche — tandis que Betty et Frances affichaient tout au moins un vernis de respectabilité.

Les crimes de Karla et de Pam se ressemblent en ce qu'ils ne sont pas le type de meurtres habituellement perpétrés par les femmes — de préférence sur les membres de leur famille, leurs amants ou leurs maris — et n'ont pas été commis de la façon qu'affectionnent en général les femmes : fusil, couteau de cuisine ou poison. Et puis il y a la violence immédiate de l'acte : la pioche fichée dans la poitrine, la lente strangulation.

Quoi qu'il en soit, les quatre femmes sont dans le même pétrin et elles s'y sont construit une vie dont le succès dépend plus que tout d'un effacement volontaire de l'ego, d'une volonté partagée de vivre ensemble, en bonne camaraderie. Elles ignorent si elles sortiront vivantes de prison et, si elles sortent, quand ce sera. Elles ne sont jamais sûres du jour où elles auront des visites. Du monde extérieur, elles savent seulement qu'il est Là-bas, comme un rêve ancien. Leur vie, c'est elles-mêmes, leur communauté. Pas de communauté, pas de vie. La communauté repose entièrement sur les rituels et les cérémonies, sur leur foi en des buts infimes et à court terme auxquels elles tiennent : tricoter un pull-over pour une future comparution au tribunal, finir une certaine paire de socquettes pour Noël, trouver des cadeaux inattendus pour les copines. Lorsque l'une d'elles se met à faire la tête ou sombre dans la dépression, les autres se rongent en attendant qu'elle en sorte, impatientes qu'elles sont de recommencer à vivre.

Le succès de leur communauté dépend aussi du sens de plénitude personnelle éprouvé par chaque femme, tel que le décrivait Rebecca Lewis dans son bureau de la centrale de Harris. Karla dit qu'il n'y aurait pas de communauté dans le couloir de la mort, pas de joie, pas de fêtes, pas de paix intérieure sans la croyance et la foi des femmes en Jésus-Christ.

Quand je parle de « religion » elle me corrige : non, pas la religion, insiste-t-elle, le Christ.

« Ma principale mission, maintenant, dit-elle, c'est d'aimer. Les gens, là-bas. » Elle fait un grand geste indiquant les fenêtres derrière moi. « D'aimer les assassins, les toxicos, les non-croyants, tout le monde. Sans le Christ, j'en serais incapable. »

Je lui demande : Comment cela ? À elle qui est peut-être la personne la plus aimante que j'aie jamais rencontrée.

Quelques secondes d'hésitation, puis : « Aimer sans devoir en tirer quoi que ce soit en échange. Sans espérer être aimée en retour. Ce n'est pas moi qui aime, en fait, c'est le Christ en moi. J'aime les autres avec l'amour du Christ et, par là, j'espère amener les autres au Christ. »

J'envie sa foi, sa certitude. Dans chacune de ses lettres elle me dit qu'elle prie pour moi. Elle « élève [mon] âme dans la prière ».

Quand nous parlons religion et Jésus, Karla est capable de faire de l'obstruction jusqu'à la fin des temps. Du côté libre du Plexiglas, je deviens muette dès que le sujet se présente, je me change en pierre ou je trouve une échappatoire. La sage Karla n'essaie pas de me convertir. Je suppose que sa générosité dans ce domaine — alors qu'elle laisse filer sous son nez une occasion de ramener au Christ une pécheresse égarée — pèse lourdement sur sa conscience. Et je lui suis reconnaissante de garder le silence.

À l'extérieur des doubles clôtures, il est facile de ricaner. Quand je parle de Karla aux gens, ils me disent souvent : « Alors, je parie qu'elle a trouvé Jésus, là-bas. » Et je réponds invariablement, oui. C'est vrai. Quand elle dit qu'elle ne croit plus au sexe en dehors du mariage, j'en suis convaincue. Pour la plupart d'entre nous, il est difficile d'accepter le concept de re-naissance. Rares sont les convertis (à n'importe quelle croyance), rares les fondamentalistes qui peuvent s'empêcher de tenir de grands discours visant à mettre les non-croyants mal à l'aise en leur présence. Karla, elle, garde ses réflexions pour elle ; elle ne dit que ce qu'elle me sait capable de supporter et prie pour moi, la nuit. Alors, une re-naissance ? Sans aucun doute. Avec la personnalité qu'elle aurait pu avoir, dès le départ.

Il y a deux douches dans le couloir de la mort. Karla et Frances en partagent une. Betty et Pam, l'autre. Elles se coupent les cheveux mutuellement. Les détenues n'ont pas le droit de se faire des permanentes les unes aux autres dans les dortoirs ; celles-ci doivent s'effectuer au salon de coiffure de la prison, aussi, de temps à autre, une esthéticienne vient-elle dans le couloir de la mort pour rendre ce service à Pam, Betty et Frances.

Le jour où Betty dut se rendre à une convocation du tribunal, pendant l'hiver 1990, Pam lui tricota une robe. Tout le monde mit la main à la pâte. Les quatre femmes ont la même taille, un mètre cinquante-huit, cinquante-neuf. Elles essayèrent toutes la robe et en réclamèrent toutes une, mais de couleur différente. Pam promit d'en tricoter une à chacune. Elles décidèrent toutes de la porter à la prochaine convocation. Puis elles changèrent d'avis.

Chaque fois que Karla est convoquée à Houston, elle se confectionne une tenue. Tricote un pull, si c'est l'hiver. Crochète quelque chose de plus léger s'il fait chaud. Puis la Cour demande un report de date et Karla commence à penser à ce qu'elle va pouvoir se tricoter d'autre.

Les femmes du couloir de la mort ont mis au point une méthode pour fonctionner à l'intérieur des contraintes imposées. Elles ont une vie. « Les détenues du couloir de la mort, m'a dit un inspecteur du TDC, mènent la vie la plus agréable de tout le système pénal du Texas. » Un jour où je disais à Karla que bien sûr, si jamais elle sortait de prison, elle ne voudrait plus porter de blanc, elle me répondit : « Ça, c'est la mentalité prison, comme quand les gens affirment : "Je ne boirai plus jamais dans une timbale en polystyrène, je ne mangerai plus jamais avec une fourchette en plastique..." Moi, je ne veux pas tomber dans cette mentalité prison. J'*aime* le blanc. »

Au début de 1991, la directrice découvrit un chat dans le couloir de la mort. Puis, tandis qu'elle montrait Mountain View à des dignitaires en visite, elle trouva les détenues du couloir de la mort en train de bavarder à travers la clôture avec les prisonnières ordinaires. Elle donna aussitôt un tour de vis. Maintenant, les gardiens menottent Karla — mains dans le dos — avant de la faire passer du bureau de la réception à l'entrée du couloir de la mort, distant d'une quinzaine de mètres. À ce moment-là, Karla, en riant, lève ses poignets le plus haut possible et me demande : « Vous aimez mes nouveaux bracelets ? » Elle dit que quand elle est soumise à la fouille corporelle, elle lève les bras et chantonne : « C'est l'moment que j'préfère. »

Adaptation, réadaptation. Comme ces jouets au visage de clown et au derrière rond, les culbuto, que l'on peut faire basculer mais jamais chavirer.

L'envie vous prend de soulever le couloir de la mort, de le poser sur une île ou sur la lune, puis de laisser ces femmes vivre leur vie communautaire, confectionner leurs desserts au fromage blanc et aux Moon Pies, jouer à leurs jeux et crocheter des fleurs pour se les mettre dans les cheveux.

Rêve stupide de quelqu'un du dehors : elles refuseraient de partir. Ce qui leur manque, ce n'est pas vraiment la liberté, mais leur famille. Les gens. La nourriture.

J'ai demandé à Karla un jour si, au cas où on lui donnerait l'occasion d'effacer sa condamnation à mort en échange d'une condamnation à perpétuité sans possibilité de libération conditionnelle, elle accepterait.

« Un peu, oui ! m'a-t-elle répondu aussitôt. Je peux faire ma vie, ici. C'est déjà fait, d'ailleurs. » Elle s'est tue un instant et regardant, à travers le Plexiglas, les fenêtres grillagées, derrière moi, elle a ajouté, les yeux brillants : « Et puis, on ne sait jamais ce qui peut arriver ! »

On se cogne à la chose impensable, la chose dont on avait dit qu'on ne la supporterait jamais, *jamais* — et, ô surprise, surtout pour soi-même —, on s'adapte, on essaie de faire avec.

Le couloir de la mort 2

De loin, le centre Ellis I du TDC, à Huntsville, ressemble parfaitement à l'image de la prison type Alcatraz ou Sing Sing que nous avons tous à l'esprit et dans notre imaginaire. Il n'est pas construit sur le granit, mais il est en brique, il a plusieurs étages et, derrière le grillage et les rouleaux de barbelés, il se dresse, lugubre et solitaire.

Ellis I est situé à une vingtaine de kilomètres de Huntsville, Texas, au milieu d'une campagne spécifiquement texane, ceinturée de grands pins ombreux à l'épais feuillage, si raides qu'ils oscillent à peine dans le vent. Petites collines, terre fertile. Les lacs sont nombreux et les perches y abondent. Le Texas oriental — le vrai, déterminé plus par ses mœurs culturelles que par l'étroite bande de terre qui constitue sa géographie — borde le nord de la Louisiane. Les attitudes raciales sont semblables dans les deux régions. Le Texas oriental est la seule partie de l'État qui soit, dans ses comportements, typique du Sud et non du Sud-Ouest.

Les pins sont distants et réservés, comme des gens qui se renferment dès qu'on leur parle. Il faut s'enfoncer un bon peu dans les bois de pins pour atteindre Ellis I, et puis on le découvre tout à coup.

J'avais fait parvenir mes livres à Danny Garrett et lui avais dit qu'avec l'aide de Karla j'étais en train d'écrire un livre.

Karla aussi lui avait écrit. Dans une courte lettre me remerciant pour les livres, Danny Garrett me dit qu'à cause de son amour pour Karla et de l'amour que celle-ci me portait il avait décidé de me voir.

Pour organiser l'interview, je devais passer par le service de renseignements du TDC dont le quartier général se trouve au centre de Huntsville. Le directeur du service de renseignements, Charley Brown, est un Noir affable et élégant qui a sur son bureau la version noire, en plastique, de Charlie Brown, le héros de *Peanuts*.

Une exécution étant prévue à minuit, le jour où je me présentai, le 6 décembre 1989, Charley Brown n'arrêtait pas de répondre aux coups de téléphone des journalistes.

Le condamné, Carlos DeLuna, devait être transféré d'Ellis I à Huntsville le matin même pour y être enfermé dans une cellule spéciale, au sous-sol du bâtiment. DeLuna serait autorisé à voir ses amis et sa famille jusqu'à six heures du soir. Le Plexiglas, néanmoins, serait maintenu.

Aucun contact physique, même dans les dernières heures de la vie du condamné. « Pas question ! » dit Brown en agitant l'index.

La pièce dans laquelle le condamné serait transporté, attaché sur un chariot, pour recevoir la dose mortelle de thiopental de sodium était située dans un bâtiment proche. Pour indiquer l'endroit où aurait lieu l'exécution, Charley Brown fit un vague signe de tête en direction du parc de stationnement, derrière le bâtiment.

Tandis qu'il m'invitait à m'asseoir, le téléphone sonna. Il écouta pendant environ trente secondes puis dit : « À ma connaissance, elle fonctionne toujours. Rappelez-moi plus tard. »

Il raccrocha, leva la tête et se cala lourdement dans son fauteuil. « Ça signifie que je vais passer vingt heures ici, aujourd'hui, soupira-t-il. Et personne ne m'en sera reconnaissant. » Il haussa les épaules, puis se mit à rire. « Ça fait partie du boulot. »

L'une des obligations de Charley Brown, en tant que directeur du service des renseignements du TDC, est d'assister aux exécutions. À ce jour, il en a vu trente. (Depuis 1976, date à laquelle le Texas a rétabli la peine de mort, quelque quarante-six détenus ont été exécutés, plus que dans aucun autre État. La Floride compte davantage de condamnés à mort, mais nous nous en occupons plus vite.)

Voir un homme attaché, sur une civière, succomber à une overdose d'une substance qui ralentit son cœur jusqu'à ce qu'il s'arrête n'est pas, affirme Charley Brown, vraiment à son goût. Sans se risquer à dire qu'il est *contre* la peine de mort, une chose est sûre, cependant : si Charley Brown était libre de décrire son travail, il n'inclurait pas ce qu'il va devoir faire ce soir, à minuit, comme l'une de ses composantes indispensables. Mais il fait ce qu'il doit faire, ajoute-t-il avec un haussement d'épaules ; et puisque l'une de ses tâches est d'informer la presse de ce qui s'est passé — comment le condamné a réagi, qui furent ses derniers visiteurs, ce que le condamné a mangé à son dernier repas, qui a assisté à l'exécution, à qui le condamné a adressé son dernier signe de la main, ce qu'ont été ses dernières paroles et combien de temps il lui a fallu pour mourir — alors…

« La meilleure façon d'en parler, c'est d'y assister. Les premières fois, je n'ai pas fermé l'œil de la nuit. Maintenant je dors, mais… » Un long silence, puis Brown se reprend. « Voyez-vous, Charley Brown a une famille à nourrir. Et puis, ça fait partie de mon travail. »

Charley Brown ne croit pas que le Texas soit prêt à exécuter une femme. Il ne saurait expliquer pourquoi, mais il pense que ça prendra du temps. Peut-être, à l'idée de devoir en être témoin, espère-t-il ainsi conjurer le sort.

L'assistant de Charley Brown, David Nunnelee, entre. « La cinquième a refusé », dit-il. Il s'agit de la cinquième cour d'appel fédérale qui vient de rejeter l'ultime recours en grâce de Carlos DeLuna.

Lorsque j'apprends à David Nunnelee que je suis en train d'écrire un livre sur Karla Faye Tucker, il hoche la tête et dit en souriant : « Ah, la petite chérie du couloir de la mort ! »

C'est Nunnelee qui m'accompagne à Ellis I.

Les jardins y sont méticuleusement entretenus. Il y a de superbes pensées, de luxuriants piassaves, des choux d'ornement couronnés de rouge feu, des boules de buis impeccables taillées à mort pour les rendre parfaitement rondes. Et pas une seule mauvaise herbe.

À l'intérieur, le bureau de réception est clair, aéré et très animé. Le plancher luit comme un miroir. Au-delà de l'entrée se trouve une petite cour fermée dans laquelle on a planté des bananiers, des dieffenbachias, des lis aux larges feuilles vertes, des griffes de belle-mère — une véritable jungle de végétaux étonnamment opulents et charnus.

On me fait signe d'entrer. Pas de vérification de permis de conduire ; David Nunnelee me sert d'authentification. Des détenus au travail — lave-pont, balai ou binette à la main — nous croisent sans se presser et nous parlent avec cordialité. Aux murs de la réception, il y a des photos du directeur, du gouverneur, de policiers tués en sevice commandé, de quelques anonymes — peut-être le conseil d'administration de la prison. Derrière le jardin clos se dressent trois étages de cellules. Les barreaux — placés horizontalement et verticalement, ils forment des carrés — sont peints en bleu vif. Les murs sont en brique rouge. Avec tout ce rouge et ce bleu, sans mentionner le jardin à la luxuriance tropicale, l'endroit est plus coloré et, en fait, beaucoup plus gai que je ne m'y attendais.

Des détenus, appuyés aux barreaux, regardaient ce qui se passait en bas. L'un d'eux me fit un grand signe de la main. Je lui rendis son salut.

Tous les hommes du centre sont des condamnés à mort. Ce mois-là, il y en avait deux cent quatre-vingt-sept en tout. Cette nuit, il n'y en aurait plus que deux cent quatre-vingt-six, à moins qu'un miracle ne vienne sauver Carlos DeLuna.

En entrant dans ces lieux, on ne perd jamais de vue que, dans le jargon carcéral, ces hommes sont des morts. « Un mort arrive », annonçaient autrefois les gardiens escortant un détenu du couloir de la mort. Mais y venir en visite n'a rien de triste ni d'effrayant. Pas de quoi avoir peur. Les gens sourient, saluent d'un signe de tête, soulèvent leur casquette et vous parlent. On voit et on sent leur immense gratitude lorsqu'on leur sourit en retour. C'est une vie comme une autre.

David Nunnelee me dit de le suivre dans le couloir et me fait entrer dans une autre pièce, très sombre, au plafond bas. Les rangées de guichets sont beaucoup plus nombreuses qu'à Mountain View. Les visiteurs sont séparés des détenus par des cloisons de verre armé qui montent jusqu'au plafond. Les guichets sont en bois. Les chaises aussi. Le grillage, à l'intérieur du verre, est tissé si fin qu'on ne voit rien à travers. À quarante-cinq centimètres environ au-dessus du guichet se trouve un étroit panneau de verre transparent renforcé par un fil métallique, à travers lequel on parle. Cette vitre est le seul endroit où un détenu et son visiteur ont la possibilité de se voir. Pour y parvenir, il faut ou se pencher très bas ou s'asseoir.

« Où est Garrett ? » crie Nunnelee.

Une silhouette massive se dessine, de l'autre côté de la vitre où nous nous tenons, David et moi. J'avais immédiatement senti sa présence et deviné qu'il s'agissait probablement de Danny, mais je n'y voyais pas grand-chose et… il paraissait si gros.

« Présent », répondit-il comme à l'appel.

J'essaie de l'apercevoir, mais à travers l'écran de verre armé il n'est qu'une tache indistincte.

« Je ne vois rien, dis-je.

— Je vous ai reconnue tout de suite, à cause de la photo », dit-il à son tour.

D'après le ton de sa voix, j'ai l'impression qu'il est content de me rencontrer.

« Où voulez-vous vous asseoir ?

— Je ne sais pas. » Il est mal à l'aise et souhaiterait que ce soit moi qui prenne l'initiative. Il ne peut pas ou ne veut pas se montrer trop cordial. Au gardien qui lui dit : « Assieds-toi n'importe où », il répond : « Je n'ai pas tellement envie d'être à côté de ceux-là. » Du menton, il désigne d'autres détenus.

Nous descendons le long des guichets et nous nous asseyons. Je lui demande s'il veut boire quelque chose et il répond qu'il aimerait bien un Cherry Coke, s'il y en a ; malheureusement, il n'y en a pas. J'achète deux Pepsi, place le sien dans une espèce de petit tonnelet en métal, au bout du guichet. Le gardien déverrouille le tonnelct, le fait rouler vers lui, prend le Pepsi, qu'il ouvre et tend à Danny.

Sur les photos que Karla m'a envoyées, Danny paraît massif — un cou de taureau, un beau visage mais peu de grâce physique. Cinq années de prison ne l'ont pas arrangé. Il est devenu largement plus que costaud, il le reconnaît lui-même. « Je me suis laissé grossir, ici », dit-il. Normalement il a la peau claire. Maintenant il a le teint blême du prisonnier.

La veille, j'avais eu des entretiens séparés avec J.C. Mosier et Rusty Hardin. Ils m'avaient prévenue tous les deux que je trouverais Danny Garrett froid et manipulateur. Il y avait tout lieu de penser que J.C. et Rusty ne se trompaient pas, mais ils avaient leurs raisons. J.C. est un policier. Il s'était senti non seulement insulté et trahi sur le plan personnel par ce qu'avait fait Danny, mais également déconcerté.

Il n'arrivait toujours pas à comprendre. Rusty, lui, avait poursuivi Danny en justice et l'avait expédié dans le couloir de la mort. Un procureur ne revient pas sur un verdict en sa faveur.

Tout de même, il y avait du vrai dans leurs propos, que les procès-verbaux d'audience ne font que confirmer. Et puis il y avait l'autre chose, ce que Karla appelle leur démence, à Danny et à elle. Les leçons de Danny. Leurs rêves déments qui les poussaient à courir les fossés en pleine nuit, habillés de noir, cagoulés et revolver au poing, à sauter les barrières pour voir qui veillait et qui dormait, qui avait encore sa lumière allumée et comment les gens vivaient.

Rêves déments

Il y avait eu une photographie d'eux posant en grand uniforme de camouflage, armés de tout un arsenal. Mais, quelque temps après les meurtres, Karla avait demandé à Douglas de déchirer la photo.

Danny avait raconté à Karla ce qui s'était passé au Vietnam, quand il était là-bas, ce que ça faisait de tuer des Chinetoques, lui disant qu'il combattait dans un escadron de la mort, un escadron d'élite, si secret qu'il n'était même pas mentionné dans son dossier militaire. Karla avait toujours été excitée par les films de guerre et les films sanglants ; et voilà qu'elle avait devant elle un homme qui avait fait des choses folles et grisantes, des choses qui, croyait-elle, n'existaient qu'au cinéma.

Ils regardèrent *L'Arme à l'œil* ensemble au moins quatre fois. Donald Sutherland jouait le rôle d'un tueur à gages nazi. Danny expliqua à Karla comment Sutherland s'y prenait pour tuer, frappant à des endroits du corps où les coups entraînaient la mort immédiate ; agissant toujours avec rapidité, en silence et — le plus important — sans la moindre émotion.

Danny entretenait ses talents de tueur — du moins le disait-il à Karla — en travaillant pour la Mafia. Karla admirait la Mafia et la façon dont celle-ci, instituant ses propres lois, refusait de se laisser aspirer dans la guimauve de la vie conventionnelle où les gens vous disent ce qu'il faut faire, quand il faut le faire, où et comment le faire. Il y avait, à Houston, un propriétaire de clubs et de bars qui, selon Danny, était le chef de la Mafia locale. Danny avait travaillé dans l'un de ces clubs, puis avait eu des ennuis. Il disait qu'il travaillait maintenant clandestinement pour ce type.

« Tueur à gages ! s'esclaffa l'un des magistrats. Tous ceux qui voulaient paraître machos, dans ce monde-là, se disaient tueurs à gages. Houston n'a même jamais eu de Mafia ! »

À l'époque, Karla faisait régulièrement des passes, en réalité depuis qu'elle avait quitté Steve Griffith. Elle ne se prostitua sérieusement qu'après la mort de Mama Carolyn et sa séparation d'avec son mari. Quand Danny rencontra Karla, cela durait depuis environ deux ans. Elle faisait des passes avec certains clients âgés de sa mère. Il lui arriva un jour de remplacer Kari à Midland et, du coup, elle s'arrangea pour être embauchée là-bas. Depuis la mort de sa mère, Karla était devenue encore plus intraitable, plus dure, plus froide, plus forte en gueule et agressive. Davantage de drogue, moins de raisons de ne pas se déchaîner. Elle se rendait une fois par mois à Midland pour faire sa semaine, avait un autre engagement à Enid, en plus de quoi Kari et elle faisaient les congrès, dans les hôtels du centre de Houston, les francs-maçons, entre autres. On y allait, à la porte, un flic vous donnait la clef d'une chambre, et là, on se tapait les mecs — les congressistes payaient cent dollars la passe. On pouvait ramasser un fric fou en une nuit.

Karla et Kari avaient des clients dans la viande, des clients dans la bijouterie, des clients dans la confection et un veilleur de nuit de chez Neiman-Marcus qui leur ouvrait la porte de derrière du magasin ; elles entraient alors dans son bureau, se l'envoyaient, après quoi il leur permettait d'aller prendre des fringues pour une certaine somme.

Comme Mama Carolyn, à cette époque — en janvier 1983, quand Danny la rencontra —, Karla *fonctionnait*. Seule. Elle gagnait de l'argent au téléphone. Elle vivait sa vie.

Danny avait donc du pain sur la planche s'il envisageait de séduire la fille dont il sut tout de suite qu'il la voulait, même si elle lui en fit voir, ce jour-là, dans le cabinet de leur médecin prescripteur où elle le traita d'enculé et autres noms d'oiseaux, lui disant qu'elle en avait marre des Garrett et ne voulait plus en entendre parler, faisant allusion à un autre Garrett qu'avait fréquenté Kari autrefois. Danny tomba néanmoins amoureux de Karla ; il la désirait ; alors il lui fit du charme ; dansa des slows avec elle, ce soir-là, au Diamondback Saloon ; lui apporta une foultitude d'ordonnances ; l'entoura d'attentions ; s'ingénia à lui donner envie de lui jusqu'à ce qu'elle fût sienne.

Avant Danny, Karla avait eu deux orgasmes en tout et pour tout, et encore par accident. Dans son métier, elle était toujours obligée de feindre l'émotion — c'était ça le pire, quand un micheton voulait qu'elle s'extasie sur la façon dont il réussissait à lui faire ressentir des choses. Il était hors de question, pendant le travail, de s'*impliquer* avec un micheton ou de se laisser dériver au gré de ses propres sensations, il fallait au contraire garder son corps distinct de son moi ; le sexe, c'était les affaires. Et les affaires, c'étaient les affaires ; de la même façon qu'un armurier vous vend une arme sans savoir si le revolver doit servir au sport, au meurtre ou à Dieu sait quoi ; c'est ainsi que Karla vendait son cul, comme elle aurait vendu une denrée — ce qu'il était, finalement.

Elle aimait les manteaux de cuir, les vestes de cuir, aurait aimé porter des minijupes en cuir, si ses jambes torses ne le lui avaient pas interdit.

Karla Faye passait pour une fille qui adorait le sexe, qui était folle de sexe, qui ne pouvait vivre sans ; elle était considérée comme une véritable *maniaque* du sexe. Elle, elle vivait sa vie, encourageant cette réputation sans jamais éprouver grand-chose. Ce dont elle avait besoin, ce n'était pas de sensations — ça, ce n'était pas son truc — mais d'action, de pouvoir, de la satisfaction de bien faire son boulot, de bien faire ce dans quoi sa mère excellait : fonctionner toute seule, selon ses propres règles.

Faire face à n'importe quelle situation. Karla savait qu'elle réussissait bien dans son travail, alors, elle aimait le faire. Elle aimait, quand elle taillait une pipe, sentir le gars perdre la tête, lâcher prise, s'oublier au point d'abandonner tout le pouvoir, tout le contrôle qu'il possédait d'ordinaire jusqu'au bout des ongles. Lorsqu'elle le sentait tout ramolli, dans les vapes, transi, elle savait que, l'espace d'un instant, c'était *elle* qui l'avait eu.

Pas question pour Karla Faye d'être ramollie, dans les vapes et transie. Se ramollir et être dans les vapes, c'était perdre le contrôle, c'était se mettre à la merci de qui se trouvait là, à ce moment-là. C'était être là pour l'autre. Et quand on était là pour l'autre, ça signifiait que l'on s'ouvrait à lui, qu'on avait confiance en lui.

Le soir où il dansa le slow avec elle au Diamondback Saloon, Danny Garrett mit Karla dans son lit et la courtisa, l'amena à se détendre, prit son temps, la caressa, lui fit l'amour, l'embrassa jusqu'à ce que le moi de Karla se perdît enfin dans son corps et qu'elle s'autorisât à lui faire confiance, suffisamment pour ressentir ce que Scott, Adele et toute la troupe de l'appartement n'avaient pas réussi à lui faire ressentir, malgré tous leurs efforts et la compétence qu'ils avaient apportée avec eux dans la chambre. Elle l'éprouva alors, encore et encore. Toujours plus haut dans l'extase, dit-elle. Sans fin.

Quelques mois plus tard, elle obtint son divorce et reprit son nom de jeune fille.

En mai, Danny couchait avec Kari sur le canapé.

Danny fut le premier homme que Karla aimait. « Nous étions, dit-elle, excepté pour les rêves déments, le couple idéal. » Danny n'était pas possessif comme Steve Griffith et ils ne se battaient jamais ; il était parfait. Karla n'aurait jamais cocufié Danny. Les passes, c'était du travail, pas de la tromperie. Elle n'abandonna pas pour autant ses boulots à Enid, à Midland et dans les hôtels, et ne débrancha pas non plus le téléphone rouge. Elle lui faisait confiance mais…

Danny Garrett avait du pain sur la planche. Étant donné le genre de personnes qu'elle avait fréquentées — rock stars, roadies, bérets verts, un homme avec une mouche tatouée sur le gland —, convaincre Karla Faye qu'en plus de lui donner des orgasmes il était aussi le mec viril de ses rêves, ça ne serait pas du nougat. Danny dit à Karla qu'on pouvait gagner un tas de fric en tuant des gens. Danny lui dit qu'il allait lui apprendre à être la première femme-tueur de la Mafia. Il était évident, à présent, qu'elle ne serait jamais la première femme quarterback de la NFL et Danny lui offrait la possibilité de devenir la première femme quelque chose. Tel un maître patient donnant des leçons à un enfant, Danny entreprit l'éducation de Karla. Il avait trente-sept ans, elle, vingt-trois. Il savait des choses qu'elle ignorait. Il lui apprit comment surveiller, sans se faire voir, dans la nuit, des gens au moment où ils entraient, sortaient, partaient au travail et… le reste.

Karla avait connu beaucoup d'hommes virils dans sa vie, mais aucun n'était jamais allé aussi loin. Les tee-shirts « Tue-les tous. Dieu reconnaîtra les siens » collaient parfaitement à leur état d'esprit.

La tribu de McKean était au courant de tout. Certains disaient que le plus loin qu'ait jamais été Danny, pendant son service militaire, c'était les Philippines où il avait travaillé comme infirmier. Les autres ne savaient pas. Peut-être qu'il avait été au Vietnam avec les massacreurs d'enfants. Ils savaient en revanche qu'il essayait de trouver quelqu'un pour buter son ex, Phyllis, et lui rapporter deux ou trois de ses doigts.

Ronnie Burrell raconte que quand Danny essayait de le persuader de tuer Phyllis, il en était arrivé au point où il lui disait : « Sûr, Danny, tout ce que tu voudras. O.K. » Après tout, ils avaient généralement passé la soirée à boire quand les palabres commençaient, et Ronnie Burrell ne perdait pas facilement les pédales. Il savait donc parfaitement où il en était.

Ça faisait partie du jeu, cette façon, pour un vrai mec, d'impressionner une gonzesse. Tout le monde savait que Danny était fier de Karla, de sa démence et de sa force, de la facilité avec laquelle elle était capable de démolir un gars et de l'amocher vraiment, et qu'il aimait son caractère indépendant. Karla avait quelque chose de flamboyant en elle. Ce sont là des qualités rares.

Le 13 juin 1983, au 2313, Karla avait triomphé de tous les obstacles. Si ce qu'elle voulait, c'était se hisser au niveau de l'homme qu'elle aimait, elle avait réussi son examen de passage.

La rage l'avait portée.

Le couloir de la mort 3

Je rêvai de Danny Garrett avant même de le rencontrer. Dans mon rêve, il était comme sur les deux instantanés que m'avait envoyés Karla — pâle, blond et carré ; avec, de profil, un cou trapu et une tête de taureau, mais beau, de face. Karla dit que le charme de Danny repose davantage sur ce qu'il est et la façon dont il se tient que sur son apparence. Danny, dit-elle, était un séducteur. Dans mon rêve, il me faisait peur.

Je n'aurais pas reconnu Danny Garrett, à Ellis I. Il est devenu épais et mou ; ses cheveux châtain-roux sont parsemés de fils blancs. Hormis ses yeux noirs et pénétrants, il a pris, dans l'ensemble, un aspect d'amibe. Chez les gens effectuant de longs séjours en prison, la tendance n'est pas tant à vieillir, ni à changer ; tout se passe, en fait, comme si, une fois coupés de la réalité, les processus de la vie réelle s'arrêtaient. Danny ne fait pas exception à la règle ; il pourrait tout aussi bien avoir trente-cinq ans que quarante-quatre — ou trente-sept, l'âge qu'il avait au moment des meurtres. Sa peau est lisse, sans la moindre ride, et son teint, clair, parsemé de quelques taches de rousseur.

Dans la pénombre, ses yeux m'ont semblé marron-noir… peut-être était-ce le contraste. Il a des yeux plats, sans éclat, mais qui regardent bien en face et brûlent profondément, on dirait des roulements à billes noirs enchâssés dans de la glaise. Karla corrigea plus tard mon erreur. Bleus, me dit-elle ; ses yeux sont bleus.

Nous pataugeons lourdement en essayant d'engager la conversation. Il me demande ce que j'écris et comment va Karla. Je fais traîner les réponses en longueur. Il hoche la tête tout en sirotant son Pepsi. Danny Garrett est un homme méfiant. Quand je lui pose la question la plus anodine, il regarde ses mains un long moment avant de parler comme s'il considérait différentes réponses possibles et essayait de donner à coup sûr la meilleure. Il n'aurait pas fait un bon témoin pour sa propre défense ; il se veut trop habile, trop précis et tente visiblement de déterminer le véritable sens de la question qu'on lui pose ; il pense trop et se dévoile trop peu lui-même. Sa nature réticente se comprend. Danny Garrett était barman ; or, la fonction d'un barman est d'écouter plus que de parler, d'enregistrer plus que d'informer ; d'être là, pour absorber, écouter.

Danny allume une cigarette et, chassant d'une main la fumée, me demande si elle traverse le grillage. Je dis non, pas du tout, ça va.

L'homme est de toute évidence ravagé, c'est une loque, il exsude une telle impression de malheur et de désespoir que le seul souvenir me fait mal. Même à l'époque, je supportais à peine d'y penser. En revoyant, après mon départ, ce visage affaissé, ces yeux noirs et plats, je me demandai comment j'avais fait pour rester.

Danny Garrett ne voit pas sa famille. Il n'a jamais donné la moindre interview. Au départ, lorsqu'il s'est retrouvé à Huntsville, son frère aîné, Joe, lui a rendu visite deux ou trois fois, mais…

Danny hausse ses grosses épaules. « C'était assez gênant. On n'avait pas grand-chose à se dire. Je savais ce que ça lui coûtait de venir ici. Il est pharmacien et devait payer quelqu'un pour le remplacer, et puis ça fait un voyage de neuf cents, onze cents kilomètres, aller-retour. Je lui ai dit de ne plus se déranger. »

Quant au courrier, quelques membres de sa famille lui écrivirent, au début, mais, comme il ne répondait jamais, ils cessèrent. « J'ai une cousine. Elle m'a écrit pendant longtemps, mais elle n'a jamais reçu de réponse (Danny esquisse un sourire) alors elle a fini par se lasser. »

Dans le prononcé du verdict, plusieurs de ses parents servirent de témoins de moralité. Ils parlèrent de la famille Garrett qui, dirent-ils, remonte à la Révolution, indiquèrent de façon précise ce qu'un Garrett était prêt à faire et à ne pas faire et démontrèrent clairement à la Cour combien la famille Garrett avait toujours été fière et honnête. Joe Garrett, le pharmacien, déclara qu'il n'aurait jamais cru son petit frère capable d'utiliser une telle arme contre quelqu'un. Nous, les Garrett, dit-il, si nous avions un compte à régler, nous nous servirions d'un fusil. Les Garrett avaient toujours aimé les fusils ; les fusils faisaient partie de la tradition du sud-ouest des États-Unis.

Depuis qu'il est en prison, Danny, de toute évidence, a décidé de ne plus se considérer comme un Garrett et il demande aux autres d'en faire autant. Sa vie, ou ce qu'il en reste, est ici, à Ellis I.

« Rien, dans mon éducation, dit-il avec force, ne me préparait à être un tueur. »

Ayant noté la date de publication des livres que je lui ai envoyés, Danny les lit dans l'ordre. Il commente intelligemment le seul qu'il ait terminé — pas un livre facile —, en particulier une scène qu'il a lue, une nuit, et qu'il a trouvée si drôle qu'il a éclaté de rire. « J'ai sûrement réveillé les autres », dit-il.

Ce qu'il veut savoir, c'est comment je choisis le nom de mes personnages. Je devine qu'il a une question précise en tête, mais laquelle, je n'en ai pas la moindre idée. Je lui réponds honnêtement que je suis toujours à la recherche d'un beau nom et que je suis parfaitement incapable d'en inventer de meilleurs que ceux qui existent déjà.

« Et ceux du père, dans le roman ? »

Je lui dis que le personnage est fondé sur mon propre père et que la plupart des noms que j'ai utilisés étaient en fait les siens : Big, Big Daddy.

« Et Chunk[1] ?

— Celui-là, je l'ai inventé. »

Il tripote sa cigarette. Quand il a les mains sur le guichet, je ne les vois pas. Si je me levais et regardais à travers le panneau de verre transparent, j'y arriverais, mais, assise, tout ce que j'aperçois, c'est son visage, son cou et ses épaules. Ses mains n'apparaissent que lorsqu'il tire une bouffée de sa cigarette, sirote son Pepsi ou fait un geste.

« La raison pour laquelle je vous le demande, c'est qu'on m'appelait Chunk, autrefois. Au lycée. Sur le terrain de foot. »

Ils étaient en pleine mêlée quand un autre joueur et lui s'étaient cogné la tête et le casque de l'autre gars s'était fendu. C'est à ce moment-là que l'entraîneur avait commencé à l'appeler Chunk.

Il suçote sa cigarette. « Et puis on a déménagé. »

L'appelait-on Chunk dans sa nouvelle école ?

« Non, là, on m'appelait Bevo. Ce n'est pas le nom de… ? »

J'acquiesce d'un signe de tête.

« … du bœuf Longhorn de l'université du Texas ? »

Quand je demande à Danny pourquoi on l'appelait Bevo, il dit qu'il ne se souvient pas. Il y a quelque chose, dans ma question ou dans son début de réponse, qui refroidit sa bonne humeur et le replonge dans sa mélancolie. L'expression désespérée réapparaît, le dos se voûte, il rentre dans sa coquille.

Le TDC est le seul, dans tout le pays, à avoir un programme de travail pour les détenus du couloir de la mort. Le programme a vu le jour en juillet 1986, et le personnel de la prison, ainsi que les administrateurs, étaient bien décidés à ce que l'expérience réussisse. L'opinion courante est que, puisque les condamnés à mort sont déjà morts et que les morts n'ont rien à perdre, il leur est impossible de coopérer ou de travailler en groupe. Ils sont considérés comme plus violents que les autres prisonniers. Et puis, il y a le fait que ce sont des hommes pour

1. « Gros morceau », « gros patapouf ».

lesquels la société ne peut plus rien, des hommes irrécupérables, alors pourquoi leur donner un métier, une formation… à quoi bon ?

Jusqu'en 1986, le TDC réservait six corps de bâtiment d'Ellis I à des hommes consignés jour et nuit dans des cellules de deux mètres soixante-dix sur trois mètres trente, vingt-trois heures sur vingt-quatre — sans rien d'autre à faire qu'attendre. Mais, en 1986, le TDC offrit à certains détenus du couloir de la mort — ceux qui n'avaient jamais eu d'ennuis et n'étaient pas au quartier d'isolement — la possibilité de travailler dans une usine de vêtements. Sur la base d'un strict volontariat. Ils ne recevraient pas de salaire. Danny est à la tâche depuis le premier jour. Il vit dans un bloc, en compagnie de soixante autres détenus qui participent également au programme. Il a un camarade de cellule.

« Une fois inscrit au programme, on m'a donné le choix entre vivre seul ou partager une cellule. J'ai préféré partager une cellule. J'aurais pu changer depuis. Les gars bougent. Mais… je ne sais pas… » Il hausse les épaules. « Les gars sont plutôt sympas. »

Je glisse : « Ça fait quelqu'un avec qui parler. »

Il ne répond pas.

Les détenus du couloir de la mort travaillent quatre heures par jour, de midi à seize heures.

« J'ai toujours travaillé. Il n'y a jamais eu un moment de ma vie où je n'ai pas travaillé. Si on ne fait pas partie du programme, on reste dans sa cellule à peu près toute la journée. On vous donne vingt minutes pour sortir dans la cour, mais… » Il hésite. « Il y a la fouille au corps avant et après, et quelquefois le gardien est en fait une gardienne… » Il s'arrête, détourne les yeux. « Je ne sais pas si vous savez ce que c'est qu'une vraie fouille au corps… » Je fais signe que oui. « Eh bien (il baisse les yeux), c'est très gênant. Quelquefois on préfère rester sur sa couchette plutôt que de subir ça.

« Les week-ends, poursuit-il, si l'on ne fait pas partie du programme, on reste dans sa cellule vingt-quatre heures sur vingt-quatre, les deux jours. Pour être dur, dame, *ça*, c'est dur ! Je ne sais pas, il y a des gars, parmi ceux qui refusent de travailler, qui disent qu'ils s'en voudraient d'aider à payer leur propre exécution et en un sens ils ont raison, mais c'est notre atelier qui produit le plus — vous pouvez demander au comptable, il est là-bas, ça va chercher dans le million de dollars par… je ne sais pas bien quoi — enfin, quelque chose d'énorme. C'est une usine de vêtements. On fabrique des chemises, des caleçons, des tabliers, des toques de cuisinier, tout ce qu'on peut imaginer. C'est peut-être vrai que j'aide à payer mon exécution, je n'en sais rien. Mais (nouveau haussement d'épaules) au moins je fais quelque chose. Je suis productif. Tout, plutôt que de rester là, à ne rien faire. »

Le programme du couloir de la mort a réussi au-delà des espérances du TDC. En 1987, la vente de ses produits à d'autres agences d'État a rapporté plus d'un million vingt-cinq mille dollars, le rendement de chaque détenu ayant dépassé celui de toutes les autres usines de vêtements du TDC. Aucun acte de violence grave n'a jamais été signalé.

Danny me décrit sa cellule. Deux mètres soixante-dix sur trois mètres trente. Deux couchettes. Rien sur les murs. « On n'a pas le droit de suspendre un calendrier. On n'a même pas le droit d'avoir un coffre, mais ici on nous le permet. Nous y enfermons nos papiers officiels. Moi, ce que j'ai, surtout, ce sont des livres. »

Parce que Danny participe au programme de travail, une fois toutes les heures, le matin, avant son départ à l'atelier, on ouvre la porte de sa cellule, pendant trois à cinq minutes.

« On peut alors sortir, faire un tour dans la salle de jour, aller aux W.-C., boire un café. Si on n'y va pas cette fois-là, on sait que le gardien reviendra dans une heure. »

Je lui demande s'il connaît Carlos DeLuna.

« Oui, je le connais », répond-il.

Je m'en doutais, mais après tout ils sont trois cents ici et je ne savais pas s'il connaissait tout le monde.

« Nous formons une communauté très fermée. »

Plusieurs de ses camarades de cellule ont été exécutés.

« C'est déprimant, se contente-t-il de dire. C'est déprimant. »

Il répète.

« C'est déprimant. »

Il fume sa cigarette jusqu'au filtre.

Il me demande des nouvelles de Karla, puis lève les yeux et me regarde, de son regard noir et perçant. « Si vous pouvez me faire porter le chapeau, dans cette histoire, faites-le. Sauvez-la. » Ses yeux se remplissent de larmes.

Son avocat lui a ordonné de ne pas écrire à Karla et de ne pas parler aux médias. Il hausse les épaules. Ray Bass est-il encore son avocat ? « Oui », me répond-il, de cette façon précise qui est la sienne. (C'est comme s'il avait toujours plus à dire qu'il ne veut le laisser paraître, mais il est impossible de savoir quoi.) Puis il ajoute : « Si ça a encore pour lui… » Il hausse les épaules, sourit d'un air ironique et ne poursuit pas. *Un sens*, allait-il dire, je pense.

La condamnation à mort de Danny n'a pas encore été confirmée par la Division d'appel de la Chambre criminelle du Texas, ce qui signifie que la toute première étape du long processus qui aboutira soit à son exécution, soit à une remise de peine, à sa libération ou à un nouveau procès n'a pas encore été franchie, au bout de sept ans !

Je lui dis que j'ai vu J.C. Mosier et que J.C. lui donne le bonjour. Danny dit : « J.C. est un flic honnête. Le seul que je connaisse. » Il se reprend : « Il y en a peut-être d'autres, mais J.C. est le seul que je connaisse personnellement. »

Nous parlons de la candidature de J.C. aux fonctions de shérif. Danny me dit qu'il avait regardé les nouvelles à la télévision, ce soir-là, et qu'il pensait bien que J.C. avait gagné, puis qu'à son réveil, le lendemain matin, il s'était aperçu qu'il n'en était rien. J.C. fait partie des gens qu'il connaît bien, alors

Danny, de toute évidence, prend un certain plaisir à le voir s'élever sur le plan social et professionnel ; mais pas beaucoup. Il ne prend d'ailleurs pas plaisir à grand-chose. Excepté, peut-être, à travailler, à fabriquer des objets. Je suis heureuse de lui avoir permis de rire quelques instants, la nuit où il a lu mon roman.

Récemment et pour la première fois, Danny a inscrit son frère Douglas sur sa liste de visiteurs. « J'ai envoyé la liste. Je ne l'ai pas encore récupérée. Il faut qu'ils (il tourne la tête par-dessus son épaule) donnent leur accord. Je pensais bien que je l'aurais, maintenant, mais non. »

Jusqu'à présent, Danny avait refusé de voir Douglas. La dernière fois qu'ils s'étaient vus, Douglas avait un magnéto dans sa botte.

Nous parlons beaucoup de Karla. Je lui décris son aspect physique et le genre de vie qu'elle mène. Je lui demande s'il se sent le moins du monde responsable de ce qu'elle a fait, cette nuit-là. Il regarde ses mains un long moment tout en réfléchissant et, de cette façon sérieuse et précise qui le caractérise, me répond : « Non. » Puis il attend que j'enchaîne. Je pensais, lui dis-je, qu'il était le seul à pouvoir arrêter le cours des choses. C'est vrai, dit-il, il aurait pu mettre les clefs de la voiture dans sa poche. « Mais ce qu'il faut que vous compreniez, explique-t-il, c'est que dans ce temps-là la meilleure façon d'obtenir de Karla qu'elle fasse quelque chose, c'était de le lui interdire. »

Quand ils s'étaient mis ensemble, il avait espéré qu'elle cesserait de faire des passes. « On ne peut pas aimer quelqu'un et faire ce genre de truc. »

Il avait eu l'impression qu'elle était sur le point d'arrêter ; elle disait qu'elle en avait vraiment marre de faire ça.

Vous pensiez donc, dis-je, que les choses évoluaient lentement.

Il a, quand il se sent contré ou mal compris, une façon de bouder qui le fait ressembler à une vache rétive.

« Pas aussi lentement que vous le croyez ! » proteste-t-il.

Nous évoquons le 2205 McKean. Une jolie maison, dis-je avec circonspection, mais petite pour autant de gens.

« Pas aussi petite qu'elle en a l'air !

— Non, bien sûr, mais…

— Petite pour quatre personnes. Quand Kari a proposé à son ex-mari de venir s'installer… (il me regarde pour s'assurer que je sais de qui il parle, et je fais signe que oui), je n'avais pas envie qu'il vienne. » Un silence. « Mais j'ai perdu. » Nouveau silence. « Deux contre un. »

Jimmy Leibrant faisait-il partie du lot ?

Il commence par dire non, puis réfléchit : « De la façon dont ça s'est passé.

— C'est ce que je voulais dire.

— On peut le voir comme ça. »

Il se rembrunit.

« Et puis ce truc, là… quand Karla est allée dans l'Oklahoma, à Enid, je crois, pour son travail. Elle est partie deux jours. Elle m'a tellement manqué, j'en devenais dingue. J'aurais voulu qu'elle n'y aille pas. Et puis elle est allée à Midland… Vous êtes au courant ?

— Oui.

— Je l'ai appelée pendant qu'elle était là-bas. Je n'étais pas censé le faire, c'est une chose que l'homme ne doit jamais faire, appeler une femme quand elle… Enfin, je l'ai appelée. Elle m'a dit qu'elle était malheureuse, que je lui manquais et que… on ne pouvait pas faire ce genre de chose quand on aimait quelqu'un… et qu'elle allait peut-être rentrer à la maison et je lui ai dit, viens tout de suite. Je n'ai qu'un regret, c'est qu'elle soit allée là-bas. »

Silence interminable. Il y a quelque chose qu'il voudrait me dire, j'essaie de deviner quoi. Il fixe l'épais grillage noir, au-dessus de sa tête, le cou renversé, les dents serrées, la bouche crispée et…

J'attends, peut-être deux minutes, peut-être plus. Une éternité, me semble-t-il. Enfin il baisse la tête et me regarde. Ses yeux sont pleins de larmes.

« Pendant qu'elle était là-bas, Kari et moi… on était défoncés et… on est allés ensemble, Kari et moi, et… » Haussement d'épaules. « À partir de là, tout a changé. Je crois que Karla ne m'a plus jamais fait confiance. »

C'est à peine s'il arrive à sortir les mots.

« Je n'ai que deux regrets, dans ma vie. Ça et… l'autre chose, évidemment. »

Je commence à lui demander pourquoi il a raconté à Karla ce qui s'était passé sur le canapé, mais il continue.

« Je savais bien qu'il ne fallait pas avouer. Écoutez… je n'étais pas gros quand j'étais (il fait un geste en direction de la porte de sortie) en ville. J'ai roulé ma bosse… je… » C'est un homme modeste, mais là-bas, dehors, avant tout ça, il n'était pas rien, il savait des choses. « Écoutez… » Il allume une nouvelle cigarette. « J'ai été barman. Un barman entend toutes sortes d'histoires, vous savez ? Eh bien, des gars m'ont raconté comment ils avaient trompé leur femme et leur avaient ensuite tout avoué. Ça ne marche jamais. Je le sais. J'ai roulé ma bosse. Je le sais bien. »

De la main droite, il dessine un demi-cercle, comme pour indiquer les endroits où il est allé, les gens qu'il a vus.

« Je n'avais jamais compris pourquoi les types avouaient, jusqu'à ce que je me trouve dans la même situation. Maintenant, je sais. Ils étaient incapables de garder ça pour eux. Ils n'arrivaient pas à vivre avec eux-mêmes. Ils le faisaient parce qu'ils aimaient leur femme. Ils ne pouvaient pas garder ça pour eux. Et… »

Silence. « C'est pour ça que je l'ai fait. Et… »

Il ne peut supporter d'en dire plus.

Au bout de deux heures, David Nunnelee vient me dire qu'il ne me reste plus que cinq minutes. Je demande à Danny s'il y a quelque chose que je peux faire pour lui ; il voudrait que je dise à Karla qu'il l'aime, qu'il l'aimera toujours. Il répète : « Tout ce que vous pourrez faire pour Karla, faites-le.

« Je ne veux pas que… Je veux qu'elle vive. Je ne veux pas qu'elle soit une vieille femme quand elle sortira. Si elle sort. »

Il me demande si j'ai une photo d'elle et je lui promets d'en apporter une, la prochaine fois. (J'aurais pu le faire, cette fois-ci ; personne ne m'a dit de ne pas prendre de sac à main.)

Je propose à Danny Garrett de revenir s'il le désire. Il répond que ça lui ferait plaisir. On dirait même que son visage s'éclaire un peu, à cette idée. Je dis que ça pourrait être dans deux mois ; il hausse les épaules, taisant l'évidence. Je pose ma main à plat contre la cloison de verre. Danny hésite, puis imite mon geste.

Je dis : « Gardez le moral ! » et regrette aussitôt mes paroles.

« Faut bien. » Sa voix est terne mais sans amertume.

Quelques mois plus tard, je reçus un mot de Danny Garrett me disant qu'il avait décidé de ne plus me voir. Je n'étais pas en cause, précisait-il. Il m'avait trouvée sympathique. Simplement, il avait pris cette décision. Il me souhaitait bonne chance.

En un sens, je me sentis soulagée.

Lorsque je racontai à Karla ce que Danny m'avait dit sur le fait qu'il n'avait pas pu se retenir de tout lui avouer parce qu'il l'aimait, elle ne cilla pas.

« Je pense, dit-elle simplement, qu'il aurait pu s'y prendre autrement. »

Susie

J'étais dans le bureau du procureur de Danny Garrett, Rusty Hardin, un jour de l'automne 1990 et nous parlions à bâtons rompus. Rusty me demandait des nouvelles de Karla. Lorsqu'il parle d'elle, son regard s'adoucit. Quelqu'un avait appris à Rusty la mort de Peter. Sa bouche se crispa à cette idée et il me demanda simplement : « Diriez-vous que Karla est pour vous un substitut de fille ? »

Je ne sais pas pourquoi je n'y avais jamais pensé, cela semble tellement évident. Peut-être était-ce une question d'enchaînement, Rusty ayant placé cette éventualité juste après la mort de Peter. En tout cas, sur le moment, l'idée me sembla nouvelle.

Je ne lui répondis ni oui ni non. Puis, une fois rentrée chez moi, je me mis à réfléchir.

Je ne crois pas qu'elle soit un substitut de quoi que ce soit. Je crois en fait que Karla est davantage la Susie que ma mère et moi avions inventée et que nous attendions tout le temps, la sœur/fille que je n'ai jamais eue.

Karla me dit que je lui rappelle parfois sa mère, par des expressions que j'emploie, le type de musique que j'aime, ma franchise et une qualité d'esprit qu'elle sent instinctivement. « Vos mains, m'a-t-elle dit un jour, vous avez des petites mains, comme maman. » Mes mains ne sont pas petites du tout. J'en plaçai une contre le Plexiglas pour lui montrer. Karla plaça la sienne tout contre, de l'autre côté du plastique. « Je les croyais petites, dit-elle.

Nous sommes enchaînées l'une à l'autre, elle et moi, dans cette étrange union de pardon, de culpabilité et de foi inébranlable dans l'instinct et le mystère.

Nous nous apportons mutuellement des nouvelles, des histoires. La vie.

C'est drôle.

Les rêves de Karla

Dans le premier rêve que Karla fit de moi, nous vivions dans le même quartier, mais sa maison était située dans une rue ouvrière tandis que la mienne se trouvait dans la partie chic — non loin de là —, celle où vivait la bonne bourgeoisie. Je l'appelais au téléphone en lui disant que je ne me sentais pas bien et en lui demandant si elle avait quelque chose pour me soulager. Karla répondait que oui et arrivait aussitôt chez moi. Dans ma belle maison, il y avait une réception. Karla, vêtue seulement d'un short et d'un débardeur, se sentait déplacée, mais elle finissait par me découvrir et me donnait les comprimés. Kari et un enfant étaient avec elle. Je lui dis que nous nous apprêtions à aller nager et qu'elle était la bienvenue, si elle en avait envie, mais que nous nous baignerions peut-être en tenue d'Adam et d'Ève. Karla déclina l'offre, prit l'enfant par la main et sortit dans le jardin.

Un orage éclata, courbant les branches des arbres jusqu'au sol. Karla dit à l'enfant et à Kari de s'accrocher à un gros tronc d'arbre. Ce qu'ils firent ; je ne tardai pas à les rejoindre et l'orage s'apaisa.

L'enfant et Kari partirent. Karla et moi allâmes à la cuisine où nous trouvâmes Glenn. « Tu lui as demandé ? » me dit-il. Je commençai alors à poser une question à Karla, mais j'étais gênée. Au même instant, mon frère entra pour arrêter les choses. « Non, ordonna-t-il, elle est trop jeune ! »

Et Karla se dit : *Oh non, pas eux !* Parce qu'elle savait ce que nous allions lui demander : de faire l'amour avec elle, tous les trois ensemble. Et elle qui croyait que nous étions différents des autres, que nous la protégions, que nous savions que ce qu'elle voulait, c'était être notre fille et non notre partenaire sexuelle.

Dans son deuxième rêve, j'étais dans l'une des maisons de son enfance, comme une mère, et il ne se passait pas grand-chose, mais Karla se sentait en sécurité.

Dans le troisième, Carolyn Moore était avec Karla, et Karla me présentait à sa mère qui me souhaitait la bienvenue.

Karla me dit qu'elle se sentait heureuse et en sécurité.

V. JUSQU'À DIEU SAIT QUAND

Je voudrais que l'on sache que nous ne sommes pas simplement des *bêtes* immondes, enfermées ici, que nous sommes des gens normaux. Nous avons peut-être commis une action horrible, mais nous sommes des humains. On change. Ça arrive. Je n'ai pas peur de mourir pour ce que j'ai fait, mais je voudrais qu'on sache ça.

KARLA FAYE TUCKER, 1990

Je l'aime bien et j'espère qu'elle ne mourra pas.

RUSTY HARDIN, 1986

La fête du Travail

Nous habitions à la campagne et l'allée de notre maison était une route sinueuse à une voie, bordée d'arbres, qui faisait environ cinq cents mètres et débouchait sur une nationale à quatre voies. Si l'on tourne vers l'ouest, sur la Highway 80, on va vers la I-35 et San Marcos. Si l'on tourne au contraire vers l'est, on arrive à Luling, puis à l'Interstate 10. La 80 est une artère très fréquentée. Les camions l'empruntent afin d'éviter les bascules. Des deux fenêtres de notre chambre, nous voyions passer la circulation, au bout du champ qui borde la maison. Le soir, par les fenêtres ouvertes, nous entendions le vrombissement des derniers véhicules qui fonçaient sur la route. Combien de fois, alors que j'attendais Peter, me suis-je tenue devant ces fenêtres, espérant toujours voir les phares de sa voiture bifurquer dans l'allée.

Le jour de la fête du Travail, Glenn et moi avions bavardé un moment, lu un moment. Après onze heures et demie, nous avons probablement commencé à dire que, la rentrée scolaire ayant lieu le lendemain, Peter aurait dû être de retour. Nous ne connaissions pas le numéro de téléphone de Cindy. Son père était mort, sa mère s'était remariée et le téléphone était au nom de son beau-père. Je ne savais pas non plus où elle habitait. Peter ne nous disait rien de ses amis, dont beaucoup, de toute façon, n'avaient pas le téléphone.

Nous finîmes par nous endormir un moment. À deux heures

du matin, je m'éveillai. À l'instant même où j'ouvrais les yeux, Glenn me demanda : « Il est rentré ? »

J'esquivai la vérité. « Je ne crois pas. »

Glenn rejeta les couvertures et se leva d'un bond.

Que l'anxiété vous anéantisse, ça va sans dire. On se lève, on s'assoit, l'esprit se liquéfie, on n'arrive plus à réfléchir sainement. Et puis les choses empirent. Au bout d'un moment, l'anxiété même devient monotone. On s'entend dire trente-six fois la même chose, sur le même ton. On fulmine, on peste, on délire, on gémit et, quand on a fini, on recommence. On devient — on est — un cliché, même (peut-être surtout) à ses propres yeux.

En pleine nuit, on ne sait jamais si l'on doit céder à la colère ou à la peur. On espère sans cesse qu'il n'y a aucune raison d'avoir peur. On est trop en colère pour avoir peur, on a trop peur pour être en colère. Quelquefois, nous nous relayions. Glenn avait peur et moi j'étais en colère, puis nous changions.

En bas, Glenn sortit l'assiette de Peter du four. Tandis que nous regardions le match de foot, Peter avait dîné. Cela nous rassura, d'une certaine façon. Glenn coupa l'os du steak en morceaux et le donna aux chiens.

Nous nous mîmes à plier du linge. Tout en échangeant les propos habituels.

« Il n'avait pas bu. Sinon je ne l'aurais pas laissé sortir, mais il n'avait pas bu. »

« Tu ne connais vraiment pas le numéro de Cindy ? »

« Je ne vais pas partir encore une fois à sa recherche. Je ne l'ai déjà fait que trop souvent. Je ne le trouve jamais. »

« C'est lui ? Tu n'as pas entendu quelque chose ? »

Nous rangeâmes le linge plié dans des paniers et retournâmes nous coucher ; bientôt — je ne sais toujours pas si « miséricordieusement » est ici le mot juste — nous sombrâmes dans le sommeil.

Si nous n'avions pas été endormis, nous aurions entendu les chiens aboyer. Nos chiens aboient toujours quand il se passe quelque chose sur la nationale, en particulier notre berger blanc, Maxine, le chien de Peter. Si nous avions entendu les chiens et avions regardé dans quelle direction ils aboyaient, nous aurions vu, sur la Highway 80, à moins de deux cents mètres de l'allée, le véhicule de secours, la police de la route, les lumières, les voitures. Ils étaient tous là, dans notre champ visuel. Il y a une fenêtre de chaque côté de notre lit, à deux pas de l'oreiller. Ces fenêtres dominent le champ et la Highway 80. Si seulement nous nous étions réveillés et levés et si nous avions regardé par les fenêtres…

Tout était là, tout près. Les voitures, les lumières, la police de la route. L'ambulance des services médicaux d'urgence enfermant soigneusement leur patient inconscient dans un sac à glissière stabilisateur de la pression artérielle, et se dirigeant vers Austin…

Il faisait chaud, la climatisation marchait et les fenêtres étaient fermées. Tout de même, je me demande encore comment nous n'avons pas entendu les sirènes ; j'entends toujours les sirènes. Vraiment, je ne sais pas.

La pluie avait cessé. L'air immobile était lourd et humide. Des nuages bas cachaient la lune. Il y avait des bataillons de moustiques.

Pendant cette heure-là, je m'éveillai de temps à autre. Je me mettais alors à guetter la lumière de ses phares au plafond, tendais l'oreille pour percevoir le bruit de sa radio, de sa voix parlant à Maxine. Celui de la porte d'entrée, de la porte du réfrigérateur, de la porte de sa chambre.

J'attendis. Je dormis. J'attendis. Je dormis.

Il était près de cinq heures quand je crus entendre des coups légers frappés à la porte d'entrée.

« Ce n'était pas… ?

— Si.

— J'y vais… »

Je raconte tout cela — à Karla, à qui veut l'entendre — comme une histoire inventée, jusqu'au plus minuscule détail.

Quand j'écris un roman, je sais généralement où je vais et comment il se terminera. Cette fois, à la fin, le garçon meurt.

Tandis que Glenn enfilait un pantalon et une chemise, je courus à la salle de bains, entrai dans la baignoire, puis, grimpant sur le rebord, regardai par la haute fenêtre.

« C'est la police ? »

Je ne voulais pas répondre : « Je crois. » Mon cœur se mit à battre comme un dingue. Je n'avais qu'une idée dans la tête : encore des problèmes.

Glenn descendit. Le temps que je me vête et que j'arrive à la porte d'entrée, il disait au policier : « Nous l'avons attendu, puis finalement nous sommes allés nous coucher… »

Peter était blessé, il avait peut-être été agressé, on ne savait pas encore ; il avait été transporté à l'hôpital Brackenridge, à Austin. Mike Holmes, le policier de la route, avait eu du mal à trouver notre maison car nous avions une adresse rurale.

« Oh, mon Dieu ! » Je me rappelle avoir dit exactement cela. Je me rappelle m'être demandé pourquoi Glenn perdait du temps à faire la conversation au policier. Nous nous habillâmes, j'emportai le livre que j'étais en train de lire (que je n'ai jamais fini ni jamais repris), puis sachant combien la climatisation, au Texas, peut être glaciale, j'attrapai une seconde chemise pour me couvrir en cas de besoin et, comme mouchoir, un foulard rouge à impressions noires d'Indiens et de cow-boys.

En route, j'essayai d'arracher à Glenn des renseignements qu'il ne possédait pas. Tout ce qu'il savait, c'est que Peter était mal en point mais que, selon Mike Holmes, s'il y avait un endroit où il serait bien soigné, c'était Brackenridge, le grand hôpital de chirurgie traumatique du Texas central.

Il y a quarante-six kilomètres de chez nous à Austin. Nous tournâmes vers l'ouest sur la 80. Au moment de bifurquer vers le nord, sur la I-35, nous étions passés devant la voiture de Peter, immobilisée sur le côté sud de la Highway 80, juste avant la rivière Blanco, le pneu arrière gauche crevé. Mais, ne la cherchant pas, nous ne l'avions pas vue.

Je connaissais bien la salle d'attente du centre de réanimation de Brackenridge, y ayant passé de longues heures, l'année précédente, à attendre que mon père subisse l'amputation d'une jambe, puis de la seconde. Un brouillard de désespoir flotte dans cette pièce, épais comme la fumée de cigarettes que les filtres chuintants et crépitants ont bien du mal à dissiper. Les gens dorment sur des banquettes minables et inconfortables, pendant le temps qui va des visites de vingt minutes aux soins intensifs. Des brancards passent et repassent, transportant des patients fraîchement opérés. Le téléphone public sonne. Quelqu'un répond, fait une annonce : « La famille de ***. Y a-t-il quelqu'un de la famille de *** ? »

Je m'adressai au guichet de renseignements. Il y avait, agrafé à un des montants, un petit bout de papier blanc sur lequel était écrit : « Peter. Rein. » À ce moment-là, je ne savais même pas si quelqu'un connaissait son nom.

Dans une urgence, il faut avoir un laïus tout prêt.

« Mon fils, Peter Lowry, a été amené ici ce matin par l'EMS[1]. Il n'avait peut-être pas de papiers sur lui. Il a été accidenté près de San Marcos, nous ne savons pas dans quelles circonstances. »

L'infirmière feuilleta son bloc-notes.

« Il est encore en salle d'opération », dit-elle, et, relevant les yeux, me regarda. « Il a les deux jambes cassées. »

Je lui demandai si elle savait comment c'était arrivé.

Si elle le savait, elle ne voulut pas le dire.

Des jambes cassées ? Seigneur, nous pouvions nous accommoder de jambes cassées. La police de la route avait dit qu'il s'agissait peut-être d'une agression et qu'il y avait des blessures à la tête. L'histoire des jambes cassées n'était guère vraisemblable, mais je l'acceptai néanmoins. Retournant dans la salle d'attente enfumée, je fis mon rapport à Glenn, qui ne répondit rien. Nous nous préparâmes à attendre.

1. Équivalent de notre SAMU.

Glenn se plongea dans des journaux tandis que j'ouvrais mon livre dont je me mis à fixer les mots sans les voir.

On guérit de deux jambes cassées, on continue à vivre. J'imaginais ce que nous ferions : fauteuil roulant, béquilles, professeur à domicile... J'allai même, Dieu me pardonne, jusqu'à penser que puisque l'accident, apparemment, ne mettait ni sa vie ni son esprit en danger, peut-être l'aiderait-il à prendre un nouveau départ. Peut-être, pensai-je, Peter deviendra-t-il enfin raisonnable et profitera de cette occasion pour se réformer. Au moins, maintenant, me dis-je, nous saurons où il est. Je n'arrive pas à croire que j'aie pu penser ça, mais c'est pourtant vrai.

Nous attendions toujours. Sept heures, sept heures et demie.

Vers huit heures, un homme avec les deux jambes dans le plâtre sortit de la salle d'opération sur un chariot. À côté de lui, une femme marchait en lui parlant tout bas à l'oreille.

Je ne dis rien. Glenn ne dit rien.

À huit heures et quelques, je retournai au guichet et m'adressai à une autre infirmière ; Peter, lui dis-je, avait les deux jambes cassées et je m'étonnais qu'il ne soit pas encore sorti de la salle d'opération.

L'infirmière vérifia sur son bloc-notes. « Peter ? fit-elle, comme si elle le connaissait. Oh... » Elle hésita.

« Ce ne sont pas des jambes cassées. Il... il est encore en salle d'opération. »

Pouvait-elle m'indiquer la nature de ses blessures ?

« Non, je ne peux vraiment pas, répondit-elle. Le chirurgien viendra vous parler quand il aura terminé. »

Je rejoignis Glenn, qui était appuyé contre un mur.

« Il ne s'agit pas de jambes cassées, lui dis-je.

— Je m'en doutais. »

Je me plaçai près de lui et, tous deux adossés au mur, nous attendîmes. Pendant plus de trois heures nous avions cru que notre fils avait les jambes cassées et, maintenant que nous savions qu'il n'en était rien, nous acceptions la nouvelle sans un murmure.

Mike Holmes apparut. Il me tendit un sac de plastique contenant les objets personnels de Peter : son portefeuille en nylon noir, son short de surfeur, ses clefs de voiture pendues à l'anneau en argent orné du ZZ Top, sa casquette des Oakland Raiders et ses lunettes de soleil style aviateur — un verre manquait.

Mike Holmes nous demanda ce que nous avions appris jusqu'à présent, je lui répondis, et lui, aussitôt : « Vous rappelez-vous quel type de chemise portait Peter ? »

C'était l'une de ses préférées, un tee-shirt de concert en coton noir avec « Cheap Trick Cheap Trick Cheap Trick[1] » en grandes lettres cursives blanches sur le devant. Peter avait déchiré le tee-shirt comme ses copains et lui aimaient à le faire, arrachant les manches et le raccourcissant au point qu'il lui découvre le nombril. Il venait de nager, expliquai-je au policier, il était en tenue de baignade. La rivière qui coule à côté de chez nous et traverse le centre de San Marcos est très fréquentée par les canoës, les nageurs et ceux qui descendent le courant sur des chambres à air. Les gens savent ce que c'est d'être en tenue de baignade. L'été, à San Marcos, des jeunes à moitié nus sillonnent la ville comme des colonies de fourmis.

Quand je lui dis que le tee-shirt était noir, Mike Holmes hocha la tête.

« La nuit était sombre, hier, nous rappela-t-il. Pas le moindre rayon de lune. Le tee-shirt a disparu.

— On l'aura pris pour un chiffon. »

Mike Holmes opina, tout en fronçant les sourcils.

C'est là que nous entendîmes, pour la première fois, évoquer l'éventualité d'un délit de fuite.

« Nous avons repéré la voiture de Peter, dit Mike Holmes. Il a crevé juste à la sortie du pont sur la Blanco. Il y a des traces de dérapage à l'endroit où il a heurté la bande de séparation en ciment. Nous ne savons pas s'il s'est endormi, s'il a donné un

1. « Sale blague ». Nom d'un groupe de rock.

coup de volant pour éviter un chien, ou quoi. La chaussée était mouillée. Mais il devait avoir l'esprit clair, parce qu'il a fait exactement ce qu'il fallait faire — il a mis la voiture en sûreté et a gagné le côté gauche de la route pour finir le chemin à pied. Ce qui m'ennuie, c'est cette histoire de tee-shirt. S'il s'agit d'un délit de fuite, ce vêtement aurait pu nous fournir des indices concernant la nature de ce qui l'a percuté. Couleur, hauteur du véhicule et matériau. »

Dans les moments de crise, on s'accroche aux mantras. « On l'aura pris pour un chiffon. »

Mike Holmes approuva d'un signe de tête et fit ce qu'il savait si bien faire. « Sachez, nous assura-t-il, pour nous réconforter, qu'il n'est pas resté longtemps là-bas. Trois automobilistes se sont arrêtés aussitôt après l'accident. L'un d'eux a fait signe à une autre voiture de s'arrêter et on a appelé le 911. L'ambulance était là, deux minutes après. Quelqu'un est resté tout le temps avec lui. On ne l'a pas laissé seul. »

C'est bien, dis-je, espérant moi-même y croire.

Vers neuf heures et demie, le chirurgien qui opérait Peter depuis plus de cinq heures vint finalement nous voir et se présenta. Il nous emmena dans un cabinet de consultation. Mike Holmes demanda l'autorisation de nous accompagner.

L'histoire touche à sa fin, le dernier chapitre est en place ; Peter meurt, voilà comment tout se termine...

On lui avait enlevé un rein, nous dit-il, ainsi que la vésicule biliaire et la rate. Quelle que soit la nature de ce qui l'avait percuté, le choc avait été d'une telle violence que le rein s'était détaché des artères et des veines qui l'irriguaient. Pendant l'opération, on n'avait eu qu'à le sortir du corps. Tout le sang de Peter s'était écoulé par les vaisseaux sectionnés jusque dans son abdomen. Sa pression artérielle était à zéro. Personne ne comprenait comment il n'était pas mort pendant son transport à Brackenridge. Ce qui l'avait heurté l'avait heurté très haut, à un mètre vingt du sol, juste sous la cage thoracique, du côté droit, d'où l'on pouvait conclure qu'il s'agissait probablement d'un camion, un gros. Ses jambes étaient intactes ; en fait de fracture, il avait seulement une côte cassée. Sa nuque avait cogné violemment sur le rebord du trottoir au moment de sa chute, mais on n'avait pas encore fait de scanner, occupé que l'on était à tenter de remplacer son sang et de lui sauver la vie.

Glenn demanda au chirurgien à combien il estimait les chances de survie de Peter.

C'était le genre de question à laquelle peut facilement répondre un chirurgien. « Je dirais, trente pour cent. »

À ces mots — je n'arrivais pas à croire que je le faisais *au moment même* où je le faisais — j'allai appuyer ma tête sur le mur d'en face que je me mis à marteler de mes poings en beuglant comme une vache qui a perdu son veau.

Le chirurgien ajouta que Peter n'avait pas bu, si cela pouvait nous consoler ; lorsqu'on ouvre la cage thoracique de quelqu'un qui a beaucoup bu, il s'en dégage, dit-il, comme une odeur de whisky, ce qui n'était pas le cas pour Peter. Lorsqu'il eut résumé la situation, le chirurgien nous proposa son bureau pour nous permettre d'attendre.

« Surtout ne vous gênez pas pour téléphoner », nous dit-il.

Il faisait un froid terrible dans le bureau du chirurgien et je me rappelle avoir frissonné malgré la seconde chemise.

Glenn tendit la main vers le téléphone.

« Nous n'avons pas été à la hauteur. »

Glenn reposa l'appareil.

« Qu'il vive ou non.

— De toute façon. »

La première chose sur laquelle nous étions d'accord.

Nous passâmes quelques coups de fil. Au bout d'une demiheure, le chirurgien réapparut. Les chances de survie de Peter étaient tombées à cinq pour cent. Il nous demanda si nous voulions le voir. « Je sais que si c'était mon fils… »

Nous nous engouffrâmes dans ce qui m'apparut comme des kilomètres de couloir, derrière le chirurgien qui nous pressait sans cesse.

Le garçon est en train de mourir, peut-être est-il déjà...

Au moment où nous abordions le dernier tournant, le chirurgien fut appelé par haut-parleur, ce qui ne fut pas pour nous surprendre. Tout était là, qui m'attendait, je le savais avant même d'arriver, et tout ce que j'avais à faire, c'était poser le pied sur les nouvelles comme sur des pierres de gué, dans un jardin.

Nous prîmes le dernier tournant. Là, le chirurgien nous demanda d'attendre. Il ouvrit une porte et entra. Quelques instants plus tard, il ressortait en secouant la tête.

Tellement banal. Les coups de poing dans le mur. Le hochement de tête à la place des mots. Le film de télé le plus débile qui soit.

Maintenant le garçon est mort.

Complètement assommée, je tombai sur un genou. Là, sur le sol froid de Brackenridge, j'eus l'impression que mon fils m'avait été enlevé aussi sûrement que si, encore enceinte, j'avais senti une main me transpercer la peau du ventre pour me l'arracher.

Glenn me releva. Je descendis le couloir, le foulard rouge à impressions d'Indiens et de cow-boys pressé sur mon visage.

En sortant de Brackenridge, nous rencontrâmes le chirurgien. Il était en vêtements de ville. Glenn le remercia d'avoir fait tout son possible pour sauver Peter. Le chirurgien ne put même pas nous répondre.

Sur le chemin du retour, nous vîmes la voiture de Peter, sur la Highway 80, juste à l'extrémité du pont sur la Blanco. Nous vîmes les traces de dérapage. Mike Holmes nous avait dit que nous reconnaîtrions l'endroit où Peter avait été percuté, grâce aux marques orange, sur la chaussée.

Après avoir dépassé la voiture, nous ralentîmes, cherchâmes les marques faites par la police de la route, puis poursuivîmes notre chemin. Sans plus nous arrêter.

Arrivés en vue de la maison, nous aperçûmes les marques orange sur l'asphalte ; son corps, sa casquette, son paquet de cigarettes, ses lunettes de soleil, ses clefs.

À hauteur de notre allée, à une cinquantaine de mètres des contours orange, nous bifurquâmes pour entrer chez nous.

Par définition, l'ironie n'a ni cœur ni entrailles. Par la suite, chaque fois que nous allions à San Marcos, nous passions devant l'endroit où Peter avait eu son accident. Il n'existait pas d'autre moyen de se rendre en ville. En rentrant, nous voyions les traces de dérapage. Chaque fois que nous regardions par la fenêtre, nous voyions, au nord, de l'autre côté du champ, l'endroit où se trouvaient les marques orange.

La nuit était sombre, la chaussée, glissante. Aucune trace de dérapage. C'était peut-être une caravane, qui, faisant un écart sur la droite, l'avait heurté. Ou quelque chose dépassant du plateau d'un camion. Le conducteur ne s'était peut-être aperçu de rien. Malgré toutes ses incartades, Peter était un bel adolescent, souple et athlétique, qui savait se servir de son corps. On avait peine à imaginer qu'il ne se soit pas garé à temps, s'il avait vu ce qui arrivait.

Du fait de la perte du tee-shirt Cheap Trick, la police n'avait aucun moyen de rassembler des indices sur la nature du véhicule — camion ou caravane —, sa couleur et le matériau dont il était fait.

Le mystère, je devais l'apprendre, était la réponse finale. Le mystère et l'ignorance.

Le pardon et la pitié

Pendant ce récit, hormis une ou deux questions discrètes, Karla garde le silence.

Quand j'ai fini, le parloir de Mountain View me semble comme capitonné d'innombrables couches d'ouate mouillée, tant le silence est oppressant.

Nous sommes le 9 mars 1989, date de notre première rencontre, de ma première visite à Karla, la veille de la naissance de la pouliche, le jour où, pendant trois heures et demie, nous sommes restées assises, de chaque côté du Plexiglas, à nous raconter nos horreurs.

Tout est arrivé ce jour-là. Nous nous sommes tout dit. Tout ce qui a été ajouté depuis n'est que peaufinage, correction, clarification.

Après avoir longuement étudié mon visage, Karla me demande finalement : « Avez-vous réussi à savoir ce qui l'a percuté ? »

Je lui réponds que non, qu'une voyante, consultée peu après, m'avait dit que le conducteur était une femme, probablement ivre, tractant une caravane, et que pendant toute la semaine où je l'avais crue ça m'avait réconfortée. Et que la semaine d'apaisement qu'elle m'avait procurée valait bien le double, au moins, du prix qu'elle m'avait demandé.

« Maintenant, j'aimerais vous poser une question. » Karla

hésite. Elle n'est pas absolument certaine d'avoir raison d'exprimer ce qui la préoccupe.

« Quels seraient vos sentiments, dit-elle après un silence, si l'on retrouvait le conducteur du camion qui a tué Peter et si, au procès, on amenait le chauffeur devant vous en disant : "Oh, mais il a changé, ce n'est plus du tout le même homme. Vous voyez comme il est devenu quelqu'un de bien ?" Quels seraient vos sentiments ? »

Juste avant de raconter l'histoire de Peter, j'avais parlé avec Karla de son refus d'accorder des interviews. Elle ne voulait pas, m'avait-elle dit, récolter les bénéfices du crime qu'elle avait commis, aux dépens du fils de Deborah Thornton, obligé de lire des articles sur l'horrible massacre de sa mère, chaque fois que cette affaire réapparaissait dans les journaux. « Je lui ai fait assez de mal », m'avait-elle dit.

« *Mes* victimes. » C'est ainsi qu'elle désigne Jerry Dean et Deborah Thornton, « *mes* victimes ».

« Je ne sais pas », dis-je au bout d'un long moment, la tête bruissante de questions sur la pitié et le pardon. J'espère que je me montrerais généreuse. J'aime à penser que je serais charitable. Mais… »

Le moins que je pouvais faire, c'était de lui dire la vérité.

« … Je dois vous avouer que je n'en sais rien.

— C'est pour ça que je ne donne pas d'interviews. Peu importe ce que je suis devenue, j'ai fait assez de mal. »

Elle se recule sur sa chaise.

Le pourvoi

La condamnation à mort de Karla a été confirmée au niveau de l'État par la division d'appel de la Chambre criminelle du Texas. Et la Cour suprême a refusé l'idée même de casser la décision de l'État.

L'objectif des requêtes que l'avocat d'appel de Karla — George McCall Secrest, appelé couramment Mac — est en train de soumettre va dans deux directions. L'une concerne les instructions données au jury de Karla, l'autre porte sur Jimmy Leibrant.

Au cours des années, la Cour suprême des États-Unis a, à maintes reprises, statué que, dans la phase du prononcé de la peine d'un procès pour meurtre, le « respect fondamental de la personne humaine » exige que l'on donne à l'accusé toutes les possibilités de convaincre la Cour de ne pas le mettre à mort. D'une affaire à l'autre, les juges de la Cour suprême répètent que, lorsqu'il s'agit d'infliger la peine capitale, un juge ou un jury — selon qui prononce la condamnation — ne doit pas être empêché de considérer comme circonstance atténuante « tout aspect de la vie et de la personnalité de l'accusé, ainsi que certains aspects particuliers du crime lui-même ». Parce que l'examen de ce genre de preuves est « constitutionnellement inséparable de la démarche consistant à infliger la peine de mort », celui qui prononce la sentence doit avoir le droit de considérer « la personnalité unique de chaque accusé » de façon à « fournir une réponse *morale* rationnelle au milieu, au caractère et au crime de l'accusé ».

Les citations proviennent du dernier rapport de Mac Secrest, enregistré en janvier 1992, et dont la première section traite de l'efficacité de la représentation légale de Karla. Selon Mac, la défense de Karla a été assez bonne — assez bonne est acceptable, dit-il ; on ne s'attend pas à du Clarence Darrow[1] — mais, me confia-t-il au cours d'un petit déjeuner, au 59 Diner[2] de Houston, pour ce qui est des instructions données aux jurés, Mack Arnold et Henry Oncken se sont plantés.

Joe Magliolo déclare qu'il avait décidé de laisser aux avocats de Karla tout loisir de rédiger les instructions comme ils l'entendaient, tant il était sûr du résultat. Avant d'envoyer les jurés délibérer sur les dépositions faites durant le prononcé du verdict de Karla, le juge Patricia Lykos leur expliqua qu'au Texas, au moment de déterminer la sanction appropriée à une accusée déjà reconnue coupable, il était possible de considérer les drogues et/ou l'alcool comme des circonstances atténuantes, mais non comme une explication, une excuse ou une justification du crime lui-même.

Les jurés pouvaient donc considérer les drogues comme une circonstance atténuante dans le cas de Karla. Mais, en fait, ils en étaient empêchés… à moins de décider que les drogues avaient suscité chez elle un état de démence passager. La seule responsabilité des jurés était de voter oui ou non aux deux questions fondamentales. D'abord, atténuer le oui ou le non n'est pas tâche facile. Si la seule alternative est non, un oui atténué est toujours un oui. Et puis il y a cette question, plus épineuse : pourquoi fallait-il que Karla fût déclarée passagèrement démente pour que les jurés considèrent la drogue comme facteur possible ?

1. Avocat réputé pour ses dons d'orateur qui plaida, en 1925, dans le fameux *monkey trial* au cours duquel le Pr Scopes fut jugé pour avoir enseigné à ses étudiants la théorie de l'évolution.
2. Chaîne de restaurants.

La requête modifiée de l'ordre en habeas corpus soumise par Mac, en 1992, affirme que les droits constitutionnels de Karla ont été violés en raison d'une défense inefficace — accusation globale que de nombreux avocats d'appel utilisent pour parvenir aux subtilités juridiques d'une demande de pourvoi. Dans sa requête, il cite un grand nombre de décisions fédérales sur la nécessité de considérer les circonstances atténuantes au moment d'évaluer la condamnation dans une affaire de meurtre. La requête, d'une longueur de soixante-seize pages, paraît (tout au moins aux yeux d'un lecteur profane) brillamment composée et rédigée. Elle est même tout à fait lisible. En fin de compte, le sens de la requête recoupe exactement ce que m'avait dit Mac, au 59 Diner. Mac Secrest a eu de longues conversations avec Mack et Henry sur le sujet. Karla est d'accord avec ce que fait Mac, mais elle craint beaucoup que ces derniers ne soient blessés.

Le second point de l'appel de Mac en faveur de Karla concerne Jimmy Leibrant et le fait que le jury n'ait pas eu le droit d'entendre une déposition portant sur un marché que celui-ci aurait conclu avec l'État en échange de son témoignage au procès de Karla.

Mac Secrest est persuadé qu'il y a eu violation des droits constitutionnels de Karla. Il réclame un procès en révision au niveau de l'État, au cours duquel — s'il lui est accordé — il aurait l'autorisation de présenter des preuves étayant son affirmation selon laquelle Karla Faye mérite un nouveau procès. L'État, évidemment, argumentera contre toute revendication de ce type. Joe Magliolo ne participera pas aux débats. Il a quitté ses fonctions de procureur pour prendre, au bureau du ministre de la Justice, celles de procureur spécialisé dans les affaires de stupéfiants. L'État sera donc représenté par Lester Blizzard, un des magistrats de la Division des requêtes en habeas corpus de la juridiction d'appel du procureur — en d'autres termes un spécialiste. Mac dit qu'il est juste et honnête.

Mac est un bon avocat, doté d'un grand sens moral, opinion partagée par la défense comme par le ministère public — et qui adore s'occuper de pourvois. Il est optimiste au sujet de l'affaire de Karla et attend avec impatience le moment où il pourra la défendre. Ce qui est en jeu et en question ici, c'est le problème de la peine de mort dont les juges fédéraux exigent qu'il soit examiné par l'État du Texas. Mac adorerait être le premier à s'y attaquer. S'il arrive à obtenir un nouveau procès pour Karla, l'État devra décider s'il veut ou non la rejuger pour crime capital. Compte tenu de la nouvelle réglementation concernant les circonstances atténuantes, sans parler de son excellente conduite en prison ni du soutien de tous ces gens comme il faut qui affirment qu'elle s'est réhabilitée et ne veulent pas la voir mourir, le procureur, estimant inutile l'organisation d'un nouveau procès, pourrait se contenter d'une condamnation à perpétuité.

Lorsque Clarence Darrow implora la clémence pour Nathan Leopold et Richard Loeb, il demanda au juge de tenir compte de leur âge et, plutôt que de tuer les deux jeunes hommes, de les mettre à l'ombre, le temps que leur corps et leur esprit changent à leur insu.

Le 29 avril 1992, Patricia Lykos tint audience pour examiner la requête de Mac Secrest. Le juge avait le choix entre deux options. Ou accepter la requête de Mac et ordonner un procès en révision permettant à ce dernier de présenter officiellement preuves et témoignages pour étayer sa demande. Ou bien, au contraire, prendre le parti de l'État, auquel cas la demande de pourvoi serait expédiée à Austin, à la division d'appel de la Chambre criminelle du Texas.

L'audience du 29 avril se déroula dans une chambre de délibération, en présence uniquement du juge Lykos, d'une sténotypiste, de Mac et de Lester Blizzard. Mac ne plaida pas son pourvoi, préférant laisser sa déclaration écrite parler d'elle-même. L'audience fut brève. Le juge choisit de suivre les recommandations de l'État et rejeta la demande de procès en révision formulée par Mac ; elle cita donc Karla à comparaître à Houston dans un délai de trente jours. Le 29 mai 1992, dans son tribunal, Patricia Lykos fixerait la date d'exécution de Karla Faye.

Mac Secrest ne fut pas autrement surpris de la décision du juge Lykos. « J'en aurais mis ma tête à couper », déclare-t-il. Mais si effrayante qu'elle puisse paraître, une date d'exécution n'est, en réalité, dit-il, que la suite procédurale normale. La division d'appel de la Chambre criminelle du Texas n'a pas encore lu sa requête. Il espère obtenir un sursis à l'exécution du jugement, d'autant qu'il a pris soin de ne pas encombrer les tribunaux de recours. « C'est ce qui les met de mauvaise humeur, dit-il, ces afflux de recours en cassation. Dans le cas de Karla, c'est le premier. »

Les délais sont des plus vagues. La division d'appel de la Chambre criminelle du Texas peut prendre deux semaines pour décider ou non d'ordonner au juge Lykos d'organiser un procès en révision dans son tribunal. Elle peut aussi laisser dormir le dossier de Karla pendant deux ans. Ou trois. Si elle ordonne le procès en révision, les résultats finaux en seront envoyés à la cour d'appel. C'est elle, et non Patricia Lykos, qui décidera si Karla mérite un nouveau procès.

Karla se demande ce qu'elle portera quand elle ira à Houston. Elle essaie de finir rapidement son programme de géographie. Elle pourrait bien être enfermée vingt-quatre heures sur vingt-quatre à la centrale de Harris dès qu'elle aura une date définitive, mais il est plus probable que, compte tenu de la surpopulation de la centrale et du traitement spécial requis pour un détenu du couloir de la mort, elle sera retransférée à Gatesville. En attendant, les occupations ne lui manquent pas : elle suit ses cours, bombarde Mac de questions, écrit des lettres, fait ses marches quotidiennes et rentre en elle-même, dans son union avec Dieu où elle a trouvé son réconfort et sa vérité.

Au cimetière

Au début, je suis souvent allée sur la tombe de Peter. Ses copains mexicains avaient apporté des fleurs en plastique aux couleurs éclatantes qu'ils avaient plantées en bouquets dans la terre. Les fleurs fraîches que j'apportais n'arrêtaient pas de se faner. De toute façon, j'aimais l'apparence des fausses. L'astuce, c'était d'en avoir beaucoup, alors je me rendis au Ben Franklin local et en achetai des centaines. Pas en soie, rien qui fît vrai ni même joli ; non, la version la plus artificielle, la plus laide de la réalité que je puisse trouver.

Rose flamant en plastique. Jaune ciré. Rouge DQ[1]. Bleu poubelle.

Je plaçai les fausses fleurs sur sa tombe et les disposai en vagues colorées. On était maintenant en automne. Le paysage était terne. Même les pacaniers étaient nus. Le mimosa qui ombrageait la tombe et l'avait décorée de ses houppettes roses duveteuses, le jour des obsèques, était hirsute. Les seules vraies fleurs du cimetière étaient des chrysantèmes ébouriffés.

Je reculai pour admirer mon travail. L'herbe n'avait pas encore poussé sur la tombe et la terre caillouteuse, rougeâtre, formait un monticule semblable à la bedaine d'un gros homme. Les fausses fleurs une fois en place, on ne voyait plus la terre.

1. Dairy Queen, chaîne de drive-in au toit rouge vif.

La tombe ressemblait en même temps à une écharpe de Monoprix et à une Lava Lite[1], exactement l'effet que je recherchais.

Maintenant poussez, ordonnai-je aux fleurs, puis, tournant les talons, je m'en allai.

Au bout d'un moment, je cessai d'aller là-bas. Pendant les mois qui suivirent la mort de Peter, j'avais occupé mon temps à lire tous les livres possibles et imaginables traitant de la mort des enfants. Aucun n'était trop médiocrement écrit, trop mal conçu ni trop pleurnichard pour captiver mon intérêt. Je les lus tous. Beaucoup, parmi eux, abordaient, entre autres problèmes, celui des frères et des sœurs de l'enfant disparu. Les enfants détestent se rendre au cimetière, disaient les livres. Les enfants savent immédiatement ce que les adultes ont beaucoup plus de mal à comprendre, c'est-à-dire qu'il ne se passe rien au cimetière, que personne n'apparaît, qu'on ne ressent rien. Un cimetière, ce n'est rien d'autre que des arbres et des statues. Il n'y a personne.

Nous offrîmes à Peter une magnifique dalle de marbre portant ces simples mots : NOUS T'AIMONS, TU NOUS MANQUES. Au début, ses copains allaient au cimetière après l'heure de fermeture pour fumer et boire autour de sa tombe. Ils laissaient toujours des traces : paquets de cigarettes à moitié vides (l'autre moitié, de toute évidence, destinée à Peter), briquets, béquilles[2], petits mots, lettres, bouteilles de whisky miniatures, billets de concert.

La plupart des petits mots disaient : « Rock'n roll pour toujours. »

Un jour, quelqu'un laissa une bouteille de bière Coors, plantée debout dans la terre. Des fleurs fanées pendaient du goulot. Des cailloux étaient disposés en cercle, tout autour, et on avait glissé dessous un petit mot disant : « Nous ne sommes que poussière dans le vent. »

Bobby continue à venir. Cindy appelle quelquefois. Cindy

1. Lampe cire, composée d'un liquide dans lequel se meuvent des globules de cire de couleur.

2. Filtres à joints.

est tombée enceinte trois mois après la mort de Peter. Elle n'a pas épousé le père de l'enfant mais a gardé le bébé, puis, deux ans après, a épousé quelqu'un d'autre. Aux dernières nouvelles, le couple habiterait Kyle, à une vingtaine de kilomètres au nord de San Marcos. Moins de six mois après la mort de Peter, le père de Tina s'est tué dans un accident de voiture, également sur la Highway 80 ; environ un an plus tard, ce fut le tour du nouveau petit ami de Tina, qui se tua, lui aussi, dans un accident de la route.

J'ai à peu près perdu de vue tous les copains de Peter. Sugar Bear lui avait offert un blouson de foot en cuir et j'ai essayé de le lui rendre, mais il m'a dit qu'il n'en voulait pas, qu'il était à Peter. Colin prit le blouson pour lui, puis partit en visite chez mon frère, dans l'Utah. La maison de mon frère brûla entièrement, la nuit de l'arrivée de Colin. Tout disparut, y compris le blouson et un grand nombre d'affaires appartenant à Peter, que Colin avait prises pour son usage personnel, ainsi que le piano que mon père avait acheté à ma mère en remplacement du Baldwin qu'ils avaient dû vendre pour payer leur dette à la banque, il y a bien longtemps de cela, du temps où ils habitaient Greenville.

La chienne de Peter, Maxine, est devenue si handicapée des hanches qu'elle ne pouvait plus se tenir debout, aussi avons-nous dû la faire piquer.

À Noël, l'année de la mort de Peter, pendant une dispute avec sa petite amie, en Californie, Colin descendit de la voiture en marche, heurta le macadam de la tête et souffrit d'un traumatisme crânien. Nous nous retrouvâmes tous en psychothérapie familiale.

Les ennuis arrivent en série. Puis les choses s'arrangent.

Récemment, dans un snack-bar, je passais ma commande quand la serveuse qui s'occupait de moi me dit qu'elle avait l'impression de me connaître, est-ce que je n'avais pas eu, autrefois, un fils ou une fille au lycée de San Marcos ? Je répondis que oui, un fils, mais que… Je ne savais pas quel âge pouvait avoir la jeune fille ; dans une ville universitaire, tout le monde a l'air d'avoir dix-huit ans… cela faisait longtemps, maintenant, six ou sept ans…

« Vous êtes la maman de Peter », dit-elle. Et, se tournant vers le garçon qui travaillait avec elle, elle lui raconta ce qui s'était passé, quel choc ça avait été pour tout le monde, à l'école, et combien ils avaient tous été tristes et que, bon, ça avait été l'horreur et est-ce que je savais qu'on lui avait dédié un match de foot et l'annuaire de l'école ? Non, je n'en avais rien su. Oui, j'étais d'accord avec elle, ça avait été et c'était encore extrêmement dur… mais j'avais dépassé le stade où je ne pouvais m'empêcher d'attrister les autres en même temps que moi-même ; ainsi, ayant réussi, avant de partir, à faire un commentaire presque optimiste, je payai mon sandwich et sortis.

Lorsque le jour de l'enterrement fut passé et qu'il me fallut absorber la nouvelle réalité dans sa banalité quotidienne, je dus me battre avec moi-même pour ne pas en vouloir à tous les êtres jeunes bien vivants que je rencontrais. Chaque fois que je voyais une voiture remplie de garçons et de filles, je haïssais leur façon de rire et de s'amuser, je haïssais leur vie, je haïssais les remises de diplômes, je haïssais les mariages et tous les rites de passage que Peter, mort trop jeune, ne connaîtrait jamais. Ce n'est pas très joli, mais je n'y pouvais rien. S'il n'y avait qu'un certain nombre de places dans le bateau, pourquoi avait-il fallu que ce fût Peter qu'on jette par-dessus bord ?

Je me remis également de cela. Maintenant, quand quelqu'un se souvient de lui, particulièrement quelqu'un dont je ne savais même pas qu'il le connaissait, ça me fait plaisir.

S'il n'est pas dans cette tombe, il faut bien qu'il soit quelque part.

Mountain View

Habituellement, une fois la visite terminée, Karla disparaît par-derrière, entre deux gardiennes. Après nous être dit au revoir à travers le Plexiglas, je ne la vois plus mais, en traversant la salle où se trouvent les distributeurs de boissons, de l'autre côté de la porte marquée « Réservé au personnel » en anglais et en espagnol, je l'entends pendant que les gardiennes procèdent à la fouille corporelle, qui rit et jacasse comme une enfant. Les gardiennes rient avec elle. Je sors, j'attends et… c'est fini. J'agite la main par la vitre de ma voiture, au cas où elle serait à la fenêtre du couloir de la mort pour me regarder partir.

Par deux fois, les choses se passèrent différemment. Je ne crois pas que ces changements de routine soient délibérés. Une nouvelle gardienne arrive, qui procède d'une autre manière, c'est tout.

Un jour, les gardiennes firent sortir Karla par la porte de devant, juste à côté de l'endroit où j'attendais le break blanc du TDC, sous le sycomore, devant le portail en double grillage et en rouleaux de barbelés. Il y avait du vent et mes cheveux volaient dans tous les sens. C'était l'hiver et, avec la tombée du crépuscule, l'air fraîchissait. Karla me dit que je devrais enfiler ma veste et me couvrir la tête. Cela se passait avant le tour de vis et elle avait les mains libres. Tandis que les gardiennes déverrouillaient une porte, elle me cria de nouveau au revoir, m'envoya un baiser des deux mains et agita les bras avec vigueur. J'agitai les bras à mon tour et lui envoyai un baiser de mes deux mains.

Pour une raison inconnue, au lieu de l'enfermer dans ses quartiers comme elles en ont l'habitude, les gardiennes, ce soir-là, laissèrent Karla dans sa cour. Or, entre le mur de brique qui sépare la cour du bureau de réception des visiteurs de celle du couloir de la mort, et la clôture grillagée, il y a un interstice d'environ trois centimètres. Karla colla sa tête dans l'interstice, hurla une nouvelle fois « Ciao ! » et m'envoya d'autres baisers. Tandis que je me dirigeais vers le parc de stationnement de la maison au toit en forme de clocher, elle continuait à hurler en m'envoyant des baisers.

Sur le chemin asphalté qui mène à la loge d'entrée, je baissai ma vitre de voiture. Je vois le couloir de la mort tant que je n'ai pas tourné le coin de la loge. Karla, encore dans la cour, agitait si fort les bras que tout son corps en tressautait, et elle envoyait dans le vent, de ses poings fermés, des baisers si fougueux qu'ils la faisaient rebondir sur le sol.

La dernière fois que je la vis, au moment de tourner sur la route où un panneau, indiquant la direction opposée, vous prévient que votre voiture peut être fouillée et où un autre dit : « Ralentir — Enfants », elle était toujours là.

Avec le temps, les meurtriers apprennent généralement, sinon à dépersonnaliser leurs victimes, du moins à se dissocier d'elles, à les considérer un peu comme *là-bas*, dans leur monde à elles, dans leur temps à elles. C'est là un acte de pure sauvegarde émotionnelle et psychique qui existe, que l'assaillant ait ou non avoué son crime. Dans son mémoire *99 Years Plus Life*, Nathan Leopold dit qu'il lui a fallu sept ans de prison avant que l'énormité de son acte lui apparaisse et que le remords s'installe.

Karla, elle, ne rejette ni le blâme ni la responsabilité et ne manque jamais de se placer au centre du sinistre tableau. Si elle ne parle plus des meurtres, elle ne manque jamais de reconnaître ce qu'elle a fait, ni de donner à cet acte sa véritable signification et son poids d'horreur. Lorsqu'elle désigne Jerry Lean Dynn et Deborah Thornton comme « mes victimes », c'est, de sa part, une action parfaitement délibérée : ce faisant, elle rappelle moins à son interlocuteur qu'à elle-même la réalité des choses, ce qui s'est réellement passé, en cette nuit chaude de juin 1983, et qui a fait exactement quoi à qui.

J'ai dit à Karla que si les choses en arrivent là, j'assisterai à son exécution. Elle ne me l'a pas demandé, ne l'a demandé à personne, même pas au gardien de son choix, comme elle en a le droit.

« Si je ne suis pas là, ai-je ajouté, c'est uniquement parce que vous m'aurez demandé de ne pas y être. Et vous devez me promettre de ne pas le faire pour me ménager. »

Elle m'a répondu qu'elle ne le ferait pas.

Larry Tucker a pris sa retraite et s'est retiré dans l'Arkansas. Il vient à Gatesville trois fois par an. Granny T. l'accompagne généralement.

Kari a finalement quitté Douglas. Au dire de Karla, Douglas l'avait tabassée une fois de trop. Kari a obtenu le divorce, s'est fait faire un enfant par un nouveau petit ami et s'est mariée. Le bébé — naturellement — est une fille. Karla tricote et crochète sans relâche pour sa nouvelle nièce. Quant à Kathi, dit Karla, elle « a ses moments. Elle donne de ses nouvelles, puis n'en donne plus, puis en donne de nouveau ».

Larry Tucker a vendu la maison du lac.

Granny T. devient trop vieille pour voyager seule, de Houston à Mountain View, mais elle le fait quand même, de temps en temps.

Debi Bullard voudrait venir voir Karla, elle en parle souvent, puis, on ne sait pas pourquoi, ne donne pas suite.

Même chose pour Shawn.

Jackie et Henry Oncken viennent régulièrement à Gatesville. Jackie écrit souvent à Karla. Karla nous tricote des pulls, des visières, des couvertures et nous crochète tout un tas d'autres choses. Par l'intermédiaire d'un programme religieux antidrogue auquel elle contribue, elle écrit aux jeunes. Ils lui répondent. Elle reçoit un courrier abondant. Elle est censée faire bientôt une communication qui sera enregistrée sur bande vidéo et distribuée dans les écoles publiques primaires et secondaires.

On a changé les distributeurs de boissons, à Mountain View ; au lieu de R.C. Cola il y a maintenant du Coke.

Karla n'est pas solitaire, elle ne se sent ni abandonnée ni rejetée ; sa vie est là, exactement où elle se trouve, c'est-à-dire à Mountain View, dans le couloir de la mort, avec les autres femmes. En mai 1991, la condamnation de Betty Lou Beets a été annulée pour une question de procédure. Si la décision est maintenue, Betty rentrera chez elle, à Athens, au Texas. Elle sera probablement rejugée — sinon pour le meurtre de son cinquième mari, du moins pour celui de son quatrième —, mais il se peut que le procureur décide de ne pas poursuivre l'affaire comme capitale.

Je vais voir Karla toutes les fois que je peux et je le ferai jusqu'à, je ne sais pas… jusqu'à Dieu sait quand.

Instantanés

Sur le même mur que l'album de famille de Karla, j'ai collé les photocopies de deux photos présentées comme preuves par Joe Magliolo, au procès de Karla.

L'une d'elles montre Jerry Lynn Dean, à moitié sur le matelas, à moitié par terre, avec les cafards sur la poitrine.

L'autre montre Deborah Ruth Thornton, une pioche dans le cœur.

Il est important de garder le sens des réalités, de ne pas oublier combien cette histoire est triste ; de se rappeler pourquoi Karla Faye, cette femme enfant si attachante, si affectueuse, est là où elle est aujourd'hui. Après tout, si j'ai parfois tendance à l'oublier, Karla, elle, ne l'oublie jamais. Karla a tout le temps présents à l'esprit les cadavres de Jerry Dean et de Deborah Thornton.

J'ai souvent repensé à cette question que m'avait posée Karla, à la fin de ma première visite à Mountain View : *Quels seraient vos sentiments si l'on retrouvait le conducteur du camion qui a tué Peter et si, au procès, on amenait le chauffeur devant vous en disant : « Oh, mais il a changé, ce n'est plus du tout le même homme. Vous voyez comme il est devenu quelqu'un de bien ? » Quels seraient vos sentiments ?* C'est le pardon, ici, qui est en cause, la compassion, le droit d'un être humain d'en tenir un autre pour responsable et de le juger. *Quels seraient vos sentiments ?*

Cela n'arrive pas, je pense ; nous n'avons le droit ni de pardonner *ni* de venger. Nous ne pouvons que nous offrir les uns aux autres de l'aspirine. Il n'y a pas grand-chose d'autre à donner.

Ma vie est finie. J'ai pensé cela quand Peter est mort ; et ça n'a pas changé. Mais il est stupéfiant de voir le bonheur que l'on peut trouver dans le cadre de données totalement inacceptables. Les gens me disaient alors : « Je ne sais pas ce que je ferais si je perdais un enfant. Je ne crois pas que je m'en tirerais. » Ils me le disent encore parfois. Et je me demande alors : *Bon Dieu, ça signifie quoi « ne pas s'en tirer » — on se tue, on devient fou ?* La folie est une option que j'ai rejetée, et le suicide me semblait injuste à l'égard de ceux qui avaient été bons envers moi ; de toute façon, pour citer Peter, le suicide, ce n'est pas mon truc.

La vie, vraiment, nous réserve d'étranges options, elle excelle à créer la surprise. Je pensais que le bonheur ne ferait plus partie de ma vie, jamais. Cela s'est révélé faux. Pourtant j'ai toujours le sentiment que, dans ma vie, une ligne sépare la partie vivante de la partie morte. On continue — ou pas.

Je demandai un jour à Karla ce qu'elle avait fait pendant certaines vacances scolaires.

Elle haussa les épaules et sourit. « Mangé, dormi, dormi, mangé. »

Comme elle le dit au sujet du couloir de la mort : « Je peux faire ma vie, ici. C'est déjà fait, d'ailleurs. Et si je suis exécutée, eh bien, je le sais, j'assumerai. »

Pour sa comparution du 29 mai, au tribunal, Karla a demandé à sa grand-mère de lui acheter des sous-vêtements. De mon côté, je vais lui acheter des chaussures. Une sommation donne l'occasion à une détenue de s'en procurer d'autres que celles de la prison, puis de les porter ensuite, une fois de retour. Pour son aérobic et ses marches, Karla m'a demandé des Nike Airs. Très colorées, si possible.

On se heurte à la chose ultime, la plus inacceptable qui soit, puis l'on réfléchit au meilleur moyen de s'en accommoder.

REMERCIEMENTS

Beaucoup de gens m'ont aidée à écrire ce livre. Je tiens à remercier particulièrement Jackie Oncken, Henry Oncken, Mack Arnold, Joe Magliolo, Rusty Hardin, Mac Secrest et mon vieil ami Jim Pape. Ainsi que la directrice de la prison, Catherine Craig et son personnel, Charles Brown et David Nunnelee, J.C. Mosier, Jimmy Ladd, Ted Thomas, Myra Lopez, Kathleen Powers, Debi Bullard, Glenn Lowry, Glenn Cambor, Amanda Vaill, Amanda Urban et Gary Fisketjon. Sans oublier Kim Ogg que je remercie de tout cœur pour son aide assidue et le choix du titre[1].

Afin de préserver la vie privée de personnes n'ayant eu qu'un lien marginal avec les faits rapportés ici, les noms suivants : Sideburns, Mohawk, Adele, Laura Sue et Scott sont purement fictifs.

L'histoire de l'enfance de Karla Faye et de sa vie de jeune femme, je l'ai transcrite à peu près telle que celle-ci l'a racontée, à moi et à d'autres. Avec son aide et son autorisation, j'ai mélangé lettres, interviews et extraits des comptes rendus des deux procès. Kari Burrell Garrett et Shawn Jackson Dean se sont vu offrir la possibilité de donner leur propre version des faits. Elles ont toutes les deux refusé. Je n'ai pas essayé d'entrer en contact avec le père ni les grand-mères de Karla. Nous avons, elle et moi, jugé qu'ils méritaient d'être laissés en paix.

Ma plus profonde gratitude va, bien sûr, à Karla Faye qui a surtout participé à l'élaboration de ce livre parce qu'elle pensait que cela me réconforterait. Avec le temps, je crois que, malgré les barrières de toutes sortes dressées entre nous, nous sommes chacune passées de l'autre côté du Plexiglas.

1. En anglais *Crossed Over*. « To cross over » signifie « traverser », « passer de l'autre côté » — ici, pour prendre la place de l'autre.

I. LES PRÉMICES

II. CANEY CREEK

III. LES PROCÈS

IV. LE COULOIR DE LA MORT

V. JUSQU'À DIEU SAIT QUAND

Composition Nord Compo.
Achevé d'imprimer sur Roto-Page
par l'Imprimerie Floch
à Mayenne, le 10 juin 2004.
Dépôt légal : juin 2004.
N° d'imprimeur : 60435.
ISBN 2-07-075435-9 / Imprimé en France.

88452